見張塔からずっと――政権とメディアの8年

◎

目次

見張塔からずっと

政権とメディアの8年

Kenta Yamada
山田健太

田畑書店

2011年

2012年

2013年

2014年

2015年

2016年

見張塔からずっと——政権とメディアの8年

装幀　間村俊一

はじめに

本書は、沖縄地元紙の一つ「琉球新報」に連載された「メディア時評」百回と連載開始にあたっての特別寄稿二回分をまとめたものである。連載開始の前年、もう一つの地元紙である「沖縄タイムス」に一年間寄稿した紙面批評「メディアの見方・考え方」を目にした担当者に、「終了と同時に紙面を移して書きましょう」と誘っていただいたのが始まりだ。それから毎月一回の連載は休みなく足かけ九年続いている。当初二百行弱だった紙幅は、それでも新聞としては特段に長い記事ボリュームだったが、その後、最大二割以上膨らみ、担当者からは、そんなに長く内容も専門的なものを書かれても、読者はだれも読んでくれません、といわれることもたびたびだった。それでも辛抱強く紙面を提供し続けてくれたのは、沖縄の現場で報道に携わる記者の皆さんと、強い危機感を共有できたからだと思っている。

沖縄とのつながりは、四半世紀前に遡《さかのぼ》る。研修という名目で一カ月ほど琉球新報に居候し、琉球文化の奥深さの一端に触れ、同時に歴史や基地問題の複雑さを改めて思い知らされることになる。その後、表現の自由を研究テーマにすることで沖縄密約事件を学び直し、自由人権協会が実施した米軍施政下の人権調査を会員として読み直した。しかし、少しずつではあるがその距離を縮めるとその分、新しい問題や悩みが見えてくるのであった。そしてこの間、社会における沖縄と本土の間の溝は、それは沖縄メディアと東京メディアとの間の距離でもあるのだが、埋まるどころかますます深くなってもいく。たとえば、二〇〇八年提訴の沖縄返還密約文書公開訴訟で見せた政府の米国追従と沖縄切り捨ての姿勢は、まさにいま県民を逆撫でするかのように辺野古《へのこ》沖の埋め立て工事を進めようとする政府の姿勢と同じ構図であり、それはこれからの日本の国のあり方を問うものに違いない。

その辺野古新基地の建設をめぐり、いまでは国レベルで沖縄が大きな政治問題となり、多くの市民の関心事になってきてはいるものの、連載を始めた八年前は必ずしもそうした状況ではなかった。いまでこそテレビや新聞で取り上げられることも珍しくなくなったが、当時は「また沖縄がごねている」程度の感覚で扱われるにすぎなかったからだ。そしていま、沖縄は各種メディアで量的には過去に比較して格段に多く扱われるようになったものの、その差別構造はより鮮明になり、政治的にも市民社会においても、抜き差しならない亀裂を生みつつあるように思われる。こうした「差別」構造は、沖縄だけの問題ではなく、在日外国人等に対する差別や経済格差についても、福島を中心とする原発事故後の対応においても共通する、日本社会全体に通底する問題であろう。その状況は、まさに本書の対象であるここ八年間で着実かつ確実に深刻化しているのではないか。それこそがまさに、沖縄において象徴的に現れる「危機感」そのものであると思うのだ。

メディアの世界においても、沖縄はまさに日本の言論報道活動を占う試金石となってきた。政権党の偏向報道批判に代表される沖縄地元紙に対する執拗なメディアバッシング、政府との米軍基地をめぐる緊張関係は、本土メディアにとってかつてはいわば対岸の火事であったものの、いまは慰安婦等の在京紙「誤報」問題やテレビ番組の「偏向」報道批判など、日本のマスメディア全体の最重要課題と完全に重なり合っているからだ。その意味でも、沖縄を知ることは、日本を知ることそのものであると考える。

本文の記述はすべて執筆当時のままとした。もちろん、なかには旧聞に属することもあるし、状況がすでに変化しているものもある。しかしたとえば法案が成立していたとしても、当時指摘した問題点はほとんど変わっておらず、また立法過程の問題指摘はむしろ、今後の制度改定のためには記録としてとどめておくことが重要であると考えたからだ。この点も是非、「古い話」としてではなく、将来への課題として読み込んでいただければと思う。なお、本書を読み解く手引きとして年ごとの扉裏に年表を付した。いわば、本書で扱う事項の索引のようなものである。「いま」を確認するためにも「将来」を見通すためにも、その前提は「過去」を知ることだ。

最後に、貴重な発言の場を設けていただいた琉球新報、とりわけ現・社会部部長で最初の文化部担当記者だった宮城修さんに厚くお礼申し上げたい。また出版の機会を与えていただいた田畑書店・大槻慎二さんの思いが、本書のタイトルには詰まっている。およそ五十年前にボブ・ディランが唄ったAll Along the Watchtowerは、強国の堕落と商業主義を批判したと解釈されているものだ。

二〇一六年夏、日本の〈言論の自由〉は瀬戸際にまで追い詰められている。それは、国連が表現の自由の特別調査対象として日本を選択したり、国際民間団体の報道の自由度調査で日本が七十二位という極めて低い評価を受けることで、否応なしに思い知らされることになった。日本国内での日常生活のなかでは感じづらい「不自由」さが、海外からみるとより明確であるということだ。言論の危機を憂う書が世に出ることは、本来悲しむべきことであると思うとともに、本書が少しでも民主主義社会の維持・発展につながることを願っている。

二〇一六年九月

沖縄・高江《たかえ》の地から

山田健太

2008
年

本書の記述は〈言論の自由〉の大きな岐路となった2008年から始まる。しかし、自由の危機と言わざるをえないような今日に至る道を歩むことになったのには、その前史が存在する。なぜこれほどまでに一気に自由の可動域が狭まっていったのか、その流れをより理解してもらうために、自民党が歴史的と言われる大勝利をあげた05年に時計の針を戻し、言論の自由やジャーナリズム関連事項を確認してもらいたい。

【2005年】政治と放送の関係　問われる

朝日新聞がNHK番組への政治介入を報道（1/13）
中部国際空港開港（2/17）
ペイオフ全面解禁（4/1）
個人情報保護法全面施行（4/1）
JR宝塚（福知山）線脱線事故（4/25）
監獄法から被収容者処遇法へ（5/25）07年に全面施行
文字・活字文化振興法制定（7/29）
沖縄で米兵が女児に強制猥褻（7
人権救済機関設置法案を民主党提出・廃案（8）
衆議院総選挙　自民党歴史的大勝利（9/11）
平成の大合併50市町誕生（10/1）
郵政民営化法成立（10/14）
構造計算書偽装問題が発覚（11/17）
AKB48デビュー公演（12/8）
ユーチューブ　サービス開始（12）翌年グーグルが買収
犯罪被害者等基本計画を閣議決定（12/27）匿名発表が原則に　事件事故被害者の取材自粛要請が相次ぐ

【2006年】放送に政府圧力

ホリエモン逮捕・ライブドアショック（1/23）
記者クラブ訴訟で便宜供与は容認の判決（1/25）
トリノ冬季五輪（2）荒川静香、フィギュアスケート女子シングル金メダル
横浜事件の再審で免訴（2/9）08年に確定
福井県生活学習館はジェンダー関連図書を一時撤去(3)
NHK新放送ガイドライン発表（3/31）
ワンセグ放送開始（4/1）
ゆるきゃらブーム　ひこにゃん誕生（4/13）

秋田小学生連続殺害事件（4~5）
サッカーW杯ドイツ開催（6~7）
公取委が特殊指定廃止の当分見合わせを発表（6/2）
総務省「通信・放送の在り方に関する懇談会」最終報告書（6/6）
自民党議員が国会でNHKに国旗国歌助長求める（6/15）
首相への取材を原則一日二回から一回に（7/3）
TBSボクシング中継で苦情殺到（8/2）
マンションへのビラ配布で地裁無罪判決（8/28）09年に最高裁で有罪確定
小泉純一郎退任、安倍晋三内閣誕生（9/26）
フェイスブック　一般向けサービス開始（9/26）日本版は08年
取材源秘匿を認める最高裁判決（10/3）
菅義偉総務相、NHK国際放送で拉致放送を命令（11/10）
仲井眞弘多、沖縄県知事に当選（11/19）
ニコニコ動画　サービス開始（12/12）
改正教育基本法成立（12/15）　愛国心教育「心のノート」配布　道徳の教科化　教育関連改革三法も

【2007年】教育現場でも国家介入色濃く
防衛「省」に昇格（1/9）
井の頭公園が路上表現に許可制導入（1）
ウィキリークスの存在明らかに（1）　10年12月7日にアサンジ編集長逮捕
食品偽装相次ぐ（1~）
関西テレビ「発掘！　あるある大事典」やらせ事件発覚（1/20）外部調査委員会設置　民放連除名　総務省は再発防止義務を課す法改正を検討
毎日新聞記者が取材を録音したレコーダーを第三者提供（1）
宮崎県知事にそのまんま東当選（1/21）
産経新聞ほかが最高裁との共催のフォーラムで参加者に謝礼払い動員（2）
君が代伴奏拒否事件で職務命令肯定の最高裁判決（2/27）
能登半島で大地震（3/25）
BPO強化し倫理検証委発足（5/12）
ニュースキャスター筑紫哲也が休養（5/14）
憲法改正手続法（国民投票法）制定（5/18）

グーグル・ストリートビュー　サービス開始（5/25）翌年日本でも　09年に総務省が違法性なしの見解

改正少年法成立（5/25）少年厳罰化

自民党参院選用CMで内容の一部差替え（6）

万能細胞（iPS細胞）作製に成功（6）

イラク復興支援特措法改正（6/27）　従軍取材協定締結

安倍首相　ぶら下がり取材を廃止（7/6）

総務省　慎重な当落報道を各局に要請（7/12）

野田市が戦争展の後援を拒否（7/13）

新潟中越沖地震（7/16）取材トラブル発生

日米軍事情報包括保護協定締結（8/10）

山口高専殺人事件の未成年容疑者を多くの社が実名・顔写真報道（9/8）報道

安倍首相辞任し、福田内閣発足（9/12）

光市母子殺害事件弁護団への懲戒処分請求が殺到

教科書検定意見撤回めぐる県民大会（9/29）

朝日・読売・日経のANY連合開始（10/1）

倉敷市が金剛山歌劇団公演の会場使用許可取消（10/16）

コミック誌売り上げ減を受けて「月刊少年ジャンプ」など休刊相次ぐ

団塊世代の大量定年退職始まる

【2008年】異論認めずの空気強まる

奥州市・蘇民祭ポスターをJR東日本が掲示拒否（1）

裁判員裁判めぐり新聞協会ほか「報道指針」発表（1/17）NHKも12月24日

つくばみらい市ドメスティック・ヴァイオレンス講演会中止（1/20）

中国冷凍餃子事件（1）

橋下徹　大阪市長に（1/27）その後、維新旋風

在沖海兵隊員が女子中学生を暴行（2/10）

プリンスホテルが日教組への会場貸出拒否（2）

日本ビデオ倫理協会職員が猥褻罪で逮捕（3/1）

住基ネット訴訟最高裁が合憲判決（3/6）15年に全自治体が住基ネットに接続

チベット暴動（3/10）

NHK経営委員長　国益主張せよの発言（3/11）

ツイッター　日本でサービス開始（4/23）米では06年から

後期高齢者医療制度スタート（4/1）

メタボ健診・保健指導の義務化（4/1）

防衛省が読売記者への防衛秘密漏洩容疑で自衛官を書類送検（3/26）

モバイルコンテンツ審査・運用監視機構ＥＭＡ設立（4/8）

ビラ配布に最高裁で逆転有罪判決（4/11）

映画「靖国」「天皇伝説」上映延期騒ぎ（4/12～）

オリコン・恫喝（スラップ）訴訟判決（4/22）

中国四川大地震（5/12）

公務員制度改革法成立（6/6）

秋葉原無差別殺傷事件（6/8）

青少年インターネット環境整備法成立（6/11）

ＮＨＫ／ＥＴＶ改変事件で取材協力者逆転敗訴（6/12）

ハンセン病問題解決促進法制定（6/18）

沖縄県議会が辺野古移設反対決議（7/18）

デジタル放送のダビング10解禁（7/5）

東海北陸道全線開通（7/5）

新型携帯電話アップル iphone 発売（7/11）米国では前年

東京スカイツリー起工式（7/14）

北京五輪（8）北島康介　ボルト

国立国会図書館が政府圧力で日米協定資料の閲覧を禁止措置で提訴（8/21）

米証券4位リーマンブラザーズ破綻（9/15）

福田首相、突然の退陣、麻生内閣発足（9/24）

汚染米、大量に食用転用が発覚

観光庁発足（10/1）

ＮＨＫオンデマンド開始（12/1）

国籍法改正（12/12）

録画映像を検察が無断で証拠申請（12/18）

在特会等のヘイトスピーチが顕在化

「月刊現代」ほか月刊誌の休刊相次ぐ

憲法と表現の自由　*5.01/02*

わずか六十年ほど前には、自由に書くどころか雑誌の編集者同士で集まっただけで、捕まったり殺されたりした時代だった。古い憲法における自由の保障は、「法律ノ範囲」という条件が付いていたばかりに、治安維持法などの戦時特別法によって、徹底的に「異論」を認めない社会を作り上げていったわけである。沖縄はその後の四半世紀も、米民政府下にあって許可制が敷かれ出版は厳しい制限を受け続けた。すなわち、言論の自由はなかったのだ。

【検閲禁止と通信の秘密】

しかし、新しい憲法のもとで、表現の自由が何の制約もなく認められることになって、初めて好きなことが、好きな方法で、好きな場所で発表できるようになった。しかも単純に自由を認めたというだけではなく、そこには特別な思想が込められている。すなわち、戦争の反省の上に立って、国の勝手は許さない、そして個々人の人権を最大限に尊重するという考え方である。憲法の平和主義をいう際、よく第九条だけが話題に挙がるが、民主主義社会の基盤である表現の自由についても、特別な規程がおかれている。

それが検閲の禁止と通信の秘密である。言論の自由の保障自体はどこの国の憲法にもあるが、公権力による事前の内容チェックである検閲を絶対的に禁止する国は珍しい。いざ戦争が始まれば、国の安全のため軍が許可した情報のみが国民に届けられるのが当たり前だからだ。それは、現在の欧米諸国でもごく普通に行われていることである。また、社会の平穏や安定のためには、電話やメールといった通信の秘密は絶対ではなく、国家機関による盗聴行為も公然と実施されている。

しかし日本は、そのいずれをも憲法で否定している。それは最初に述べたところの戦時立法によって、軍や内閣情報局が広範な思想チェックを行い、批判を抑え市民の自由を抑圧することで、思想や言論の統一を行ったことが、戦争への道に結びついたとの経験によるものにほかならない。

【「国益」優先の動き】

にもかかわらず、日米新ガイドラインの下での有事法体制の整備やテロとの闘いによる社会の安心・安全優先の制度作りは、個々人の自由を犠牲にせざるをえない性格をもっている。国民保護法制等による指定公共機関の制度は、戦時ばかりか大規模災害においても、県下の全テレビ局が政府発表の情報を事実上そのまま放送することを要請している。あるいは、日米軍事情報包括保護協定の締結により秘密軍事情報に関する守秘義務が大きく広がった。

この国家による情報コントロールの動きは、一九八〇年代以降の情報公開の動きに抗する形で、今世紀以降、急速に強まっているものの一つだ。読売新聞の記事が理由で自衛隊員が書類送検されたのは、二〇〇一年に強化された自衛隊法の防衛秘密漏示罪だし、講談社の単行本の記述が理由で少年事件の鑑定医が起訴されたが、このようなケースでの刑法の秘密漏示罪適用は初めてとされている。

ジャーナリストについてはお咎《とが》めなしとすることで、一見メディアへの配慮をしているように見えるものの、実態は取材先に恐怖心を植え付け、直接、表現者を捕まえる以上の萎縮《いしゅく》効果を表現行為に与えることになるだろう。一年後に始まる裁判員制度においても、陪審・参審制を採用している他国に比しても、裁判員に厳しい守秘義務を課すほか、〇七年秋には事実上、最高裁がメディアに対し具体的な報道自制を求めている状況にある。

しかもその「空気」を巧みに利用して、政府が了とする「国のかたち」や「国益」を優先させようとの動きも強まっている。沖縄戦の集団自決をめぐる教科書検定において、史実の書き換えや削除要請を求める一連の動きはその最たるものといってよかろう。ＮＨＫ経営委員長による、利害が対立する報道では国益を主張せよとの委員会発言も、同じ線で結ぶことができるだろう。

いまの国会で審議が予定されている「有害」情報規制にしても、人権擁護法で予定されている国内人権委員会制度や通信と放送の融合下で構想されている情報通信法にしても、法や行政による一律で包括的な規制を、市民社会に拘束力をもって直接的に課そうとしているのが大きな特徴といえよう。実際すでに、強力な行政指導によって個々の放送番組内容にまで善し悪しを指摘し、報告義務を課すことで事実上の業務改善命令をくだす所管官庁のあり方は、自主自律を前提としてきた現行のメディア法体系自体を崩してしまう危険性があることを改めて確認する必要がある。

【権力は「ほどほど」に】

表現の自由に関しては、国会・行政・裁判といった公権力の行使をできる限り行うことなく、それぞれの表現者の自主規制に委ねることが前提となって法体系が作られている。実際に大きな流れとしては、国の強制力をもって情報の流れを止めるような方法を避け、メディアの社会的責務によって行き過ぎを抑制する社会制度が、日本においても整備されつつあるといえる。刑事手続きにおいても、記者を証言台に立たせないことで取材源を事実上守り、取材の自由を尊重してきた運用実態がある。公務員が報道機関に内部情報を提供することを、基本法の一つである出版自由法で権利として認めているスウェーデンで、国益が脅かされたり国の権威が傷つけられたという話は聞かない。

権力行使は「ほどほど」であることを旨として、謙抑《けんよく》的な行使に努めてこそ、豊かな市民社会が形成される。力による上からのコントロールによって、一時の平穏は保たれても、自律的に個人の尊厳を尊重する社会は育たないし、真の平和は生まれまい。

表現の自由には「のりしろ」が必要だ。それは、表現をする側とされる側、その表現物を受け取る市民、そしてコントロールしようとする国や団体にも当てはまる。しかしいま、そのいずれにも余裕がなくなり、その結果、私たちは大切な自由を失いかけているのではなかろうか。

＊

【知的劣化】

活字の世界では、新聞も出版も随分前から「不況」がささやかれ、一方で増ページや出版点数の増大、効率化という名のコンピュータ化による作業の集中により、記者や編集者はますます忙しくなっているという。取材をしたり知見を広めるまもなく、ひたすらパソコンに向かい情報を処理することに時間が費やされるという現場の話をよく聞くようになった。

放送でもほぼ二十四時間の連続放送の実施やタレント出演料の高騰による制作経費の削減によって、少人数短時間の大量生産が進むことになる。こうした状況と無関係ではなかろう。ついつい他人の文章や番組をこっそり拝借する事件が、新聞社や放送局でも続いている。それは単に、データのデジタル化やネットワーク化によって精神的結界がなくなり、出来心を止めるきっかけを失っただけではないと思われる。

しかもルーティンワークの増大は、ジャーナリストの知的な劣化とともに精神的な崩壊を呼び起こしている。新聞労連という新聞社に勤務する労働者の全国組織が実施した組合員意識調査によると、仕事にやりがいがある者は半数以下、半数以上が会社を辞めたいと思うと答え、死にたいと思うかとの質問にも一割以上がイエスと回答している（加盟八十七単組中六十単組が回答、〇七年九月発表）。そしてどの社でも、ストレスが原因と思われる精神疾患が増大・一般化しているともいわれている。

【管理不能の恐怖】

一方、書かれた側も「キレる」状況にある。それはまさに、子どもが見境なく力の加減も分からずに、反撃する様に似ている。たとえば、武富士やオリコンは、自社の批判記事を書いた記者個人に高額の賠償を求め、前者の訴訟では嫌がらせ提訴であるとの司法判断が示されている（後者の訴訟は記事内容の事実証明が不十分としてオリコン勝訴）。

こうした傾向は、企業が従来のマスメディア上では宣伝活動等を通じ、一定程度、自分に関する情報をコントロールできたものの、ネットの誕生によって管理不能になったことによる見えない恐怖に過剰反応しているように思えてならない。発信元である表現者を事実上、社会的に抹殺するという、ローマ教皇時代の異教徒に対する焚書・焚刑の時代に舞い戻ったかのような感覚すら覚えてしまうのである。

政治家がちょっとした記事に対しても、すぐに訴訟を起こしたり、業界苦情対応機関（例えば放送界のＢＰＯ）などに苦情を申し立てることも同様である。本来であれば、公的存在である者や団体・企業は、社会的批判をもって自らの活動を真摯《しんし》に見直すことが求められるとともに、社会的立場をもって反論し信頼を高める存在であろう。しかしながら、そうした時間がかかる解決法は好まず、即物的に自分の前で頭を下げさせることを強要する姿勢ばかりが目につく。

公人や大企業は社会の勝ち組であって、こうした強き者が弱き立場の表現行為の誤謬《ごびゅう》を一切求めないかの振る舞いは、社会全体の言論の幅自体を狭める効果をもつものといえる。鷹揚《おうよう》さをどこまでもちうるかが、「大人」として求められている姿勢ではなかろうか。もちろん、こうした態度が最も求められているのが、最大の強者である国や自治体であることはここで繰り返すまでもない。

【余裕なくした社会】

そしてまた社会自身も、例えば、ちょっとはみ出た表現行為や猥雑《わいざつ》な情報環境を受け止める余裕がなくなっている。あるいは、波風を立てることを極端に嫌ったり、潔癖性を求める風潮が強まっている。その端的な例が、プリンスホテルによる日本教職員組合の集会使用拒否であろう。〇七年は同様の事例として、つくばみらい市主催のドメスティックバイオレンス（DV）をテーマにした集会が中止になったり、外務省主催の人種差別撤廃条約をめぐる意見交換会が、会場の混乱を理由に会議途中で打ち切りになった。さらには、「靖国」上映をめぐる混乱もこのカテゴリーの問題である。

たしかに、ホテルや映画館が営業の自由を主張し、他の宿泊客や近隣住民・施設への配慮を言うことは理解する。しかし、情報流通過程を担う者や公的存在である施設・組織は、言論表現空間を確保する社会的責務を負っている。彼らにとっての最大の社会貢献は、二酸化炭素の排出削減ではなく、多少の営業利益の損失を甘受してでも、いわゆるパブリックフォーラム機能を有する表現発露の場として、社会に物理的・時間的な空間を提供することであることを認識しなくてはなるまい。

この責任は、私たち一般市民にも被《かぶ》さってくるものである。自分と違う意見を聞くには忍耐が必要だ。とりわけ、社会的弱者である少数者、嫌われ者の表現は、残念ながらいまだ「日本人、男、健常者」の視点からは軽視されがちである実態がある。まさに、こうした広義の差別を助長・固定している主体は、私たち自身であることが多いからだ。しかし、私たちの社会は多様な意見が闘わされることによって、社会にとって最善の選択がなされると考えてきた。

表現の自由によって実現しうる多元性のある文化は、いまの日本社会で進む効率性や採算性あるいは一律化や合理化によってもたらされる日常とは最も対極にある存在だ。その点、沖縄が本土の関係である意味で虐《しいた》げられてきた立場にあることから、県下メディアは言論の幅は広く、社会的役割が十分に発揮されている貴重な存在である。その象徴は〇七年九月の県民集会における報道であろう。それゆえ沖縄地元紙をはじめとするウチナンチューには、今後とも表現の自由のかたちを作っていく原動力を期待したい。

［参照：12年3月／12年5月／13年1月／14年6月］

「有害」サイト規制法　*6.14*

あっという間の出来事だった。国会で成文化された法案が明らかになったのが六月六日、それからわずか一週間で両院を通過し成立したのがいわゆる「有害」サイト規制法である。インターネット上に流通する表現や情報のなかには、青少年にとって教育上好ましからざるものがあることは確かだ。あるいは地方自治体レベルではすでに、沖縄県青少年保護育成条例など青少年条例という名の「有害」図書規制が存在しており、コンビニ等での成人向け雑誌の区分販売等が実施済みである。

【日本を象徴する風景】

しかし、今回の法律は単に青少年向けの販売制限ではなく、ネット上に流れる情報をプロバイダの力を借りて国が関与して排除するという、従来の表現の自由の例外を拡大する大きな方針転換であり、今後、インターネットがコミュニケーション形態の主役になることも想定されるなかで、日本の社会の表現行為のスタンダードにもなりかねないことから、本来、十分な検討が必要な領域である。

実際、今回の法と似た内容の青少年健全育成基本法案については、強い批判のもと二〇〇四年には廃案になった経緯もある。先に挙げた青少年条例が、長野を除く四十六都道府県にありながら法制化されなかったのも、国が「有害」規制することへの懸念があったことに他ならない。にもかかわらずである。ほとんど実質的な審議もないままに、社会の雰囲気に押されて、表現の自由の原則がいとも簡単に変更されるさまは、いまの日本を象徴する風景だ。だからこそあえてここで、何が原則と例外の逆転なのかを書き留めておくことは有意義であろう。

【主観的抽象的な基準】

第一に、表現の自由を制約する場合の法律は、厳格かつ明確な基準でなくてはならない。それは、表現の自由が人格形成や民主主義社会の維持・発展に不可欠なものとして、憲法のなかでも特に優越的な地位が与えられているからだ。しかし、法の「有害情報」定義は、「青少年の健全な育成を著しく阻害するもの」として三つの事例を例示するにとどまっており、厳格基準にはほど遠いものである。そもそも、違法ではなく不健全といった主観的抽象的な判断基準である「有害」によって、特定の表現・情報が市場から閉め出されること自体が原則からの逸脱である。

第二に、メディア法体系は当該メディアの自主的な取り組み（自主規制）を前提として成立する法体系である。そして実際に、自主的な苦情処理システムの構築など自律的な制度の強化が日本を含む各国で図られてきている。しかし今回の法の発想は、あくまでも国による一律・網羅・直截的な規制をめざすもので、こうした思想は従来の表現の自由の法体系とは相容れない。

最終段階で、「有害」サイトの認定作業は第三者機関が行うことで国の介入は避けられたとの報道がなされているが、それは希望的観測に過ぎない。実際、基本計画等を策定するのは閣僚級の行政組織であるほか、推進機関は国への登録が義務づけられ、行政が具体的な方針の提示とそれに基づく強力な指導を行う素地がむしろ整備されたとみるべきだろう。放送分野における行政指導の実態を思うと、むしろそれが自然の発想である。

【表現行為に縮減効果】

そして第三に、行き過ぎた表現や問題ある表現への対処は、事後的に当該表現者へのサンクション(社会的制裁)によってなされるのが原則である。しかし、今回の法案は予め《あらかじ》「有害」と定めた情報を排除する点で、検閲類似の「事前」規制であるうえ、しかもその規制手法として、表現者ではなく情報流通過程の中間的な民間事業者である、「プロバイダ」に全面的にその任を負わす点に大きな特徴がある。もともと、情報伝達者は印刷会社や書店に代表されるように、コンテンツ内容には踏み込まないことをよしとしてきたが、〇一年にできたプロバイダ責任制限法によって風穴があき、そして今回はその例外を原則に転換させるものといってよかろう。

しかも法が定める「青少年閲覧防止措置」は、発信者側に自主的な表現行為の縮減効果をもたらし、これらは結果的に、成人に対して本来許される情報流通がなされない効果をもたらすことになる。猥雑《わいざつ》な情報環境自体を世の中から閉め出す立場からは、幸いな法内容であるともいえるが、違法とはいえないようなはみ出し表現が、法によって禁止される社会は息苦しくないだろうか。

［参照：10年2月／10年6月］

テレビのかたち　7.12

世間ではテレビの買い換えを迫る広告が溢《あふ》れている。確かに、大画面で見るデジタル放送は従来のアナログに比べて綺麗《きれい》なのは事実だ。データ放送で送られてくる地域の天気や渋滞情報も重宝している。しかし、そもそも肝心のテレビ放送はどうなるのか。その根本の議論が忘れられてはいないだろうか。

【言論公共空間】

いまのテレビ（地上波放送）の特徴としては、①公共放送NHKと民放（商業放送）が二元体制で存在し、かつ並行している、②ほとんどすべての市民がテレビをもっていて、かつ視聴時間が一般に長い、③一日の放映時間が長いうえ再放送が少なく、バラエティーに富んだ放送が行われている、④民放は無料でNHKも千円強の支払い（受信料）ですむ、⑤番組制作は原則として自社で行い、自社設備で電波を送り続けるというハードとソフトの一致が実現している、⑥テレビ受像機の供給元の主流は国内のビッグ家電メーカーで、多くの場合、テレビCMのお得意さまでもある、⑦民放もネットワーク化によりおおよそ全国放送が実現している、が挙げられるだろう。

そしてこうした状況こそが、テレビがある種の「言論公共空間」を形成していることを意味する。テレビ好きの全国のみんなが、リモコンを押すだけで番組が流れてくるという、極めてシンプルな仕組みによって、ほぼ共通の情報に接することができる「アクセスの平等性・容易性」が担保されているメディアなのである。しかもこうした特徴は日本独特のもので、世界に誇るべき「文化」でもある。

もう一つの大きな制度上の特徴が、①憲法及び放送法によって放送の自由が保障され、放送局は「視聴者に対する義務」として政治的公平さや多角的論点の提示などを約束している、②その延長線上として、放送基準の公表や番組審査機構の設置、さらには自主的な訂正放送や番組保存の制度が合わせて決められている、という点である。

【国の関与】

しかしながら法制度はもう一方で、一行政機関である総務省に放送事業の「免許」を与える権限を独占的に与えている。そのために現実には、役人が個別番祖につき放送法違反か否かの判断を行い、違反していると考える場合は行政指導という名の下で、事実上の強制力を有する注意や業務改善命令を発している。本来の放送制度の特徴は、局と視聴者の約束によって良質な番組を放送するという、自律的な制度設計にもかかわらずである。

こうした現状があるからこそ余計に、国の関与を受けることなく、自由な判断で総合的な編成を行う番組が、しかも地方の特色を織り込みつつ作り続けられる環境を大切にしなくてはならない。こうした特性が保障されてこそ、テレビ情報をもとに議論ができ、世論形成が可能であるからだ。

実際にテレビがこうした凄《すご》い力を持っているからこそ逆に、二〇〇七年に制定された国民投票法（憲法改正手続法）では、テレビ広告を全面禁止にしたり、最近でも政治家（政党）が執拗《しつよう》に個別番組の偏向を批判、「感想」を述べて番組改編を暗に求める行為があると理解されよう。一方でテレビ局自身は、番組の多様性や社会的役割に見合う質を確保するために、より一層努力することが求められている。

にもかかわらず、そうしたテレビをどうするかが、政府内議論からもそして放送界自身からもはっきり見えてこないのが残念だ。むしろ、政府内部の声として少し前には、ＮＨＫも民放化しようとか、受信料滞納者は電波を止めるとか、デジタル化に対応できない経営困難局はつぶれればよいとか、そもそも地方にテレビ局は必要なのか、といった声まで聞こえてきていた。

あるいは、放送番組内容に事実上の強制力をもって「指導」することが可能な現行制度の是非や、そもそもそうした行政措置を可能にした法の拡大解釈の是非、さらには強大な権限を下支えする免許権限を大臣が持つことの是非など、基本的な法制度の理念については決して触れようとはしない現実がある。

未来の放送の在り方を決めるための会議が〇六年から総務省で始まり、現在は形を変えて具体的な法案作りに向けて検討中である。ちょうど七月十四日までは、一般市民や関係団体・利害関係者の意見を聞くための意見聴取（パブリックコメント）が実施されている。表現の自由の確保も重要な問題として取りあげられているものの、いかんせん話の出発点が産業振興であることは隠せず、新制度による経済効果が三兆円であるなどの予測が行われている。

確かにインターネットは便利だし、デジタル化したテレビ機能の一部は代替できる。パソコンで番組を見る人も増えるに違いない。しかし、社会にとって自由で共通のメディアが存在しているという、日本のユニークなメディア環境を強化・発展させる視点から、放送の行方を考える必要はないのか。大切なのは残すべきテレビのかたちであろう。

［参照：09年6月／10年3月／11年7月］

裁判員制度の肝　*8.09*

いよいよ裁判員制度が始動する。もちろん、実際に市民が法廷に座るのは〇九年の七月以降と予想されているが、その裁判員を選定する作業がすでに始まっているのだ。ここでは、裁判が新聞やテレビを通じて知るものではなく、実際に参加するものに変わる日がやってくることを前提に、日本における司法情報へのアクセスについて考えておきたい。

【原則と例外の逆転】

地方自治体や国が持っている情報については情報公開制度が整備されており、最近では米軍ヘリの沖国大墜落事故に関する情報公開訴訟にみられるとおり、公的機関が情報隠しをしている場合、私たちは裁判で争うことができる。この裁判で争うことができるということこそ、私たちが「権利」と呼べるものであって、行政情報については事実上「知る権利」が保障されていることになる。

このように、一九八〇年代以降、日本でも公的情報の公開が権利化されてきたわけであるが、こと司法情報に関しては厚いベールに閉ざされたままの状態が続いている。確かに憲法で裁判の公開がうたわれ（八十二条・三十七条①）、誰でも自由に法廷を傍聴することができる。あるいは刑事訴訟法等によって終結した裁判の記録も閲覧する制度がある。しかし実際は、そうした一般的原則が大きく歪《ゆが》められている実態がある。

たとえば、刑事事件の裁判記録は被告や関係者のプライバシーを理由に閲覧を拒否されることがむしろ普通である（少し前のデータではあるが、数字の上で請求件数のほとんどで公開が認められているのは、交通事故に関する保険会社からのもので、一般市民の請求はまず認められない）。また裁判所は、閲覧を権利として請求できるものではないとしており、ましてや閲覧を許可した場合も謄写（コピー）はダメとしている。

要するに、司法情報に関しては公開裁判や記録の公開が憲法や法で定められているにもかかわらず、その実態は裁判所の強いコントロール下にあり、原則と例外の逆転がみられる領域であるとの認識を持つ必要がある（詳細は、中村泰次・飯田正剛・山田健太共著『刑事裁判と知る権利』三省堂、一九九四年）。では、なぜ日常的に私たちはそうした「秘密扱い」をあまり感じていないのか。その答えは、取材・報道に対する裁判所の手厚い便宜供与にある。

大手の新聞・放送機関は、前述の厳しい規制とは裏腹に、傍聴の優先枠を持って法廷取材ができ、裁判が終われば判決文（やその要旨）の配布を受け、限定的ではあるもののカメラ取材も許容されている（厳密には裁判が始まる前の二分間だけであって、裁判の様子は撮影できない）。そうした裁判所の特別な計らいによって、私たちは裁判の様子を知ることができるのである。

【司法情報を享受できるか】

問題はここからである。来年、裁判員制度が始まっても同じように、メディアを通じて私たちが司法情報を享受できるのか。

たとえば、カメラは裁判員を捉《とら》えることができるか。おそらくノーである。そうすると、いったい法廷ではどのような構成や雰囲気で裁判が行われているのかを知る重要な情報が欠如するだろう。裁判官が黒い法服を着ているのに、市民裁判員はなぜ普段着のままなのか、なぜ裁判官が真ん中の三席を占めていて、裁判員は脇の席に追いやられているのか、一枚の写真から分かることは多いはずである。

裁判官ももちろん、評議の秘密を守らなければならないが、裁判員の守秘義務は一生、しかも重い罰則付きである。少なくとも形式上、従来以上に厳しい取材・報道の縛りがかけられることになる。「感想」程度は喋《しゃべ》ってもよいといわれているが、その程度は裁判所の判断次第ということになり、検察（実際は裁判所あるいは法務省）が喋りすぎと思えば、つねに逮捕・起訴・最長六カ月の懲役が科される可能性がある。

そしてなによりも、一連の取材や報道の「特別待遇」は、裁判所の便宜供与に過ぎないのであって権利ではない点である。いつでも、裁判所側の判断で取りやめることが可能である。もちろん、一部の報道機関のみを優遇することの是非はあるだろう。なぜ雑誌メディアはダメなのか、ブロガーにも同様の待遇を認めるべきではないか、という意見はもっともである。

しかしいまの時点において私たち市民にとってより現実的な問題は、司法情報がいま以上に閉ざされる可能性を孕《はら》んでいることであろう。日本の刑事手続きはもともと公開性に欠けるうえ、オープン情報はほとんど裁判所の判断に委ねられており、権利として保障されているものはごく僅《わず》かである。司法制度をめぐって自由で豊かな情報の流通が確保されてはじめて、大目的の市民の司法参加も結実するであろう。

最高裁・法務省は当初から、事件報道を禁止する法案を予定するなど、市民保護の思想のもとで裁判員が予断や偏見をいだかないために、取材や報道を厳しく制限する（あるいは自主的に制限することを期待する）意向を示している。しかし、より「多くの冷静で多元的な」事件報道によって、現実社会における事件の位置や背景が語られることを否定する必要はないはずだ。しかも本来、「国民」の健全な社会常識に期待するとした以上、そうした一連の報道を批判的に読み解くことも含め、市民社会全体でより多くの事件・裁判情報を共有する中で、司法の市民化が実現することが期待されていたのではないのか。国による過保護ではなく、市民もメディアもより鍛えられることこそが必要であろう。

沖縄には九年余の短期間ではあったが米国式の陪審制度の経験もある。その一端は伊佐千尋著『逆転』（新潮文庫）から知ることができるが、その書き出しは琉球新報の記事の引用だ。裁判で何が裁かれているか、その真の姿はいつの時代も、その土地に根ざす市民と、市民の知る権利を担ったメディアによって明らかにされるのである。

［参照：09年2月／10年5月］

グーグル新サービスの衝撃　*9.13*

インターネット上の検索サイトとして有名なグーグル（Google）が、八月五日から新しいサービス「ストリートビュー」（ＧＳＶ）を開始した。従来から「グーグルマップ」として地図情報を無料提供しているが、それにプラスして全国十二地域の風景を居ながらにしてみることができるようになった。沖縄県内でのサービスはないが、まさに車で運転しているかのように、道の両側の景色を表札が読めるぐらいまで詳細に確認できるサービスは圧巻だ。

【進化した映像地図】

すでに、パソコンによって全国はおろか世界中の詳細地図を見られることが当たり前になり、しかも衛星画像や航空写真によって、極めて高精細度の３Ｄ写真の閲覧も可能である（たとえばグーグルアース）。今回のサービスはその進化形ともいえる、いわば映像地図ということになる。しかも、その撮影範囲は裏通りにまで至っており、地図上で道が青く表示されているサービス地域は、車が入れる場所をおよそカバーしているように思える。しかも、カメラ位置が高いため（車の天井にさらに棒を立てて三百六十度撮影をしているという）、通常では見えない塀の内側までが映り込んでいる場所も少なくない。

そうしたことから、すでに二〇〇七年五月からサービスが始まっている米国では、プライバシー侵害を理由に訴訟が提起されているほか、カナダではプライバシーコミッショナー（オンブズマン制度）の裁定によってサービス開始がストップした。フランスでも撮影対象の限定化（表通りのみ）などが行われていると報告されている。もちろん需要もあって、実際の建造物の特徴や周辺状況が手に取るように分かり、公開はしないまでも同様な情報は不動産業者などの間ではすでに利用されてきた。

しかも、この種の一般サービスは初めてではなく、すでに日本でもいくつか実例がある。たとえば、東京メトロ（地下鉄）は主要な地上出口付近の三百六十度パノラマ風景画像を提供しており、偶然映り込んだ人物などの顔も場合によっては判別できるほどである（米国のパノラマソフトiSeeの利用）。都市映像データベースとうたうLocation View（ロケーションビュー）は国内企業のアジア航測が提供するもので、〇七年十月から一般公開を開始している。ほかにも、マラソンコースや車窓風景が楽しめるルートビデオサービスのALPSLAB Videoや、日本でサービス提供はないものの、Every Scapeは米国主要都市を中心に北京《ペキン》もカバーしており、オートドライブ機能を使うと、まさにその街を観光している気分になる楽しさがあるのも事実だ。

【配慮不足も】

ではなぜ、グーグルが問題視されるのか。それは単に「気持ち悪い」という感情のレベルの話なのか。

まず挙げられるのはプライバシーの問題である。一般に個人情報は①信教や政治的思想のような内心の情報で、絶対非公開のもの、②医療や成績、納税など一部の行政情報のように、一般には非公開だが特定の人（組織）のみに所有を限定的に認めたもの、③住所や電話番号のように一定程度自ら公開をする場合があるが、勝手な収集や利用は認めないもの、④政治家の資産や公務員の氏名など、原則公開のもの——にカテゴライズすることが可能であろう。もちろんこれらは未来永劫《えいごう》不変なものではなく、時代や社会・文化などを背景に人の意識が変わることによって、動くことがあり得る。

では今回のＧＳＶはどのカテゴリーなのか。表札や家の外形は一見オープン情報のように思われるが、果たして世界中からみられることを想定しているのかとなれば疑問だろう。③の情報だからこそ、「オプトアウト」という手法を採用し、希望があれば削除しますという申し出制度を設けていると考えられる。しかし、地図データベース事業が個人情報保護法の主要なターゲットだったことを思い起こすならば、配慮不足との非難を免れない面があるのではないか。たとえば、グーグルは人の顔などに機械的にぼかしを入れているとされるが、ロケーションビューは手作業でモザイク処理をしているという。

さらに、グーグルに膨大な個人情報が集積されることの危惧《きぐ》もある。映像情報そのものもそうであるが、さらに私たちの利用記録（いつ誰がどの地点の映像を利用したか）をグーグルが蓄積することになる。もし、ではあるが、犯罪が発生した場合に、その地点の映像を閲覧した人物を特定するための捜査情報として、警察がグーグルに情報提供を求めたらどうなるのか。従来の監視カメラの使われ方を考えても、私たちが知らないところで広範な個人情報の「活用」がなされる可能性がないとはいえない。

【社会的責任】

情報の集積自体が悪とはいわない。グーグルスカラー（学術情報データベース）のトップページには、「巨人の肩の上に立つ」というメッセージが現れる。先達の業績をベースにして、将来に向かってより大きな発展の実現を願う、グーグル思想を表すものである。そうした思想が利用者に共有化されるためにも、どういう基準で撮影しているのかを公開し（なぜか提供空白地域が存在する）、その苦情手続きも電話やファクスといったアナログの受け付けも含め、よりコストと労力をかけることが求められるだろう。

それは、グーグルがもはや単なる事業者ではなく、情報を収集し加工・編集し、そして発信する「メディア企業」であり、社会貢献を超えて社会的責任を背負う必要がある企業体に成長したことを意味するからだ。

新しい技術によって多様なサービスが始まり、それによって大きな利便を得ることは好ましいことだ。しかし、一企業の振る舞いによって、せっかく矯正されようとしている行き過ぎた個人情報管理（例えば学校のクラス名簿を作らないなど）の風潮は、ＧＳＶで家がバレるからやっぱり住所は秘密にしようということになってしまうだろう。あるいは、犯罪予防のためにこの種の情報を法規制するということにもなりかねない。自由な表現活動を守り発展させ、グーグルが願う情報共有社会を実現するためにも、情報の発信者には常に節度と自律が求められていると考える。

［参照：09年4月］

テレビ通販広告　*10.11*

いま、テレビ通販が熱い。この通販広告、何もテレビだけの専売特許ではなく、新聞でもよくみられる広告スタイルであって、申し込み無料電話のアタマ番号をとって0120広告とも称されている。古典的なブランド（企業）広告や商品広告が、経済不況を反映して落ち込み、さらに不特定多数向けのマス媒体は広告効果がみえづらいとして敬遠される状況があるとされる。

【「救いの神」】

そうしたなか、すぐに反応が広告主に返ってくる通販（直販）広告は、効果が測りやすいとして全般的に増加傾向にあるといわれ、媒体にとっては「救いの神」でもある。例えばテレビの場合、いわゆる通販広告を扱う放送時間は局によっては一日三時間に及び、その売り上げは広告収入全体の一割を超える局もある。

しかし、新聞のそれと違って、テレビの場合は「テレビショッピング番組」と呼ばれ急激に放送時間が増え始めてから問題が複雑化してきた。一つには、視聴者から絶対量として多すぎないかとの声が出たとされる。その関係では、二〇一一年以降にチャンネルが増えるBS衛星放送の新規参入受付の条件として、この種の「番組」を含む「広告」の多寡が選考要件となり、少ない方が優位との方針が発表されている。

さらに、情報系番組内などで行われる通販コーナーは、番組なのか広告なのかその区別がつきづらいとの指摘もあったようだ。これは、放送法の中に広告と番組は「識別」しなければならないと定められていることとも関係する。

そうこうしているうち、公正取引委員会（公取委）から在京キー局（テレビ朝日とテレビ東京）に続けざまに警告や排除命令が発せられる事態に陥った。自局（子会社）で販売する通販商品の表示に嘘《うそ》があったとして、問題になったケースである。ここまでくると、自社事業との関係も出てくる。単に広告の話ではなく、社として自社媒体を使ったビジネス展開のありようも問われるからだ。

しかし、そもそも番組利用の広告の歴史は古く、ラジオにおいてはパーソナリティが商品紹介をすることに広告価値が見いだされてきたし、ドラマ等において番組スポンサーの商品を使うのはある種のサービスとして慣行的に定着している。むしろこうした番組内の商品提示は、プロダクト・プレースメント（PP）広告として、慣行ではなく契約として重視される傾向にあるといえるだろう。

こうした背景と現状の中で、化粧品や飲料といった一般的な通販広告ではなく、実演や解説付きの番組仕立ての通販広告であるテレビショッピング番組の何が問題なのかを、あらためて考えてみることとしたい。

【「番組」扱い】

民放界には、コマーシャル総量は総放送時間の一八％以内との規定があり、もしショッピング番組を純粋な広告としてカウントすると、多くの局ではこの自主基準を超えることになると想定される。したがって実際は、広告ではなく「番組」として扱い、形式的には生活情報番組などの一部とみなして処理しているといえる。ただしこうした処理の仕方が、すぐに問題だとするのは短絡に過ぎるであろう。

例えば活字の世界では、「集合広告」といった名目で、同様の種類の広告をまとめて掲載する場合には、「情報」であるとして広告から除外する特別規定をもっている。その典型例は求人雑誌であって、純粋な記事はわずかでも、広告は五〇％以下であるとみなされて、第三種郵便の条件を満たすことになる。同じことは、新聞のお悔やみや出版広告欄にも当てはまる。まさに、広告が生活情報として受け手に価値あるものとして認識されている証左でもあろう。

ドイツの場合も、十五分以上の「テレビショッピング番組」は、単発の通販広告と分離して、広告とも番組とも違う第三のカテゴリーとして扱い、通例の広告規制の枠外に置いている。日本の例に当てはめるのであれば、ショッピング番組は同種の広告を集めたテレビ版「集合広告」であるととらえ、中身は広告であっても総量規制の枠からははずすということは、検討の価値があるだろう。そもそも、広告が多すぎるという議論はつねに存在し、なぜ新聞に広告が必要なのか、なぜテレビ番組にやたらＣＭがはいるのかという苦情は引きも切らない。

もちろん、際限なく広告が増えることは好ましいことではないが、量の規制はあくまでも目安であって、広告収入のうえに成り立つビジネスモデルである限り、収支バランスからの増減は柔軟に考える必要があるのではないか。むしろ、根源的な問題を整理し直し、番組との識別が不十分であって視聴者に誤認を与える危険はないか、途中に広告が入ることで番組が細切れになって視聴に支障が出ていないか、子ども番組の途中あるいは前後の広告は感受性が強い子どもに悪影響を与えていないか、といった検討の方が真に視聴者のためになるだろう。

それは、番組の質を向上させ放送の信頼性を厚くし、結果的に広告媒体価値を高めることになると考えるからだ。むしろこの点で、海外の事例に比しても日本は工夫の余地が多分にあるだろう。たとえば、報道番組中のCMおよびPP広告は報道の中立性・独立性の観点から行わないとか、アニメ等の子ども番組ではPP広告も含めて具体的商品名を避けCMも玩具等の子ども向けは流さない、などはむしろ本来の趣旨に合致する制約ともいえるだろう。意図的に番組を装った広告とか、結果的に関係を疑われるような広告を行わないことが、受け手の立場からの広告規制のありようだからだ。

こうしたテレビショッピング番組の量的緩和と、一方での広告の質的基準強化があいまって、私たちが正しく豊かな生活情報としての広告表現を享受することができるし、願わくば広告収入の増加が番組の質的向上につながることを期待するのである。その意味で私たち視聴者も、表層的な量的問題だけでなく、テレビを厳しい目でみて育てることが求められている。

［参照：10年3月］

公文書管理　*11.08*

彼の地で新大統領が誕生した折に、日本の前首相の話で気が引けるが、福田置き土産のひとつに「公文書館（公文書管理）構想」がある。内閣官房におかれた「公文書管理の在り方等に関する有識者会議」は三月以来十二回の会合を経て、十一月四日に最終報告を発表した。「『時を貫く記録としての公文書管理の在り方』～今、国家事業として取り組む～」と題されたレポートをもとに今後、法案化作業が行われることになるが、いわば主の居なくなった状況下で、各省庁ほか議会や裁判所の抵抗を受けながら、どこまで実のあるものになるか前途多難といわざるを得ない。しかし、保存期間が過ぎた公文書に関する管理規定がなかった日本にとってスタート地点に立ったことは間違いない。

【透明性の確保】

二十年来の市民運動に後押しされ、日本で情報公開法が施行されたのが二〇〇一年。その後、独立行政法人や特殊法人にもウイングを広げ、しかも国レベルだけでなく制度作りで先行した地方自治体においても、都道府県や政令指定都市はもちろん、ほぼすべての市町村においても情報公開制度が機能している（〇八年四月現在、県内二町村を含む九自治体が未制定）。

この情報公開の制度の肝は、行政のすべてのレベルで透明性が確保されていることにある。知りたい文書をどの自治体がもっていても、きちんとその公的情報へアクセスできることが必要だからである。

そしてこうした情報公開の制度には、政治家関連ではフローを監視する政治資金規正法や、ストックを明らかにする資産公開法、自己情報の公開請求制度として機能する個人情報保護法がある。さらには、刑事裁判記録であれば刑事確定訴訟記録法があり、司法行政情報に関しては司法行政文書開示通達によって部分公開に応じている。議会情報についても衆議院では今年四月から、法ではないものの「衆議院事務局の保有する議院行政文書の開示等に関する事務取扱規程」にもとづく公開制度が始まっている（注：参議院も二〇一一年に同様の規程を制定）。

しかしせっかくの制度があっても、必ずそれを疎ましく思う人や組織が現れる。まず日常事務レベルでも、なるべくメモを残さないなどの作成段階の「工夫」がなされ、開示請求の対象となる文書そのものを存在させないことがあるという。

そして請求があっても、取りあえず「不存在」として事実上なかったフリがなされることも少なくない。そしてやっと公開にこぎ着けても、墨塗りだらけで内容の推測さえできないことは日常茶飯事だ。ただしここでは、「結論」が出るだけましかもしれない。非開示処分に対し情報公開審査会あて不服申し立てをしても、今度は回答期限がないので塩漬けにされて、結局、ぼうぜんと立ちつくすしかない状況が、まさに今起こっている。

さらに、こうした情報公開に真っ向から水を差す動きも一つや二つではない。沖縄関連だけみても、沖縄返還密約文書の情報公開請求事件で、その文書の存在が米国側の情報公開制度で明らかになったあとも、日本政府の答えは「存在せず」である（ちなみに、この文書は沖縄公文書館でも閲覧が可能である）。沖縄国際大への米軍ヘリ墜落事故関連文書の公開訴訟では、福岡高裁がインカメラ審理（公開の法廷ではなく裁判官が非公開で証拠の審理を行う方式）を行うため、検証物提示命令により国に対して不開示文書の提出をもとめた際も、国はそもそも情報公開法に不適法だとして提出自体を拒んでいる。

あるいは自衛隊法の改正と日米安保条約に基づく秘密保護法や関連協定によって、秘密の範囲そのものが拡大し、さらに運用上も厳しい適用がなされる傾向がみてとれる。これも、情報公開制度の根幹にかかわる重要な問題だ。イージス艦の情報漏示元や、中国潜水艦事故の新聞報道にかかわる情報源たる自衛官に対する処分はその一例である。

【行政判断の是非を検証】

そうした状況だからこそ、冒頭に触れた公文書管理が意味を持つ。せめて、行政が日常の業務に使用している「現用文書」でなくなったあとは、それを担当省庁が勝手に破棄したり隠匿したりするのではなく、あくまでも「公的情報」として専門家がその保管の是非を判断し、歴史的保存の価値があるものは国もしくは自治体が責任をもって継続保存し、しかもその公開に応じる制度が必要である。

未来永劫《えいごう》、政府が結んだ条約が秘密のままであったり、行政判断の経緯が国民に知らされないことは「不自然」と思わねばならないし、当然にその正否は歴史的に検証の対象とならねばなるまい。もちろん、そこでは行政府に限らず立法府や司法府の情報も当然である。

そのためにも、まず文書の作成業務を法定化し、形式的に「組織供用文書（決裁供覧文書）」で切り分けることなく、個人的メモであっても重要な歴史的資料になりうることから、それらをも対象に包含することが必要だ。

さらに、報告書でも「中間書庫」の必要性がうたわれているとおり、いったんすべての対象文書は公文書管理担当機関（たとえば公文書管理庁）に「移管」させ、その権限と責任において保存と利用がなされることが条件となるだろう。そして同時に、現行の情報公開法が無制限に文書の保管が可能であることを改め、有限とすることでその都度延長が適当かどうかを判断する制度を導入しなくてはいけないと思う。

地方自治体において公文書館は未だ五十二館しかないなか（注：総務省調べで二〇一五年段階、八十館）、沖縄県は大田県政時代、南風原《はえばる》の地に立派な施設と制度をスタートさせている。それ自体の改善の余地はあろうが、情報公開制度が地方発で国の制度を後押ししたことを範として、ぜひとも国の公文書管理制度作りのリーダー役を果たしてほしい。

［参照：10年4月／14年5月］

子どもポルノ禁止　*12.13*

十一月は新酒の解禁、十二月はクリスマスと、食卓にワインが並ぶことが多い季節だ。そのワインの最高峰の一つ、フランス・ボルドー地方を代表する五大ワイン醸造元であるシャトー・ムートン・ロートシルトは、毎年違った図柄のエチケット（ラベル）で有名だ。一九九三年は少女の裸体を描き続けた画家バルテュスの作品がボトルを飾っている（ちなみに妻は日本人で、彼女の画も九一年ラベルに登場している）。しかし米国では、この裸体イラストの貼ってあるワインの輸入を禁止したため、イラストを外したバージョン（ホワイトラベル）が作られることになり、結果として二種類のラベルが存在することになった。

【批判浴びる日本】

こうした厳しい姿勢はいまに続き、駐日米国大使は子どもポルノ禁止強化を訴え積極的発言を続けている。また、先月末にはブラジルで国連児童基金（ユニセフ）等が主催する「第三回子どもと青少年の性的搾取に反対する国際会議」が開催され（第二回は二〇〇一年の横浜会議）、子どもポルノは一方的な性的搾取であってレイプそのものであるとか、ポルノ画像の所持と性的虐待・犯罪は密接な連関があるなど、「子どもポルノ消費国」として日本は各国から強い批判を浴びたと伝えられている。そして、製造、提供のみならず、所持、閲覧、購入、広告のすべてを禁止する「容認ゼロ方針」が確認された。さらに、これらのリスクは画像が実際のものであろうと漫画やアニメであろうと変わらないとする。

もちろん日本にも子どもポルノを厳しく規制する法律が存在する。一九九九年に成立した子どもポルノ禁止法（児童買春、児童ポルノに係る行為等の処罰及び児童の保護等に関する法律）は、同ポルノの提供、公開、そのための所持や運搬を広く禁止している。一方で私的所持は、制定当時にも大きな議論の対象であった。国際批判を受けて与党三党のプロジェクトチームでまとめられた当初案では、「何人も、自己の性的好奇心を満たす目的で、児童ポルノを所持してはならない」として、単純所持罪が規定されていた。

しかしながら、報道機関や図書館、博物館の扱いをどうするか、未成年夫婦間のヌードやセルフヌード、子どもの成長記録としての写真や、所持する表現物の一部に含まれる場合の扱いなど、拡大解釈・運用の危険性が高いとして、見送られた経緯がある。そしてちょうど今年が、二〇〇四年の法改正を経て見直し期限を迎えており、〇七年五月には「国際的な児童ポルノ対策の強化に関するG８司法・内務閣僚宣言」に署名したこともあって、強い国際圧力のもとに法改正が求められている背景がある。

だからこそ、前国会から継続審議となっている法案の内容がまさに、単純所持とアニメを禁止する内容であって、その主たる目的が個人のコンピュータを捜索するためには単純所持を非合法化しなくては不可能だからということに尽きると言っても過言ではない。実際、国際捜査のためには、ＩＰアドレス情報（アクセスログ）を根拠に該当パソコンを丸ごと押収する捜査権限が必要と明言もされている。新聞をはじめとするメディアの大勢も、子どもを守ることの本質的な利益はプライバシーや言論の自由の権利の侵害よりも重要であると主張する。

法案条文を確認しておくと、「何人も、みだりに、児童ポルノを所持し、又は……児童の姿態を視覚により認識することができる方法により描写した情報を記録した電磁的記録を保管してはならない」（六条の二）と所持一切を禁止する。関連して、プロバイダ事業者等は捜査機関への協力や、送信防止措置について努力義務が課される（十四条の二）。さらに、漫画、アニメ、ＣＧ、疑似子どもポルノなどの規制やインターネット上での閲覧の制限についても、施行後三年を目途に措置を講ずるよう検討することとしている（付則二条）。

法案提出時には、十一月二十日（世界子どもの日）施行を予定していたが、今国会においても委員会の審議は実質的に行われていない。しかし、前国会では有害サイト規制法が優先された結果と見る向きもあり、正面から反対しづらい法案であって与野党間でおおよそ合意されている内容だけに、「いつ成立してもおかしくない」状況といわれている。

子どもの権利を十全に守るためにも、国際犯罪組織の資金源を断ち切るためにも、子どもポルノ取引を撲滅することは必要である。しかし一方で、「見たかもしれない」を取り締まることは、各人の私生活に踏み込むばかりか、場合によっては内心にまで干渉することになる。裁判所による捜査令状発行が歯止めになるとされるが、実態として捜査機関の令状申請を拒否することがどれほどあるのか。

目的と手段が釣り合っているかが大切であって、とりわけ表現の自由に関わる規制には「厳格さ」が求められる。目的の正当性をもって、強権的な取り締まりが認められるという理屈は成り立たない。捜査機関の権限ばかりが拡大し、定義の曖昧さがそのまま現存することは、表現の自由に限らず人権保障の原則からしても許されないことである。運用実態を見ると、画像を記録したメディアを所持していたことをもって検挙しており、現行法での対処が本当に不可能なのかも疑問である。しかも、もともと定義が曖昧で恣《し》意《い》的な取り締まりが指摘されている猥褻《わいせつ》表現規制との整合性は、ますますとれなくなるだろう。

むしろ「国際標準」をめざすというなら、犯罪ポルノやアブノーマルポルノの非合法化こそ日本は急ぐべきではないのか。芸術作品や創造物への迫害は、結局、人権の侵害へとつながっていくことは歴史が証明している。したがって、現行法案が示すような包括的な法規制は認められないと考えるのであって、軽々な立法化は将来に禍根を残すであろう。

［参照：14年6月］

2009
年

【2009年】束の間の光差し込む

講談社『僕はパパを殺すことに決めた』事件で著者が情報源証言（1/14）07年10月1日に鑑定医を秘密漏洩罪で逮捕・起訴　08年外部委の調査報告書

オバマ米大統領就任（1/20）

沖縄県立博物館・美術館で写真展の一部展示拒否（2）

浅間山噴火(2/2)

中川財務・金融相が朦朧会見（2/14）帰国後、辞任

行政指導を頻発（3~）04～09年で21件

各自治体で一斉に暴力団排除条例（3～）12年までに全国で制定

沖縄でも夕刊廃止（3/1）

週刊文春に4290万円の賠償命令判決（3/26）

消費者庁・消費者委員会設置（4）消費者安全法

新聞TV欄地デジ対応の順番に変更(4/1)

週刊新潮が記事を虚偽と認め誌面で謝罪（4/16）

オーマイニュース社・市民ネットメディアサイトを閉鎖（4/24）

BPOが政治と放送の関係見直しを指摘（4/28）

ロシアのビザで択捉取材したテレビ局に外務省抗議(5/12)

裁判員制度スタート（5/21）裁判員会見でトラブル

NHK「アジアの〝一等国〟」は偏向と提訴（6/25）

公文書管理法制定（7/1）

日本テレビ「バンキシャ！」誤報問題で番組内検証放送（8/23~24）

グーグルブック検索訴訟が表面化（8/27）ペンクラブが異議申立て

衆院選で民主党勝利（8/30）、

政権交代で鳩山由紀夫内閣誕生（9/16）

事務次官による闇僚懇を原則禁止（9/16）

光市母子殺害事件死刑判決を受け実名報道（10/7）実名本も刊行

クックパッド・iphoneアプリ開始（11）

沖縄で米陸軍人がひき逃げ、男性死亡（11）

秋の5連休(シルバーウィーク)始まる

沖縄密約文書公開訴訟で密約の存在を元高官が証言(12/1) 9月2日提訴　14年7月14日最高裁判決

情報源秘匿の意味　*131*

二〇〇九年一月十四日の奈良地裁。少年が起こした放火殺人事件の供述調書を、外部に漏らしたとして精神科医である鑑定人が訴えられた裁判の法廷で、その調書を掲載した『僕はパパを殺すことに決めた』（講談社）の著者は、情報源が鑑定人であることを公の場で初めて認めた。

【単純ではない構図】

確かに、刑事法廷に出廷し情報源を言った意味と今後の影響は小さくなかろう。折しも最高裁は、報道関係者が取材源の証言を拒絶できる場合として、①公共の利益に関する報道で、②取材の手段や方法が一般の刑罰法令に触れたり、取材源が秘密の開示を承諾しているといった事情がなく、③社会的意義がある重大事件で、取材源の秘密の社会的価値を考慮してもなお、公正な裁判実現のために証言を得ることが必要不可欠であるといった事情がないこと、といった条件を挙げ（二〇〇六年十月三日判決）、民事裁判において明確に取材源の秘匿《ひとく》を位置づけるまでになっている。

これからすると、遥《はる》か昔の一九五二年の刑事裁判において取材源の秘匿を認めなかった最高裁判例も、見直しの可能性があるのではないかとの期待が持たれていただけに、そうした流れを壊すものとの見方はあり得る。しかも検察側証人として証言したという構図は消すことができない。

そもそも著者が、情報源が分かるような内容の本を出版したこと自体、批判を免れまい。少なくとも、掲載された調書から相当程度出所が限定され、固有の状況から特定される蓋然《がいぜん》性が高かったことが、同日の法廷でも指摘された。あるいは、「命を懸けて守る」といいながらなぜここに来て覆したのか、法廷では被告側から著者に対し、情報源を明らかにすることが被告の利益に直接つながることはないと事前に通知していた事実も明らかにされた。

しかし一方で、明らかにすることはいかなる場合も許されないといった単純な構図では、現実は片付かないことも事実である。情報源が自ら名乗り出ている場合のほか、刑事被告を救うために証言を求められている場合や、より大きな社会的利益があって、取材対象者との約束を反故《ほご》にしてでも報道する価値がある場合など、法廷かどうかは別として、例外的に実際に紙面や番組で明らかにしてきた事例もなくはない。

さらには、公権力から得た公的情報についての情報の出所は、警察であれ政治家であれ、むしろ日本の報道機関は「隠しすぎ」の実態と、慣例のなかで取材先との「甘えの構造」があることも否定できまい。この点でいえばむしろ、情報の出所の明示（情報源の開示）こそが、記事の信頼性を高めるのであって、読者との関係で重要な報道倫理であるといえる。

一般に情報源の秘匿（法廷であれば証言拒絶）の利益は、①取材源（内部告発者）の保護、②担当記者及び当該報道機関の信頼性の維持、③報道界全体もしくは取材・報道の自由という社会的利益の確保とされる。そこで、読者の知る権利に応えるという大目的を前にして、あえて「隠す」ことで真実追求につなげる場合があるということだ。

【事実隠す厚い雲】

むしろ情報源との関係については、公権力によって情報源の開示が強制されないこと、具体的な局面としては、刑事及び民事の法廷において証言拒絶が認められることが、単に先に挙げたような判例に頼るのではなく法制化されることが望ましいであろう。

そして、情報源開示に近い公権力の行為として、取材メモの開示や取材テープの提出が求められることがあり、残念ながら後者について実態として放送局は受け入れざるを得ない立場にある。しかもその範囲は、捜査過程における押収、放映済みから未編集テープへと拡大している。こうした自己取材情報の安易な開示要求は、情報源の開示につながる可能性もあるほか、取材先との信頼関係を著しく傷つける。

次に、情報源そのものを厳しく取り締まることによって、取材者である報道機関を間接的に萎《い》縮《しゅく》させる行為は許されないばかりか、違憲の疑いすらあることも確認しておきたい。冒頭の事例も、取材した側は任意の取り調べにとどまっているものの、情報源の医者を逮捕・起訴し、法廷の場に引きずり出すこと自体、取材に対する威嚇行為ととられて当然である。

関連して、少なくとも秘密にアクセスすること自体を直接取り締まる刑事罰は、米軍情報を除いてないのであって、刑法改正や包括的な秘密法案が国会に上程されても成立してこなかった経緯があることを再確認しておきたい。間接的なそそのかし罪は、正当な取材行為には適用されないことも重要なポイントである。

今回の法廷証言に対し、警鐘を鳴らすことは必要だ。しかし同時に、取材の自由を脅かし真実を包み隠す厚い雲が、頭のすぐ上まで垂れ込めていることの認識が、報道機関はいまだに不十分ではないのか。そして、市民の知る権利を確実かつ着実に浸食する状況を打ち破るためにも、ジャーナリスト自身がよりいっそう脇を固めてあるいは強い意志と覚悟で、日ごろの取材活動を行わなくてはなるまい。

［参照：11年12月／12年9月／13年7月］

事件報道を変える勇気　*2.14*

年明けからＮＨＫで事件の報じ方が変わったことにお気づきだろうか。従来であれば、「調べでは」と言っていた部分を、「警察の調べによると」に変えるといった細かな違いであるが、いま多くの報道機関が同じような試みをし始めている。そのきっかけの一つが、もうすぐ始まる裁判員制度にあることは間違いない。

【「報道指針」】

裁判員法ができる二〇〇三年当時、裁判員が新聞等の報道に影響を受けないように、事件報道を大幅に規制する内容の条文が予定されていた。結果的に、こうした予断報道禁止条項は立法化されなかったが、その後も最高裁は、機会あるごとに報道界に対し「自制」を求め続けている。その具体的な形が、〇七年秋に示された六項目にわたる要望であって、新聞・放送界がちょうど一年前の〇八年初頭に公表した「報道指針」は、その項目におおよそ対応したものになっている。また、各社で実施・検討されているガイドラインも、大枠で裁判所の要望を考慮した形になっている。

もちろん、三年後の裁判員法見直し時に「何もしない」のでは法規制される可能性が拭《ぬぐ》えないだけに、何らかの対応が求められていることは否定し得ない。しかし、いみじくも報道界自身も言うように、いま必要なのは裁判員制度対応の小手先の変更ではなく、活力あるジャーナリズムの実践によって読者の信頼を得るための「報道改革」でなくてはなるまい。

そのためにはまず、現場の記者が遺憾なく取材力を発揮できる制度環境を作らなければならない。その意味で、今回の「司法改革」は取材の自由の拡大にとって千載一遇《せんざいいちぐう》のチャンスである。その一つとして例えば、市民に開かれた司法実現のために、固く閉ざされている法廷内にカメラやマイクを入れることが考えられても良いはずだ。

同時に報道段階においては、新聞が真にジャーナリズムの中心にあるというのであれば、それに相応《ふさわ》しい取材・報道体制への組み換えと、その一環としての新しい時代における事件報道の在り方への転換の絶好の機会である。なぜならば、これまで以上に事件報道への関心が高まり、自分が実際に体験した法廷と記事のギャップに驚くはずだからである。

あるいは、映画「誰も守ってくれない」でもいみじくも表現されている、マスコミの行儀の悪さを、いかに「正当な取材行為」に転嫁しうるのかを考える必要がある。現在の警察捜査中心の取材体制と、そこから得た情報を中心に組み立てる紙面作りが最善なのか、といった議論だってしてみる価値があるだろう。そうした検討があってこそ、技術的な報道手法の話が価値を持ってくるはずだ。

【客観性求め悪印象回避】

そうはいっても、日々の紙面の印象は大切だ。以下では、すでに新方針を明らかにしている在京紙のうち、筆者がおおよそ共通すると考える主要変更点を抜き出して紹介する（公式・非公式にガイドラインを明らかにしているのは、朝日、毎日、読売の新聞各紙と、共同通信、ＮＨＫ）。

①情報の出所：「県警によると～」など公式発表か、警察・検察関係者への独自取材かなどを峻別《しゅんべつ》して可能な限り明示し、従来の「調べによると～」は使用しない。

②逮捕容疑：「逮捕容疑は～した疑い」と容疑であることを明示する。関連して、見出しには断定的な表現を避ける。

③逮捕：「県警は～を逮捕したと発表した」などと、発表であることを明示する。

④識者コメント：「警察発表通りならば～」といった前提条件をつける。

⑤供述：内容が変遷する可能性を考慮し、従来の「～がわかった」を使用する場合は、「捜査

本部が明らかにした」などと捜査段階であることを明示する。

これらは要するに、より客観性を追求する、ということである。次には、
⑥前科・前歴：原則として報じず、事件の本質に関わる場合などに限定的に報道する。
⑦プロフィール：悪い性格面だけを誇張するような報道は避ける。
⑧対等性：できる限り容疑者の言い分を紹介する。とりわけ裁判段階（たとえば陳述）では双方の言い分を可能な限り対等に扱う。また、捜査当局に立っている印象を与える「～を突き止めた」や、「追及している」の表現は避け、「捜査を進めている」とする。
これらは、容疑者の悪印象を回避するための方策であるといえる。

ここでは、これらに対する個別の解説や解釈は省くが、その代わりに筆者が接する大学生の感想を紹介しておきたい。彼らの過半は、「犯人視」報道の元凶を「容疑者呼称である」と答える。あるいは、原因がはっきりしない「難解な事件」が増加していることをもって、実際はプロフィール報道が近年増加している事実を挙げ、これが悪印象を増幅させていると読む。さらにテレビに関して言えば、容疑者のストップモーションの多用やテロップの使い方に、より犯人視色を強く感じている。学生によっては、逮捕前の容疑者本人インタビュー映像や逮捕後の近隣インタビューにも疑問を呈した。

いまはこうした「当たり前」にまで踏み込む勇気を、報道現場が必要とされているのではないかと思う。新聞はまさに、裁判所と市民の双方から試されている。

［参照：08年8月／10年5月］

紙の新聞の大切さ　*3.15*

先日、川崎から東京に向かう電車の中で琉球新報を読んでいたところ、「沖縄の方ですか」と声をかけられた。「やっぱり地元のことは新聞を読まないと分からないことが多いので、東京に来てからも引き続き購読してるんですよ」という。そうした熱心な読者がいる一方、いま、「新聞」という存在が揺らいでいる。ニュースを知るのはテレビやインターネットで十分とか、紙は資源の無駄使いといわれたり、毎朝、新聞を配るという行為自体、前近代的で時代にそぐわないともいわれる。要するに紙の新聞を発行するというビジネスモデルはすでに崩壊しているというのだ。

そうした「時代の流れ」の中で、沖縄の新聞界もいま大きな転機を迎えつつある。一つには、長く新聞は朝刊と夕刊がセットとして発行されてきたが、今月から一日一回朝だけの発行に変更となった。一方で、沖縄で毎朝読める新聞は地元で発行されている新聞群に限定されていたのが、〇八年末からは東京に本社を置くいわゆる全国紙が購読可能になっている。目を世界に移すと確かに、米国では新聞社の身売りが続いているし、紙の発行を停止し、オンラインだけにした新聞も出てきている。こうした状況を前に、新聞なかんずく紙の新聞は私たちの生活にとってどのような存在なのかを少し考えてみたい。

【究極のモバイル】

実は日本の新聞は世界でも唯一の特殊な状況にある。それは「大部数・高普及率」で、沖縄県下でみても、世帯数五十一万余（百三十万人）の地に同数に近い新聞が発行され、数字上はおおよそ全世帯が新聞が行き渡っている状況にある。日本より発行部数が多い国は、総人口が多い中国やインドなどいくつか存在する。また、普及率が高い国も人口千人あたりで五百部を超える国としてノルウェーなど北欧の国が少しだけある。しかし、両方の条件を満たすのは世界中で日本だけである。

さらに、そうした新聞が毎朝、決まった時間に、希望の場所（通常は自宅か事業所）に届けられる「戸別配達制度」も持つ国も極めて稀な存在だ。日本にいるとあまりにも当たり前に感じる、おおよそどこに住んでいても新聞が届けられ、しかも街中でも郊外でも値段が同じ定価設定は、日本独自の伝統的制度である。その結果、これまで日本の社会において新聞が、重要なコミュニケーションの手段（共通の話題を提供する媒体）として存在し、どこに住んでいる誰でもが、同様な負担（しかも三千円程度の比較的廉価）で簡単に入手できる環境を形作ってきた。

内容の上でも、世界情勢から町中行事まで、硬軟取り混ぜての「総合編成」のニュースが、専属の記者による手厚い取材網と、完成されたフォーマットである大小の見出し等によって価値付けされた紙面で表される。プルメディアといわれる、自分の興味のある情報だけを引っ張り出して摂取するネットやケータイでは味わえない、総合性、一覧性や、一瞥《いちべつ》性ともいえる感覚的な飛ばし読みが可能なのも紙メディアの強みである。もちろん、記事だけではなく広告も大事な情報源であって、お悔やみ広告や案内広告（三行広告）は新聞独特の地元必須情報ともいえる。しかも、新聞と同時に配られるチラシ（折り込み広告）も戸別配達制度ならではの利点だ。

このように、紙の新聞は単なるニュース・コンテンツではなく、宅配型のパッケージメディアとしての意味合いが強いし、そこに大きな価値があるともいえるだろう。また、コンテンツを見聞きするためには一般に、テレビやパソコンなど何らかの「装置」が必要になるが、新聞は不要で、お年寄りから子どもまで誰もが準備なしにすぐに情報に接することができる。数年おきに装置を買い換える必要もないし、そのための技能を習得することも当然不要である。それはまた、電源がいらずどこでも読めるという意味で、究極のモバイル（携帯）メディアであるともいえる。

【共通の言語公共空間】

しかもその内容はプロの目で選ばれた信頼情報である。現在の世の中が情報の氾濫《はんらん》状況にあり、しかもそれらの情報がフラット化しているなかで（ネット上では個人発信の噂話から政府発表まで同列で扱われる）、価値付けされた情報の再評価がなされる時期にきているのではないか。また、ネット（ケータイ）情報にとりざたされるような、接触情報の選択に苦労することも皆無である。そうしたいわば、迷惑情報のフィルタリングもすべて込みのパッケージサービスが、宅配型の紙の新聞だからである。

そしてもう一つ、言論メディアとして重要な独立性の面でも、外部に頼ることなく自社完結型で情報を収集・加工・発表・頒布している、唯一のメディアが紙の新聞である。経済効率性を優先させると、いわゆるソフトとハードの分離といわれる、コンテンツ企業とインフラ企業の分離がよいとされるが、本当にそうだろうか。欧米型の巨大メディア企業ではない、あるいは一般企業とは違った日本型メディアビジネスモデルを、自信をもって維持していくことがあってもよかろう。

社会として共通の言論（情報）公共空間をどこに設定するかを考えた場合、勿論、インターネットがその舞台として活躍することは間違いないだろう。しかし先にも触れたように、日本にはある意味でインターネット以上に普及した全世帯メディアとしての新聞が存在する。せっかくのこの存在を社会としてもっと大事にしていく選択を考えなくてはいけないし、なによりもまず、新聞社自身が自覚して将来を見据えてもらいたい。そうした意味で、夕刊の廃止が単なる紙媒体縮小のステップになってしまっては困るのである。

［参照：16年1月］

書籍デジタル化のワナ　*4.11*

世界中の本が居ながらにして読めたら、どんなに便利だろうか。しかしそんな夢が、現実のものになる日もそう遠くないかもしれない。さまざまな国で進んでいる書籍のデジタル化とインターネット上での閲覧は、まさにその具体的な手段である。そのなかの一つに、米国内のいくつかの大学とグーグルが協力して、図書館で所蔵する本を順次スキャニングし、その画像データをテキスト化することで誕生したアーカイブがある。

しかし一方で、喜んでばかりはいられない問題が生じているのもまた事実だ。それは、誰がどういう形でなら書籍を電子化することが許されるのか、それはどのような形で読者であるユーザーに提供されるかの問題である。

【異なるルール】

もちろんこれまでも、表現物をその作り手に無断でデジタルデータとして保存、利用することについて、異論がなかった訳ではない。たとえば、インターネット上の検索サイトの基本的な仕組みは、各種ウェブサイトを膨大なコンピュータ・サーバーにいったん記憶させ、その中から特定の手法によって順位を決めて（アルゴリズムなどと呼ばれるもの）、検索結果をリンク付きで表示させている。

検索ごとに、世界中のサイトを探していたのでは、いくらコンピュータの計算処理が早くても、瞬時に検索結果を表示できまい。しかし日本では、これは立派な複写権の侵害だ。なぜなら、勝手に自分のサーバーに他人の作成物であるデータをコピーしているからだ。だから日本では、検索サイトのサーバーを国内におくことはできない。

こうした作り手の権利を定めているのが著作権法で、日本では中核として著作者の人格権として自分の創作物を守る権利を保障し、それと対をなす形で財産権として人に利用させることを許諾する権利を定める。一般にはこの財産権を著作権と称し、売買の対象としており、昨今ではライツビジネスとしてもてはやされている。

ただし、創作物は自分一人の力で作り出したものではなく、他者の作品からの刺戟や、先達の財産を活用したものも少なくない。創造物の総体としての文化は、社会全体で共有し継承されているものだからである。そういったことから、著作権法は条件を設けて他人の創作物を利用することを認めている。図書館で本をコピーしたり、テレビ番組を家で録画できるのは、この「例外」措置で認められているからである。

しかし米国では、ルールが異なる。それは、法で厳格かつ個別的に例外を定めるのではなく、利用者が「みんなのため」だと判断すれば、本人の許諾なしに利用できる「フェアユース」（公正利用）の制度があるからだ。いま、グーグルが世界中に通知をしている文書があるが、それはこの基準をめぐる裁判の過程で米国の一地方裁判所で示した「和解案」にほかならない。それが全世界のデジタル著作権のルールを変える効果をもとうとしていることから、日本でも出版界を中心にとまどいの声があがっている。

内容は、冒頭に挙げたようにグーグルが作家に無断でスキャニングした本について、一定の金銭補償をするかわりに、米国内のアーカイブでの閲覧を認めること、その閲覧サービスで得た儲けの約六割は作家に還元すること、出版流通している本については除外すること、ただし、今後もスキャニング作業と書籍検索サービスは継続すること、などが決められている。この和解案を認めないことを五月までに米国宛てに連絡しなければ、承諾したとみなすとされている。

【崩れるバランス】

ここにはすでに部分的に触れてきたように重大な問題が伏在している。第一に、ある国の一企業の手法を国際基準にしてしまってよいかの問題がある。そもそも、米国のフェアユースの考え方は他者の著作物を使う側からすると大変便利であって、日本でもコンテンツ利用促進の立場からは大歓迎されているが、創作者個人の立場を一方的に弱くするだろう。これまで保ってきた著作権者保護と文化の継承のバランスを大きく崩すことになりかねない。

しかも、オプトアウトと呼ばれる、文句を言わなければ認めたことにする方式もまた、個人の立場を弱体化させる。著作物は世に出た瞬間に、黙っていてもその権利が保障されるというこれまでの国際ルールにも真っ向から反するからだ。

さらにいえば、グーグルが期待する「万人による情報共有」は、多様な流通手段によって、多様な内容の表現物が、自由に手に取ることができることが重要なはずである。それこそが、情報の公共空間であって、表現の自由の原点だからだ。しかしながら、今回の案はグーグルが情報の流通を独占する可能性を包含し、なおかつ現実的にもその蓋然《がいぜん》性が極めて高い。これは出版文化の多様性を阻害するものであろう。

ほかにも絶版本の判断基準などにも問題があるが、和解の影響が全世界にわたるにもかかわらず、一片の通知文を示すのみで事を進めようとするのでは、説明責任を果たしたとはいえまい。たとえば日本では、一部の新聞に一度だけ広告の形で通知文を掲載したが、おそらくその内容を理解できた人はほとんどいないだろう。状況を広く世界に説明するだけの時間をグーグルは割いていないし、理解を求める努力を初めから放棄しているようにすらみえる。

もし、グーグルが表現に携わる事業体であると自認するのであるならば、まず表現者自身に尊敬の念をもって対処すべきと思う。グーグルが社員の自由な発想を大切にするのと同じように、多様な出版文化を支えてほしいと思うからである。そして、表現者の想像力を未来永劫《えいごう》妨げることがないよう、そしてこうした創造的表現活動が縮小再生産の道に迷い込まないように、著作権を中核とする知的財産が尊ばれることを強く期待する。

［参照：08年9月／09年7月／11年2月／14年7月／14年10月］

瀕死の雑誌ジャーナリズム　*5.08*

いま、雑誌ジャーナリズムが危機に瀕《ひん》している。というより、「死に体」といってもよいかもしれない。

その理由は大きく分けると三つある。一つには、読者離れ、販売部数減による経営的行き詰まりである。雑誌総体の売り上げは一九九七年がピークで、二〇〇八年には一九八〇年代半ばのレベルにまで落ち込んだ。その象徴が青年コミック誌で、八〇年代以降の急成長のなかでコミック出版（雑誌と単行本化した漫画本であるコミックスの合計）は、販売部数ベースで全出版物の四割を占め、出版界を支えてきた存在であった。

しかし、一時は十六億部近くあったコミック誌も二〇〇七年には半分以下の七億部余となり、

『週刊ヤングサンデー』（小学館）や『月刊少年ジャンプ』（集英社）など、休刊が相次いだ。同様に〇八年以降、月刊誌の休刊も続いており、『月刊プレイボーイ』（集英社）、『論座』（朝日新聞社）、『月刊現代』（講談社）に続き、『諸君！』（文藝春秋社）もまた消える運命にある。出版社のお家事情が赤字雑誌を支えきれなくなったということだ。

【縮小する言論空間】

そしてこうした発表媒体の消失は、ライターの活躍の場を狭めることに直結し、採算性が前面に押し出されることで、とりわけ硬派のノンフィクションのマーケットが縮小することになりがちだ。そしてまた、総合誌の崩壊状況が、論壇そのものの存在を危うくしているという声も強い。いずれにせよ、表現者と読者の双方にとって、言論空間は確実に小さくなることになる。

そうはいっても経営体としては私企業であるし、なによりも赤字だからといって一般企業のように公的資金を投入して存続をさせるのでは、編集の独立は保てない。しかし、出版事業を下支えする政策はもっとあってもよいのではないか。例えばその一つは図書館予算だ。日本図書館協会発表の統計資料によれば、全国の公立図書館の資料費（図書購入費）は、一九九〇年代をピークに尻すぼみで、九八年には三百五十億円を超えていたのが、いまでは三百億円そこそこまで落ち込んでいる。一館当たりでみると、ピークの九六年の七割程度にまで削減されていることがわかる。地デジ移行のための経済弱者支援としてテレビ受像機の無償配布等を国家予算で行うことを考えれば、同様に活字分野の情報インフラ整備として図書館支援を行うことがあってもよかろう。

【厳しい司法判断】

大きな二つ目の危機は、雑誌に対する司法の厳しい判断である。『週刊新潮』や『週刊現代』を筆頭に、高額賠償が続いている。出版による人権侵害は司法救済に頼るしかない現状があり、その際に一定の金銭賠償が支払われることは必然ともいえる。ここ二十年ほどで約十倍と急速に増額されてきた賠償額も、一件五百万円程度という「相場」ができつつあり、落ち着いてきたとの見方もできる。ただし、新潮社発行の写真週刊誌『フォーカス』が、訴訟の多さが一つの要因となって廃刊したように、いま一般週刊誌がその危機にある。

さらに気になるのは、その「負け方」だ。いずれも相撲がらみの事件だが、『週刊新潮』は社としてのチェック態勢不足を指摘され、経営責任者にも記事責任ありと判断された。『週刊現代』の八百長疑惑報道も杜撰《ずさん》な取材と一刀両断された。また、雑誌ではなく単行本のしかも新聞記者の手によるものであるが、北海道警裏金疑惑を追及した講談社文庫は、再現した言葉のやりとりが証明できないことを理由に、記者側が敗訴している。こうなると、確実な物証が存在しないことが一般的な、政治・行政・大組織に関わる疑惑記事はほとんど書けなくなるだろう。

とりわけ、週刊誌は真偽がはっきりしない段階の疑惑にまで思い切って踏み込むことが、「やんちゃ性」として認められてきたメディア特性であったはずである。牙を抜かれ行儀がよくなったのでは、雑誌ジャーナリズム自体の存在意義が失われるといってもよい。

先の賠償金の算定と合わせて考えるならば、現状では結果として公人・有名人の名誉毀損《きそん》を厳しく罰する傾向にあり、これでは一昔前の公権力批判を許さないための名誉毀損法体系に逆戻りしてしまいかねない。

【希薄な危機感】

そして三つ目の危機は、雑誌自らにまだ危機感が希薄であることである。『週刊新潮』の朝日襲撃事件「捏造《ねつぞう》」記事事件では、新潮社は被害者という立場に徹し、編集倫理上の瑕疵《かし》を認めようとしない。強弁や無視で火の粉を振り払える時代はすでに終わっていることに、メディア自身が気づかなくてはならない。そして個々人の経験や倫理観に頼るのではなく、社もしくは業界として読者の信頼を得るための「装置」を作ることに、より積極的である必要があろう。

その具体的な選択肢の一つは、取材・報道上の問題解決のため、自主自律の制度（機関）を作ることである。独立性と公平性を保ちつつ、メディア関係者も組み込んだ形の新しい社会的責任の取り方を、読者に示してもらいたい。

一方で他メディアの冷たい視線も無視できない。そればかりか、実はこれこそが状況の悪化を後押しする大きな要因とも思えるのだ。雑誌訴訟も不祥事による不信もすべて、総体としてのマスコミ不要論につながるのであって、自らにかえってくる問題であるとの認識が必要だ。あるいは、簡単に「杜撰《ずさん》な取材」などの紋切り型の断罪報道が多いのもいかがなものか。すべてのメディアが同じレベルで取材し、報道するほど怖い状況はない。

豊かな言論空間とは、さまざまなメディアがいろいろな手法で違った見方の意見をいうところにある。そういった複線型を認めない社会を大マスコミ自身が作り出してはいないか。しかも、絶対にミスは許さないといった過度の潔癖性を求める風潮は、ジャーナリズムを窒息させる危険性すらあるからだ。自らを厳しく律することと、自由闊達《かったつ》な表現行為を認めあう社会を維持することを、是非とも両立させたい。

［参照：09年1月］

新しい放送制度の行方　*6.11*

あなたは「テレビ」と聞いて何を思い浮かべますか。たとえば「新聞」といっても、紙に印刷された新聞ではなく、ネット上のオンライン新聞を想起する人がいるように、テレビの場合も、昔ながらのテレビ受像機のほか、パソコンやケータイをイメージする人も増えている。しかもそれらで視聴できる番組も、アンテナで受信するもののほか、CATVやインターネットを経由して送られてくる場合もあるだろう。

にもかかわらず、現在は事業別に違った法律で規律していることから、現状に合わせて一つにまとめてはどうかとのアイデアが示されることになった。また、規制緩和によって新規参入と市場競争を促進し、伝送路や媒体を超えた事業展開も含め、よりダイナミックな企業活動の実現のためには、構造改革が必要であるとされた。

【検討委の中間報告】

その具体的な形として示されたのが、「通信・放送の総合的な法体系に関する検討委員会」の六月一日付け「取りまとめの方向性」である。同委員会は、総務相の諮問機関である情報通信審議会の情報通信政策部会におかれたもので、「通信・放送の融合・連携に対応した具体的な制度の在り方」についての答申を求められていた。

遡《さかのぼ》れば、小泉改革路線のもと竹中懇（竹中平蔵総務相の私的懇談会）と呼ばれた「通信と放送のあり方に関する懇談会」が打ち出した、縦割り法体系からレイヤー構造への転換が始まりだった。具体的には、電気通信事業法や放送法、電波法をはじめ事業別の法体系を、①電話回線や放送機器などの伝送設備（インフラ）、②回線や電波を用いた伝送サービス（プラットフォーム）、③伝送内容（コンテンツ）、という機能ごとの〈横割り〉に変えようというものだ。

その後、政府与党合意を経て、閣議決定の「通信・放送分野の改革に関する工程プログラム」（二〇〇六年九月）に基づき、一〇年通常国会提出をめざして法案作りが急ピッチで進められてきたことになる。

一〇年までに全国民が超高速ブロードバンドを利用可能となるブロードバンド・ゼロ地域解消計画と、一一年に地上波テレビ放送が完全デジタル移行するフル・デジタル化という前提条件のもと、通信と放送の融合状況に合わせ、通信・放送関連法の統合を議論してきたものである。〇八年二月から始まった議論は今日までに十八回を数えるが、これまでにも〇八年六月には「中間論点整理」を、同年九月に「検討アジェンダ」を発表し、その都度パブリックコメントやヒアリングを実施しつつ、今回のいわば中間報告にたどり着いた。

【二重構造】

そこでは、批判の多かったインターネット上の映像などの内容規制は見送る一方、放送免許手続きでは総務省が番組内容も審査することを提案するなど、現行の法制度を大きく変える内容も含まれている。すなわち、地上テレビ放送局に、現行の無線局としての施設免許のほかに、放送業務（番組制作）を行う者としての認定を行うという、二重構造を作ることになった。しかもこの変更は、これまでかろうじて抑制的に運用してきた、行政機関が直接には番組内容に立ち入らない（内容を根拠に事業諾否を行わない）という基本ルールをあっさりと捨ててしまうことになる。

既にBS・CS放送は同様の内容審査を受けているが、番組の政治的公平など現行の規律がそのまま継続的に求められる地上波放送に対し内容審査を行うことは、特別な意味を持つことになる。現在でも、事実上の強制力を発揮する行政指導を通じ、個別番組の善し悪しを判断しがちな状況が続いていることを勘案すると、自律的な法規範で規制根拠ではないとの元来の放送法解釈は、行政現場ではますます、ないがしろにされる危険性が強まるであろう。これは、形の上ではレイヤー構造に変更したということになっているが、実際のところは現行法体系を存続させつつ、むりやりハード（インフラ）とソフト（コンテンツ）を分離したことに起因するともいえる。

また、「ネット上で情報を流通させるすべての者が順守する最低限の配慮事項を整備すべき」

といった、当初予定されていたデジタルコンテンツ全般に網掛けする内容規制が入らなかったのは、単に前倒しで個別法ができ、緊急必要性がなくなったためと読める。「有害」情報の規制に関しては、警察庁や一部国会議員の主導によって〇八年、青少年インターネット環境整備法（有害サイト規制法）が成立、施行されているからだ。同法は、携帯会社に有害情報の閲覧を制限するよう義務付けるほか、官製自主規制の色彩が強いものとなっている。

そもそも、竹中懇の規制緩和によって垂直・水平統合を促進してのメディア企業の巨大化・国際競争力の促進をめざすというスタート地点に誤りがないかも含め、どのような放送の形が好ましいと考えるのかとの青写真を、もう一度描き直す必要があるということにならないか。中間報告の冒頭にも書かれているところの、前述した二つの前提事実自体が危ぶまれるなかで、何のための法改正かが結局見えないまま終わった感が否めないからだ。

継ぎはぎで複雑になった法体系を整理する必要性は認める。そのために関連法の大括り化も理解する。ならばいっそのこと、行政によって、がんじがらめの放送をいったん解き放つことも視野に入れ、少なくとも番組内容については過度なお節介をやめて自律に委ねる原則に立ち戻ってはどうか。とりわけここ十年の間に強まってきた放送に対する国家要請をさらに加速させかねない制度作りは、自由で豊かな放送文化を生み出す力にはなりえまい。

［参照：08年6月／08年7月／10年3月／11年7月］

デジタルアーカイブ　*7.11*

静寂の中の緊張、インクの匂い、はたまた冷暖房完備の無料休憩所……図書館のイメージは人それぞれだろう。しかし少なくともこれまでは、書籍・雑誌・新聞等の紙を中心とした図書資料が、一定の空間の中に整理・配架され、それらを自由に閲覧・借出できる場として機能してきたことに異存なかろう。

そしてこうした機能を守るために、「図書館の自由」が謳《うた》われ、収集、提供、利用確保において、公権力ほかの外部圧力に屈することなく自由を守ることを自らの職業倫理として守ってきたといえる（たとえば、図書館の自由に関する宣言＝日本図書館協会一九五四年採択・七九年改訂）。

しかし当然ながら、こうした図書館・司書にとっての自由を確保することが大目的ではない。それは、公正なるプロの目で選択された多様な情報に、自由かつ平等、そして容易にアクセスできる環境が整備されることによって、市民の「知る権利」が充足されると考えるからに他ならない。そしてまた、頒布過程の重要な地位を占める図書館次第で出版物が読者に伝わるか否かが決するだけに、図書館の態度はまさに書き手の表現活動に直結する問題でもある。

したがって、利用者や執筆者からみれば、恣《し》意的に選別廃棄されないなどの蔵書される権利や、自由閲覧や読書内容が秘匿《ひとく》されるといった読む自由が、図書館の自由の内実ということになろう。そしてこれこそが、図書館が「知の公共空間」と呼ばれ、表現の自由を担保するための「メディア」であるとされてきた所以《ゆえん》である。しかしいま、そうした場が大きく変貌《へんぼう》しようとしている。それを、国立国会図書館（ＮＤＬ）において現在起こっている二つの事例を素材に考えてみたい。

【書籍の電子化】

今国会で成立した改正著作権法三十一条二項で、ＮＤＬにおける所蔵紙資料のデジタル化が認められた。これまでも保存のための複製は認められてきたのであって、新設条文は著作権者に許諾なしの電子化を明文化したに過ぎないともいえるが、むしろ重要なのは、将来的にデジタル化したデータをネットワークを利用して閲覧サービスするための足がかりを得たことだろう。

実際、今回の法改正は、「電子化された著作物等（デジタルコンテンツ）の流通促進のため、インターネット等を活用して著作物等を利用する際の著作権法上の課題の解決を図る」ためとされており（文科省の改正趣旨説明）、その一つとして前述の電子化項目が新設されている。

そしてこうしたデジタルコンテンツ（電子化された書籍）のアーカイブ構想がすでに広く示されるところとなっている。長尾真館長の講演によると、ＮＤＬに納本された紙書籍はすべてデジタル化され、館内利用者にはパソコン上で自由に閲覧に供されるほか、電子出版物流通センターといった管理機構を経由して、有料で一般利用者のアクセス利用を認めるというものだ。すでに東京・千代田区立図書館では、インターネット上での電子図書館の貸出・返却サービスが実施されてもいる。

破損等を考慮してデジタル化して保存用コピーを作っておくことはよいことだ。利用者の便宜を考えて、日本中どこでも・どんな情報にもアクセスできることにも反対しない。古文書や古地図が、高精細デジタル技術によって格段に読みやすくなることも体験した。

そもそもボーンデジタル・コンテンツ（最初から電磁的形式で発行された書籍）においては、デジタルアーカイブこそが図書館であるといえる。だからといってどのような形態のアーカイブがよいかは慎重な議論が必要だ。

【閲覧制限事件】

始めに触れたように、図書館は情報の流通過程において重要な地位を占める。そして流通の自由は、その独立性・多様性・アクセス容易性・継続安定性などによって担保されている。具体的には、複線型の選択可能性・代替性があり、事業の継続性が保証され、特定組織・個人の管理に服さない、社会共通インフラになりうる流通システムが好ましいと考える。これらは、表現の自由の一般原則を言い換えているに過ぎない。

図書館から貸与されたデジタルデータを管理運営するアーカイブ機関も、「図書館」であると想定され、それが官製であれば一見安定的にみえるものの、首長の意向ひとつで簡単に公共図書館がつぶれる現実を見るとき、実は極めて政治的で不安定な存在であることを知ることができる。しかもそうした機関が唯一独占的であることの非代替性であり、存立基盤に起因するコンテンツの独立性確保の困難さにも結びつく。

その危惧《きぐ》は単なる可能性ではなく、実はもう一つの紹介事例である、ＮＤＬによる閲覧制限事件からも明らかであろう。現在、米軍犯罪に関する「密約」文書の閲覧制限が問題になり訴訟に発展している。これ以外にも、ＮＤＬは自らの判断で利用制限を決定し閲覧を禁止するほか、書誌データからも削除した文献が多く存在することが明らかになっている。

要するに、閲覧情報は政府の意向もしくは図書館の判断に左右される危険性と、常に隣り合わせなのである。もちろん、図書館の自由の観点から独自の判断はあってよい。しかしそうした収集や閲覧の基準や判断は、透明性・公開性が担保されることで自由が守られるといえるだろう。あるいはまた、一般の公共図書館の場合でいえば、その主体が複数存在することによって、相互チェック機能が働き、総体としての図書館の自由が守られてきたことは、多くの閲覧制限の解決事例が示している。

図書館そしてアーカイブは表現の自由を守る砦《とりで》であり、だからこそそこで働く司書にはその実践のために特別な資格が与えられている。そしてこの構造は、五月に沖縄県内で議論になった博物館の自由を考える場合にもそのまま当てはまる話なのである。

［参照：09年4月／12年6月］

民主党メディア政策　8.08

総選挙を控え、各党のマニフェストが出そろった。なかでも民主党は、政権公約や「〇九年政策集」でいわゆるメディア政策を盛り込んでいる点で珍しい。ここではその内容を確認しておきたい。

【日本版ＦＣＣ】

中身は大きく、放送政策と人権政策にわけられる。前者は情報通信政策の目玉で、放送・通信行政を現在の総務省管轄から、政府から独立した行政委員会である「通信・放送委員会」に移管するとしている。日本版ＦＣＣと謳《うた》っているように、米国の独立委員会方式をまねたものだ。放送メディアは、電波の有限性などから誰にその事業を委ねるかについて、国が決める制度をもつことが一般的である。いわば国家の関与が避けられないわけだ。日本では、総務省が電波を流す「施設」に対し免許を交付し、その施設をもつ放送局が番組を制作して流すという仕組みをとってきた。

しかし実際は、行政指導という形式で総務省が直接、番組内容の善し悪しをいう場合が多く、国による内容規制であるとして批判の対象になってきた経緯がある。多くの国ではそうした免許の交付等を行政権から一定独立した組織に委ねている場合が多いし、日本でももともとは、電波監理委員会という独立組織が戦後しばらくの間、所管していた歴史的経緯もある（注：詳細は鈴木秀美・山田健太編『放送制度概論――新・放送法を読みとく』商事法務）。

それからすると一見、民主党案はもっともな制度であるように思えるのだが、中身をよく読むと不安が拭《ぬぐ》えない。それは、直接に番組内容を審査し制裁を与えるといった強い権限をもつことを想定しているように読めるからである。免許の交付について独立行政機関が行う仕組みは賛成だが、なぜあわせて番組内容チェックまでしなくてはいけないのか。独立機関といえども公権力には違いなく、そこが強制力を有する内容監視機能をもつことには反対だ。

むしろそもそもの形に戻すというのであれば、事前規制としての免許審査は厳しく、事後規制としての番組内容審査はほどほどにするという原則に立ち戻るべきだろう。機関の設置という「手段」が目的化することによって、本来想定していないデメリットが生じることを畏《おそ》れるのであって、そうならないためにも独立委員会の権限は免許交付に限定するなどの歯止めが必要だろう。

こうした監視指向はＮＨＫ改革でもみてとれる。「経営改革と体質改善を推進し、法令遵守を徹底するように厳しく監視する」というからだ。政治家が常時監視する放送局を、公共放送とは呼ばないだろう。

【人権侵害救済機構創設】

後者の人権政策の柱の一つが、人権侵害救済機構の創設だ。具体的には二〇〇五年に国会に提出した人権侵害救済法案がその中身であるという。そこでは、取材・報道による人権侵害に対応するため、それらの報道機関の行為を人権侵害と認定して、報道機関は「自主的な解決に向けた取り組みを行うように努めなければならない」との努力義務をおく。〇二年の政府案が、取材行為などを勧告等の「特別救済」と呼ばれる強い権限行使の対象としたことに対し、報道活動を特別救済の対象から除外し、表現の自由に配慮したものであると説明されてきた。

しかしながら、努力義務が行政指導などの根拠として「活用」される危険性は依然として残る。

これまでも、放送法の改正時などに「国会（委員会）決議」という形で努力義務が謳《うた》われ、報道機関の「倫理」を統制する試みが続いてきている。国民投票法にも、主としてテレビ番組に政治的公平を求めるための留意条項が、与野党合意のもとで急遽《きゆうきよ》、盛り込まれた経緯もある。

なお、救済機構に関する国会審議を思い起こすならば、一九九八〜二〇〇一年の衆参法務委員会等で報道による人権侵害が問題とされ、懲罰的な損害賠償制度が提案されるなどした。当時の提案者は、前・新進党や民主党の議員だったのは時代の巡り合わせであろうか。その後、結果として名誉毀損《きそん》訴訟における賠償額の引き上げとして実現するに至っているのは周知の事実である。

このほか、人権関連では子どもポルノや有害情報の規制を盛り込んでいる。これらはいずれも表現の自由と直結する問題であるものの、「反対しづらい」内容であるだけに公約化されることで一気に規制強化が進む可能性がある。さらに、三月二十四日の小沢一郎代表会見や、五月十六日の鳩山由紀夫代表会見では、記者クラブ制度の廃止（実際は記者会見のオープン化）が示された。記者クラブ制度の見直しは必要だとしても、会見を開くかどうかを政治家が決めることによって、メディアとの力関係がアンバランスになることなど、考えなくてはならない問題が数多く伏在している。

五月の国会審議の中では、新聞に与えられている特恵的な待遇の廃止にも言及しているし、六月に発表された「政治資金問題を巡る政治・検察・報道のあり方に関する第三者委員会」報告書からも、民主党の極めて厳しいメディア観が伺われる。政権党になるかどうかは別にしても、今後の政治とメディアの関係、社会におけるメディアの位置づけが変化する可能性を含むものといえるだろう。

なお自民党も、公約等では盛り込まなかったものの、同様の方針を明らかにしている。人権救済機構についてはすでに法案として上程し、取材・報道規制条項等が問題となって廃案となった経緯がある（その後、同党人権問題等調査会の会長私案では民主党同様に報道機関を特別救済の対象から除外する案が示されているが、党内には「凍結」を求める声も強いと言われている）。また、八月四日には総務大臣が、放送番組監視の独立機関設置の必要性を記者会見で述べている。そうした意味では、二大政党のいずれもが、ある種一致して報道内容規制色が強い制度作りを指向しているといえ、選挙後に具体的な法案作りが急ピッチで進む可能性があるといえよう。

［参照：09年9月／10年3月／12年10月］

新政権の情報メディア政策　*9.12*

いよいよ来週にも鳩山内閣が誕生する見込みである。すでに選挙公約にみる民主党のメディア政策について検証をしたが、今回は「書かれていなかったこと」を中心に今後の情報メディア政策を占う。

【開かれた政府】

第一には透明性の確保である。細川護熙内閣の誕生が国レベルの情報公開制度誕生に大きな役割を果たしたように、新政権が「情報の壁」を取り払う可能性に期待したい。すでに沖縄密約については事実関係を明らかにすることを表明しているが、現有の行政文書と、すでに保存期間を過ぎた歴史文書の双方を、二〇〇一年施行の情報公開法と新しく始まる公文書管理法の両方で、きちんと公開対象にしていくことが強く求められる。

また、行政分野以外の司法や立法分野の情報公開が遅れているのも日本の弱点である。裁判員裁判が始まって司法の国民参加が謳《うた》われる一方、刑事裁判の判決文は公表されず、事後の開示請求も事実上、許可されないのが実態だ。また、裁判の様子は録音も撮影もまったく認められておらず、必要以上の法廷の権威主義がみてとれる。裁判は見せ物ではないが、公権力権力行使そのものであり監視の対象であることは明らかで、法廷が情報公開の聖域にあることは許されない。

情報公開のもう一つの柱は政治家監視のための制度である。日本には資金のフローを確認する政治資金規正法と、ストックをみる政治家資産公開法があるが、いずれもザル法といわれて久しい。どこまで自らに厳しいルールを作れるか、新政権の試金石ともいえよう。

そしてこの関連で忘れてはならないのが、個人情報の扱いである。日本では自己情報は、個人情報保護法に基づいて開示請求する仕組みをとる。そして〇五年に同法が完全施行されて以来、政府報告書も認めるような「過剰反応」が国内に蔓延《まんえん》、行政機関が隠れ蓑《みの》に悪用するケースも後を絶たない状況である。これは明らかに運用の問題ではなく制度上の瑕疵《かし》であって、直ちに見直しが必要な法令である。

また、行政効率を優先させた各種個人情報データベースのデジタル一元化は、その分、漏洩リスクも大きく市民の利益に反する場合も少なくない。党名の由来である「市民が主役」の具体的実践が待たれる。

【豊かな情報環境の構築】

第二には、豊かで多様な情報環境を、具体的にどのように作るかの青写真を示して欲しい。光ファイバーをくまなく敷き詰め、みんなが高速インターネットを楽しめることや、デジタル放送で高画質のテレビを見ることが、本当にその回答たりうるのだろうかとの疑問である。

日本には世界でも稀有《けう》なマスメディア環境がある。すなわち、日本中どこでも新聞が読め、複数の民放・公共チャンネルが無料もしくは廉価で視聴できる環境である。あるいは、街には書店があり、各自治体が運営する公共図書館では様々なジャンルの本を手にすることができる。こうした光景は、実は決して「当たり前」ではなく、むしろ日本だけが特異に継続・発展させてきた制度である。しかし昨今、ネットで本が読めれば十分とか、東京の番組が見られればよく地方局は不要と言われ、ターミナルに大型書店ができる一方で街角の本屋は急速に姿を消しつつある。

「国立マンガ喫茶」見直しや、マスコミの既得権益としての記者クラブ廃止がニュースになるが、大切なのは「その先」である。民主党の唱《とな》える「メディア改革」が、単純にいまある公共メディアを弱体化させるだけでは、喜ぶのは監視されてきた対象の政治家だけになってしまう。社会としてのジャーナリズム力をいかに守り、多様な言論活動を保障するかの具体策を示さなくては、市民は自分の興味のある情報だけに満足する、あるいは耳触りがよいニュースだけに一喜一憂する社会になっていくだろう。

物事を定点観測でき、世界中のニュースを適切な価値判断で取捨選択して提供し、それをもとに議論ができるような情報環境が社会には必要であり、しかも日本は他国と違って、多くの国民がそうした情報を共有する環境にあった。それを一部の市民に限定化するような情報の「自由化」は、真の自由化ではなくむしろ市民の社会参加を阻害するものではないだろうか。

【批判力伸ばす環境作り】

そして第三は、前項で触れたような既存マスコミの悪弊や、行き過ぎた取材・報道は、市民力によって糾《ただ》す社会を作っていって欲しい。決して公権力が「指導」したり、いわんや「規制」してよくなるものではない。もちろん強制力によって、その場の誤りは糾されるかも知れないが、それは決して当事者にとっても社会にとっても最善の治療薬ではなかろう。

その意味で、記者会見のオープン化は、すでにテレビ中継で垣間見えている「だらしない」マスコミを変える特効薬となるだろう。まさに政治を市民に開く「窓」の役割を果たすに違いない。しかし一方で、小沢一郎副代表がたびたび記者会見を拒否してきた事実も忘れるわけにはいかない。要するに、会見は「サービス」であって、その主導権は常に政治家の側にあるという姿勢である。国政入りした田中康夫元長野県知事のクラブ廃止が、理念は正しくても実態として記者選別につながりかねない危険があったことも、思い起こす必要がある。そしてこれらは、これまでに発表されている民主党政策が、「メディア監視」をキーワードと捉《とら》えられるものが多いことと重なり合ってみえる。

メディア政策の根底にも、オープンで公平・公正な社会の実現という、党コンセプトが流れているという。それは大いに歓迎したい。であればなおのこと民主党には、市民を信頼し、そのメディア批判力（リテラシー）を伸ばすための環境作りに力を注いで欲しい。

［参照：08年8月／08年11月／08年12月／09年3月／09年8月／09年11月／10年4月］

少年法と表現の自由　*10.10*

十月七日、山口県光市母子殺害事件で死刑判決を受けた少年をルポした単行本（インシデンツ刊）が刊行された。増田美智子著『Ｆ（実名）君を殺して何になる』では、少年の実名のほか、学校名や中学当時の顔写真も掲載されている。少年の弁護団は「取材時の約束が守られていない」などとして、出版差し止めの仮処分を裁判所に申し立て、週明けに審尋が開かれ双方の言い分が聴取される予定という。

要するに、「書いたこと」が法に違反するとして問題になっているわけだが、同時にこれが表現の自由の例外中の例外であることを知っておいた方がよい。歴史的にみても、戦前の少年法では規定されていた特定報道禁止に反した場合の罰則が、日本国憲法の制定とともに表現の自由に抵触するとして削除されたのである。

その意味するところは、法を上回る報道価値があると思った場合には、原則に戻し報道することが許されるということに他ならない。であるからこそ逆に、表現者が自らの力（報道）によって、人を簡単に傷つけてしまうことを十分に自覚したうえで、この規定を自律的に運用することが求められているのである。

だからこそ、その判断は難しいし、職業人としての覚悟と責任をもってしても、その時々で問題が生ずることもあるわけだ。それは、すぐに思い起こされるような、神戸連続児童殺傷事件のような「残忍」な事件における週刊誌の報道にとどまらず、今回の件では批判的な論調の新聞やテレビも同じである。最近で言えば、同じ山口県で起きた同級生殺害事件では、その加害少年の名前や学校名を報じていたりもするし、死刑が確定した場合には少年（死刑囚）を実名報道することを決めている社もあるほどだ。

【「不報協定」の問題性】

それでは、法で「不報」を規定しているものとして、少年法の特定報道禁止（六十一条）のほかにどのようなものがあるか確認しておきたい。先日から始まっている裁判員制度では裁判員を「一番」などと呼んでいるように、裁判員特定情報の公表が禁止されている（裁判員法百一条）。似たものとしては、刑事確定訴訟記録法は判決文などの刑事記録の中に、プライバシーを侵害するおそれがある個人情報が多く含まれることから、閲覧者が公表することを禁止している（六条）。

これらは事実上、報道に大きな制約を与えているが、逆に言えば世の中で法によって最初から不報が義務として課されているのは、「この程度」なのである。そしていずれも、罰則はついていない「努力義務」である。

むしろ面倒なのは、法ではなく行政機関との間で結ばれる「不報協定」ともいえる。誘拐事件が発生した場合に所轄警察との間で結ぶ報道協定は有名な一例だ。ほかに、イラクへの自衛隊派遣時に防衛庁との間で締結した、隊員の安全確保などが目的のいわゆる従軍報道協定は、広範に自衛隊が許可しない事項の取材・報道を禁止している。ほかにも過去には、宮内庁との間で皇太子結婚に際し、「静かな環境」を保持するための不報協定が結ばれ遵守《じゅんしゅ》されたし、関西で発生したグリコ森永事件でも大阪府警と地元報道機関の間で、報道自粛がなかば正式に申し合わせされたこともあった。

さらに非公式な「現場」協定的な不報協定も存在する。ペルー大使館占拠事件や湾岸戦争時の邦人脱出に伴う外務省との申し合わせなどがこれにあたるだろう。近年は減少しているものの、「黒板」協定と称されてきた、記者クラブと官庁との間の解禁時間をあらかじめ設定したうえでの情報提供など、日常的な取り決めも少なくない。

こうしてみてくるならば、ややもすると「不報」は公権力の情報コントロールに利用される危険性があるのであって、常に報ずる側は緊張感をもって、必要があらばいつでも表現の自由の原則に戻る準備と気構えを持つことが大切といえよう。メディアの形式的な法の遵守や行政機関との協調は、市民社会における表現の自由の幅を狭める結果に繋がりかねないからである。もちろん一方で、不注意や無節操な表現行為が逆に、公権力の介入を招いてきたことを歴史が示していることも忘れてはならない。実際、少年法の規定に罰則を復活する動きは、事件が起こるたびに蒸し返されている。

【ジャーナリズムの問題】

最後に念のため。以上は報じないことの問題性を、法をはじめ公権力との関係で整理したが、それと冒頭の出版の正当性は別である。ここでは当該本の内容には一切立ち入らないが、ジャーナリズムとして、あるいは出版倫理上の問題は当然に問われてしかるべきであるからだ。著者も出版社も、当事者はもちろんのこと読者・市民から投げかけられた疑問には、正面から応える社会的責務があるといえるだろう。公権力たる司法が、表現の事前規制の象徴的行為である出版差し止めを行うことには、強い違和感があり好ましいと思わない。

しかし一方で、当事者との齟齬《そご》が明らかになった現時点で、販売を優先することが、少年のためになるかどうか、あるいはそれを超えた社会的公益性があるかどうか、問い直す必要もあると思う。それは、少年法の規定が法の問題というより、ジャーナリズムそのものの問題であるからだ。

〔参照：15年9月〕

記者クラブの意味　*11.14*

十一月五日、和歌山市で日本弁護士連合会の人権擁護大会が開催され、「いま表現の自由と知る権利を考える」をテーマにシンポジウムがもたれ、宣言が採択された。報道の自由を正面から取り上げたものとしては、一九九九年以来十年ぶり三度目になる。最初の八七年時の提言として匿名報道範囲の拡大、プレスオンブズマンの導入を求め、九九年大会ではそれらに加え、記者クラブ制度の問題点を指摘している。

民主党政権が記者会見の開催方式を変更するなかで、今回の宣言がさらに踏み込んで、「記者クラブの開放」を謳《うた》ったことは、現行制度の大きな変化につながる可能性がある。そこであらためて〈記者クラブ〉なるものを考えてみたい。

【歴史的経緯と現状】

全国で千以上あるとされる記者クラブは、日本で活動する主要メディアがその取材先との関係でまとまった組織を形成し、会見を開いたり取材ルールを自主的に定めたりする、特定報道機関による取材・報道のための機関である。その発祥は明治時代に遡《さかのぼ》り、一八九〇年の国会開設にあたって議会の傍聴を求めて大手紙記者が「議会出入り記者団」を作ったところ、これに地方紙記者が合流して現在の国会記者会になったとされている。

戦争中は、政府が言論統制の手段として積極的にクラブを活用したこともあって、占領中にGHQは解散もしくは抜本改組を警告したところ、それを免れるために取材上の問題には関与しない、会見には非クラブ加盟者の参加も認めるといった条件の下、「親睦《しんぼく》団体」として存続した経緯がある。

戦後は、一九五八年に大蔵省管財局通達として国の庁舎の無償使用を許可するものとして「新聞記者室」が認められ、記者クラブ登録された者が独占的に使用できるスペース（記者室）が与えられている。したがって、現状ではクラブと記者室は一体化して運営されているといえる。当初は、賃料や光熱費が免除されるほか、コピーや電話代も取材先が負担する例が一般的であったが、近年では各社負担が原則になっている。部屋は記者（社）ごとのブースにわかれ、一般には常駐者のなかでクラブ会費を徴収し、輪番で幹事を選出し、クラブ運営が行われている。

記者会見は、庁内に記者会見用の部屋を庁舎管理者が別に設けることが一般的である。かつてはクラブ加盟の条件として日本新聞協会加盟社に属する記者であるのが掲げられており、実質的に同協会の見解が報道界全体の方針として徹底されてきた経緯がある。

こうした状況に対し、一般に指摘されるデメリットとしては、閉鎖性・排他性・馴れ合い・癒着、便宜供与などによって、発表側の情報操作に使われる危険性が高まり、また横並びや特権意識などを助長することもあって、取材力や監視機能が低下することが挙げられる。一方メリットには、無駄な競争の抑制、常駐することによる権力監視、情報公開・提供の受け皿として意味があるとし、また記者教育の場としても活用されているという。前者の批判は通例、記者クラブ加盟を認められない外国報道機関や、国内のフリーランス、雑誌記者等からなされるが、九〇年以降は公金支出や情報提供の不平等性が法廷で争われることになっている。また二〇〇二、〇三年には、ＥＵからクラブ制度の廃止を要求されるに至った。

そこで、先に挙げた実質的な指導・監督力を有する新聞協会は、一九九七年に初めてクラブの性格を「取材拠点」として認め、記者室と記者クラブの分離、便宜供与の返上など大きな方向転換を図った。さらに二〇〇二年にはクラブが「開かれた存在」であることを認めるとともに、記者会見の開放を宣言した。それでも現実には、フリーの参加が認められることはないまま推移し、いままさに「政治主導」で外務省をはじめとする一部の会見が門戸を開きつつある。

【なぜ記者クラブなのか】

これまで述べてきたとおり、そもそも会見の出席者は当初の新聞から時代に合わせ徐々に拡大してきたのであって、オールドメディアで構成される新聞協会や民放連だけでなく、今日においてブロガー等の新メディアで活躍するジャーナリストが含まれるべきことはいうまでもない。しかも裁判員の市民感覚を尊ぶ紙面の一方で、記者会見に「素人」が来ては迷惑との一部の主張は説得力がない。そもそも、記者以上に専門的知識を持っていると考える方が普通でもある。したがって、会見出席者の「特定」の仕方については、時代に合わせて変更する必要があり、一般には拡大に向かうことになるだろう。

しかし一方で、日本の表現の自由を支えてきたメディア制度をどうするかを考えることなしに、記者クラブ自身を開放やその終着点としての廃止に進むことは、極めて危険な側面があることも忘れてはならない。ただでさえ日本は対権力で表現の自由の闘いが繰り広げられた歴史がほとんどないだけに、クラブが分断され官公庁と個人が直接対峙《たいじ》した場合、今まで以上にコントロールが進む可能性がむしろ高いであろう。しかも民主党は、記者会見の開催は記者側の「権利」ではなく行政側の「サービス」であるとしており、その理屈では会見をするかしないか、誰に質問権を認めるかは、行政側に主導権があることになる。

さらにまた、日本は一貫して、特定メディアを通じて公権力への接近と監視を担保してきた歴史がある。裁判や国会の傍聴しかり、警察・検察捜査しかりである。それは、つとに客観的で継続的な情報提供を約束し、全国にくまなく行き渡り、ほぼすべての国民が容易にアクセスできるメディアが存在していることを前提に、その要件を満たすメディアを特定報道機関として優遇してきたのである。

すなわち記者クラブ制度に基づく会見や情報提供は、特定メディアに市民の知る権利を委ねる民主主義の維持装置として、暗黙のうちに社会的合意があった社会的制度といえるのではないか。もちろん既存の記者や社が、制度に安住したり自己保身のために利用することがあったときは、そうした合意が一瞬のうちに壊れることはいうまでもない。

［参照：10年7月／12年11月］

沖縄密約と辺野古新基地　*12.12*

十二月にもかかわらずコートなしでも十分な柔らかい日差しの中、傍聴券を求めて東京地裁に向かった。一日に開かれた沖縄密約文書公開訴訟の口頭弁論で、吉野文六元外務省アメリカ局長が原告側証人として出廷するからだ。ちょうど同日には狭山事件の高裁法廷もあり、午後一時には裁判所の前は多くの人で埋まった。その三十分後、一階三〇一号法廷ではマイクを通じ、密約の存在と同文書に自身がイニシャル（署名）したことを認める明瞭な声が響いた。日本国政府が四半世紀、嘘《うそ》をつき続けていたことが公式の場で明らかになった瞬間だ。

【知る権利の代行者】

直接的には情報公開訴訟として、密約文書の開示を外務省に迫るものであるが、訴訟を通じ、一九七二年の沖縄返還をめぐる米軍基地跡地の原状回復費用を日本が肩代わりすることなど、日米間で秘密裏に約束した事柄の全容と、そして日本においては外交上の秘密が政府の一方的都合で永久に闇の中に埋もれる実態にあることが、徐々に明らかになってきたといえる。

今回は、米国で当該文書が我部政明琉球大教授の努力で発見され、しかも政権交代が偶然に重なって、史実として明らかになった側面を否定しきれない。実際、米国で密約を裏づける資料が「発見」されてから十年近く、吉野氏がメディアに密約の存在を語ってからでも、すでに三年近くが経過している。

法廷で同氏は、領土の返還交渉の中身は、北方領土問題を抱える日本政府にとっては相手に手の内を明かすことになるので、公開したくないという気持ちが強いと証言している。前述した「幸運」がなければ、この先さらに長い期間、政治家や官僚は国民を騙《だま》し続けたということに他ならない。そして同時に、この問題にそこまで政府がセンシティブになる理由がまさに、「日米同盟」に関わる話であったからといえる。

それはまた、今回の訴訟の原点である、密約電文を西山太吉元毎日新聞記者が入手したことに対し、国家公務員法の守秘義務違反そそのかし罪で報道関係者を刑事罰に問うた、唯一の事例であるということからも推定されるであろう（七二年のいわゆる沖縄密約漏洩事件）。政府は、日米同盟の呪縛に縛られ、日本国民よりも米国政府の顔を見てきたことの証左であるといえる。

知る権利とは、まさにこうした国の姿勢を糾《ただ》し真実を求める国民の最大の武器であり、そして報道機関はその知る権利の代行者として、常に権力を監視する役割を担っている。にもかかわらず、全国紙の多くはそうした視点を紙面ではほとんど示していない。単に密約の存在を認めたとの「事実」を淡々と伝え、せいぜい吉野・西山両氏の握手を「和解」として触れる程度なのである。

そこには、日米同盟の、そして沖縄に対する政府の姿勢がどこにあるかの視点が見て取れないのであって、沖縄地元紙との決定的な違いを見せている。すなわち、日米同盟の「呪縛」は政府だけではなく、むしろ新聞やテレビのメディアにより強力に存在するといってもよい状況なのである。そしてこの状況は、今日の辺野古米軍新基地建設をめぐる報道において、さらに顕著に表れることになる。

【米国追従路線で一致】

地元メディアが、基地返還交渉の経緯を検証し、様々なオプションがあり得ること、それをまた米国側も受け入れる余地があったことを示し、さらにまた現在の米軍再編も合意通り進める必然性に疑問があることなどを明らかにしてきている。さらには、在沖米軍基地の戦略上の位置づけ自身も、従来の認識が必ずしも正しくないことまでも踏み込んで、移設に関し多様な可能性を具体的に提示し、政府へ再考を強く求める内容であるといえる。もちろん、県民の思いもまた日々の紙面に溢れている。

しかし一方で本土メディアはおおよそ一貫して、再編合意に反する選択肢は同盟に「影」や「亀裂」が生じるとして、「沖縄エゴ」が日本の国益を損ねるとの主張が極めて強い。現在の全国紙はこれまでにないほど主張に差があり、コンサバティブからリベラルな紙面まで多彩である。そのなかで保守中道路線を行くのが発行部数の一・二位を占める朝日・読売両紙であるが、こと基地問題では米国追従路線で一致している。

米国側の姿勢を伝えるワシントンの記事も、「否定」色が強く、知日派として登場するのは前政権の軍事政策担当者に偏りがちである。さらにいえば、読谷《よみたん》ひき逃げ事件は東京ではほとんどニュースにすらならず、嘉手納《かでな》基地の騒音低減の約束違反も報じられることは稀《まれ》である。沖縄の思いはむしろ、本土紙紙面や番組からは伝わってこないし、メディア自身がそれを理解し読者、視聴者に伝えようとの意思に欠けているといわざるを得ない。

もちろん、違ったトーンの報道もないわけではなく、米軍の都合でキャンプ座間《ざま》の移転が中止され、再編合意が絶対でないことをトップ記事で伝えたりしている（十二月九日付東京新聞）。しかし圧倒的記事量に押されており、新聞の多様な論点の提示という機能は失われているといえるし、むしろ世間の空気（世論）をミスリードすることに繋がっている。「政権交代」のないメディアの世界では、各紙誌や番組間の主張のぶつかり合いのなかで、異なった考え方を提示していくしかない。

しかし実際は、大手メディアほど歴史の呪縛にとらわれ、時代の先を読まなければならないメディアが、政治の変化について行けず一番遅れていることに、いまの日本の不幸はあるのではないか。基地問題はそれを象徴的に表している。

日本の国益に他ならない、現場である沖縄が置き去りにされ、むしろ米国の国益が優先される構図は、まさに冒頭の密約隠しとまったく同じである。沖縄戦の集団自決報道の時も、沖縄と本土の「温度差」に愕然《がくぜん》としたが、今回は温度差というよりもむしろ確信的世論誘導に近いことに、より深刻な問題がある。

［参照：10年4月／12年1月／13年4月／16年8月］

2010
年

【2010年】忍び寄る表現規制の影

名護市長選で辺野古移設反対派が初当選（1/24）

バンクーバー冬季五輪（2）

普天間基地国外・県外移設求める県民集会（4/25）

チリ大地震（2/27）

総務省が在京5社の個別の報道内容を照会（3/12）

IPサイマルラジオ実用化試験配信開始（3/15）

宮崎県で口蹄疫問題発生（3~7）

鳩山由紀夫首相「最低でも県外」を撤回（5/4）

2年前の霊園でのヌード撮影が礼拝所不敬罪で起訴・有罪（5）

映画「ザ・コーヴ」一部で上映取りやめ（6~7）

首相のぶら下がり取材と官房長官会見の回数減　記者会見をフリーに開放（6/9）

自民党ネットサポーターズクラブ（J-NSC）設立（6/9）

南アフリカでサッカーW杯（6~7）日本ベスト16

非実在青少年でもめた東京都青少年保護条例改正案が否決（6/14）

参院選で自民党勝利し、ねじれ国会（7/11）

大相撲、野球賭博で混迷　NHK大相撲生中継を中止（7/11）

チリ鉱山落盤事故で地下から33名救出（8/5～）

高校野球で興南が春夏連覇（8/21）

死刑執行場が報道機関に公開（8/27）

共産党、「NHK日曜討論」からの排除に抗議（8/31）

尖閣列島沖で中国魚船と海保が衝突（9/7）11月にユーチューブに動画流出

大阪地検で証拠改竄事件（9/21）

警視庁によるムスリム監視が情報漏洩により発覚（10/29）16年に最高裁決定

防衛省が政治的発言排除の通達（11）13年廃止

奈良地裁が法廷内イラストを禁止（11）

放送法大改正が成立（11/26）

東北新幹線全線開通（12/4）

東京都青少年条例改正しアニメ規制（12/15）

自炊業者が跋扈

日本型報道被害救済モデル　*1.09*

一週間後には通常国会が始まるが、そこで上程予定の法案の一つに国内人権委員会設置法がある。自民党政権時代の二〇〇二年に、法務省が構想した人権擁護法案が廃案となり、与党内からの反対で再上程ができないままになっていた、いわく付きの法案である。人権侵害があった場合の救済方法として、コストがかからず簡単な手続きで迅速に解決が図られる「安簡早」の社会システムがあるに越したことはない。少なくとも現在の日本においては、裁判はお金もかかるし専門知識も必要で、弁護士なしの本人訴訟で裁判を切り盛りするのは至難の業だ。

一方で、刑務所や入国管理所などの公権力による人権蹂躙《じゅうりん》や、部落差別や在日外国人差別など、門地・出自や民族による差別言動が跡を絶たないのが現実だ。こうした国内事情からみても、世界の趨勢《すうせい》からしても、独立行政機関による人権救済制度が強く期待されている。一方で、独立委員会の制度設計に関しては、政府からの独立性をどのように保つのか、委員にNGO代表など民間専門家をどの程度含めるのかといった基本構造とともに、どのような人権侵害を対象とするのか、救済の手法としてどこまで強い権限を与えるのかなど、議論のポイントは数多い。

【取材・報道被害の救済】

　とりわけ日本が他国の制度と大きく異なるのは、主たる救済対象にマスコミの取材・報道による名誉毀《き》損《そん》やプライバシー侵害を含めようとしている点である。もっとも厳しい政府自民党案では、強制力を有する調査権限や救済措置が予定されており、報道界から強い反発を招いた経緯がある。しかし野党時代の民主党案にしろ、民間の案である日弁連要綱も、条件付きながら報道機関を別枠として定め、努力義務を負わせることで法制度の枠内に取り込む体裁をとっている。

　そこでここでは、いったいなぜ日本では、取材・報道被害の救済をことさらに行政機関に頼らねばならないのかについて、考えておきたい。一般に、取材や報道による人権侵害を救済する社会制度としては、以下の四つが考えられる。

　第一は、裁判によるもので、日本でも以前から民事救済として損害賠償や原状回復措置としての謝罪広告が広く一般にとられてきた。とりわけ最近五年ほどは賠償額が高騰化し、報道被害が社会問題化した一九八〇年代に比べても十倍以上になっている。

　第二は、立法による規制で、そもそも名誉毀損やプライバシー侵害が起きる可能性が高い事件報道を、法的に厳しく規制することが考えられる。典型例としては陪審裁判を採用している国の法廷侮辱罪が挙げられ、陪審員の評決に予断を与えないため犯人視するような報道を厳しく戒めるものだ。日本でも昨年から裁判員制度が始まり、取材・報道の一部に法的規制がかかっているほか、司法界と報道界の話し合いの末に事件報道の仕方を変更してきている。

さらに第三が、行政機関による救済である。一般の商品の場合、国民生活センターなどへの苦情を集約する形で消費者庁が行政処分や措置を行い、業務の改善を指導していくわけであるが、表現行為の場合は法務省人権擁護局に申し立てることによって、出版物の回収や当事者への謝罪を「勧告」として発し、実効性をあげている。似たようなものとしては、問題表現に対し裁判所が所長名等で「抗議」を行い、事実上の救済を図る手法が実施されている。

そして第四が、純粋な自主規制・救済である。各社もしくは同一媒体間で共通の苦情処理機構を設置し、読者・視聴者からの申し立てに応じて救済を図る手法で、一般的にプレスカウンシル（報道評議会）とかプレスオンブズマンと呼ばれることが多い。日本でも、十年前に放送界にＮＨＫ・民放共通の人権救済機関が設置され、現在では放送倫理の検証機関を併せ持つＢＰＯとして活発な活動を行っている。新聞界でも同時期に、一般日刊紙の半数近くの社が社内に外部有識者をメンバーとするチェック組織を設置するにいたっている。さらに取材過程においては、「メディアスクラム対応」と呼ばれる、一極集中過熱取材を自制する制度が新聞・放送界共同で十年近く前に発足し、雑誌界の協力の下、全報道界の共通ルールとして機能している。

【日本型の自主救済制度】

こうしてみてくるとわかるとおり、日本ではここ五〜十年の間に、いずれもの分野においても急速に制度改定が行われ、取材・報道の行き過ぎを戒める社会制度が整備されてきていることがわかる。そして興味深いことに、まさに同時期に冒頭に述べたように人権擁護法案が示され、第三の行政救済の強化が謳《うた》われたことになる。

どの国でもその国のメディア状況や司法制度などの社会・文化的背景をもとに、特徴あるシステムを構築してきている。例えば、アメリカは司法救済型だし、イギリスなら立法規制型、スウェーデンは自主救済型といったようにだ。ならば日本では何がもっともふさわしいのか。そうした議論がすっぽり抜け落ちたまま、何でもやってみようの精神よろしく、司法で懲らしめ、立法で縛り、行政で監視し、そして自主規制の強化を求める、というのはいかがなものか。

気がついてみたら、確かに私人の人権侵害はなくなるかもしれないが、同時にメディアの力が発揮できず公権力チェックもままならないという事態に陥ってしまうのではないかと危惧《きぐ》するのである。それが杞憂《きゆう》に終わらないのは、ちょうどこうした「一斉強化」が始まったきっかけには、国会の場での取材・報道批判があり、そこで大きな地位を占めていたのは政治家への批判的報道に対する対抗措置であったからだ。

ではいったい日本にふさわしい制度は何か。ずばり、自主規制であると考える。なぜなら、日本は世界に類をみないほど業界団体の統率力が強く、倫理綱領も業界団体が制定しているほどだ。であるからこそこの「業界縛り」を活用して、他国とは一味違った世界に誇れる自主倫理制度を構築してみてはいかがか。そのためには、報道界のリーダーを自認する新聞界からまず、範を示して業界共通の自主救済制度を整備してほしい。それが、過剰な立法や行政監視制度の導入を阻止する近道であるとともに、王道であると思うからだ。

［参照：12年10月］

青少年向け表現規制　2.13

一月十四日、東京都青少年問題協議会が『メディア社会が拡がる中での青少年の健全育成について』を発表した。ほとんど報道されていないものの、この答申において自治体が、子どもが見てもよい情報の選別に積極的に関与する方針等を打ち出した。これまでの例に倣《なら》うと、今年中に都青少年条例に反映されるものと想定され、そうなれば全国の自治体に大きな影響を与えるほか、事実上、表現規制の一般的な基準として広く適用されることになるだろう。

【フィルタリング】

五十ページ余にわたる答申の内容は、パソコンとケータイにおけるフィルタリング規制と、投稿雑誌や漫画における子どもポルノ対策が中心である。ここでは、前者のインターネット利用規制について考えてみる。答申を通じて強調されているのは、子どもの健全育成は親・教師・社会の役割であるとし、国家（自治体）の積極的な関与を求める点である。一九九四年に子どもの権利条約を批准し、親や社会に従属する関係ではなく、子どもを主体として考えようと発想の転換を図ったことが無駄になってしまいかねない。

制度実態としても、すでに子どものネット・ケータイ利用は、国と地方レベルで各種法令が整備されつつある段階にあって、さらなる規制を立法政策で行うことの現実的効果も疑問である。二〇〇九年に施行された青少年インターネット環境整備法（青少年有害サイト規制法）は、十八歳未満の子どもが携帯電話でインターネットを利用する場合には、原則、フィルタリングが課せられることになっている。

ここにいうフィルタリングとは、ネット上のウェブサイトを一定の基準で振るい分けし、青少年に「違法・有害」なサイト等の閲覧を制限（選択的受信）する方法である。法制定時、表現の自由の観点から政府はフィルタリング基準には関与しないことが確認されている。当初は基準設定に関わることが検討されたが、批判を受けて変更した経緯があり、事業者や事業団体の自主的な取り組みを尊重することになった。違法を超えて「有害」な表現を法によって取り締まることには、慎重な対応が必要で、公権力が直接関与しないことが求められたからである。

その結果生まれたのが、モバイルコンテンツ審査・運用監視機構（EMA《エマ》）などの第三者機関で、評価（レーティング）基準を策定し、個別のサイトごとに「お墨付き」を与える形態をとる。総務大臣も、認定サイトについては、携帯事業者がフィルタリングの対象外とすることを要請している。なお、携帯電話各社は法成立以前から、各種の自主的な取り組みを始めており、現時点で、ホワイトリスト（許可リスト）方式かブラックリスト（特定分類アクセス制限）方式、もしくはその両方のサービスを提供している。アクセス制限カテゴリーとは一般に、ギャンブルや喫煙、飲酒、オカルト、グロテスク、出会い系サイトなどのほか、主張（軍事、自殺、政治主張）などをさす。

【パターナリズム】

これに対し答申では、フィルタリング水準の条例化を謳《うた》う。すなわち、望ましい水準規定を条例中に定め、それを採用することを第三者機関に要請する流れが考えられている。これはまさに、公権力によって内容の善し悪しを決める構図だ。紙の出版物で実施されている「有害」指定図書による流通・販売規制の「実績」を背景に、ネットの世界においても、東京都がダメと決めたものについては流通規制をするのが当然との思いが見受けられる。表現の自由の大原則として、行政が、表現内容を理由に流れをせき止めることは許されないのであるが、むしろ積極的に口出しをすることが、世のため人のためと思っている節すらある。これこそがまさに、冒頭にも述べた国家が一方的にあるべき子ども像を決め、押しつけること（パターナリズム）の典型であるといってよかろう。

さらに答申では、青少年間の「問題」事例がコミュニティサイトで発生することが多いとして、ミクシィやグリーといった会員間の双方向性があるコミュニティサイトすべてをアクセス規制の対象とし、原則として閲覧を不可とする考えを示している。たとえば現在、若者層に人気があるケータイ小説サイトを運営する魔法のｉらんどや、モバゲータウンを運営するＤｅＮＡなど、大手のサイトは自主的な二十四時間監視体制を組み、一定の成果とサイト内の秩序維持を行っている。もちろん問題が全くないわけではないが、ゼロをめざしてアクセスを全面禁止するという発想は、今日の社会では認められない考え方であるし、物理的にも不可能であろう。自主的な規制の枠組みができ、その助走期間のうちに、「不十分」の烙印《らくいん》を押すことにどれだけの意味があるのか強い疑問がある。なぜなら、こうした自主規制を否定することによって、自助努力のインセンティブが摘まれるからである。表現行為の原則は、自由とそれを守るための自主的な制約にあることを忘れてはならない。

親の責任も学校教育の役割も否定するつもりは毛頭ない。しかし、「子どものため」なら何でも許されるかのようなパターナリズムが、果たして大目的である「子どもの健全な成長」に結びつくのかが問われている。

［参照：08年6月］

放送法改正　*3.13*

国会に提出される法案のうち、閣法と呼ばれる政府が作成するものの提出期限は、原則三月十五日とされている。したがってちょうどいま、参院選挙を睨《にら》みながら票を減らしそうな民法や刑事訴訟法の改正案の上程を躊躇《ちゅうちょ》している状況といえるだろう。そうしたなか、六十年ぶりの大改正自身に意味があるとされる放送法の改正案が閣議決定され、早ければ来月にも実質審議に入る見込みである。

その中身は、番組に直接かかわるものに限定した場合、①放送体系の整理の仕方と免許の与え方に関すること、②番組内容の規律に関すること、③ＮＨＫにかかわること、④利用者保護の観点からの措置、に大別できよう。通信と放送の融合体系といわれていた当初の「情報通信法」構想からは大きく後退し、通信分野についてはほとんど踏み込まない内容となっている（とりわけ通信分野の巨人NTTに関してはまったく触れられていない）。ここでは今回の法案が、視聴者のためではなく、官僚の権限強化に利する危険性が高い点について、もっぱら放送分野に関して検証してみたい。

【抜本的な転換】

第一のカテゴリーに含まれるのが、①関連四法（放送法＝地上波・衛星のテレビ・ラジオ、有線ラジオ放送法＝カラオケ等の有線放送、有線テレビジョン放送法＝ケーブルテレビ、電気通信役務利用放送法＝パソコンを経由したIPTV等）を統合し、伝送路別の縦割りの法体系からコンテンツ・伝送サービス・伝送設備のレイヤー区分と呼ばれる横串の体系に変更したこと、②それに伴い放送設備をもつ事業者と、コンテンツ制作を行う事業者に分け（ハード・ソフトの分離）、それぞれに免許と認定という違った政府からの事業許可を与える制度を導入したこと、③ただし、現行の地上波放送に関しては、これまで通り一つの免許だけで両方の事業をすることを認めたこと、④放送を「基幹放送」と「一般放送」に分け、前者は地上波やBSのテレビ放送や、AM・FM・短波のラジオ放送をさし、後者はスカパー！のようなCS放送やケーブルテレビとしたことである。

民放の場合、自局エリア内において「あまねく放送」を自発的に行っている源泉を考慮すると、ハード・ソフトの分離が実態的には行えない状況があり、法案はその現実を追認した形だ。ただし一方では、ローカル局の経営状況を勘案して一局複数波への移行を容易にするための環境整備ともいえる。

問題は、コンテンツ制作分野における競争原理の導入が、あまねく無料放送モデルを維持しつつ、豊かなローカル・コンテンツが流れる仕組みに資するかどうかであろう。また、当然ながらそうした事業者の認定制度は直接的に番組内容を審査する必要が生じ、まさに従来の放送設備審査を通じて内容についても必要最小限触れるという間接規制からの抜本的な転換があることは、最大限の注意が必要だ。

基幹と一般に放送の種別区分けをしたことも、現時点において必然性が薄く、むしろ当初予定していたものの批判が強く取り下げた、コンテンツ規制のためのメディアサービス（通信・放送の総称）区分の残滓《ざんし》ともいえ、将来の情報コントロールのための環境整備という意思が隠されているのではないかと邪推したくなる。

【巧妙なコントロール】

第二のカテゴリーは、①番組調和原則といわれてきた放送が守るべき総合編成の中身として、報道、娯楽、教育、教養の各番組をバランスよく放送することについて、実際の放送実態を公表することの義務づけ、②マスコミ集中排除原則といわれる、主に新聞・テレビ・ラジオの三事業を兼営することを禁止する規定を、初めて法律に書き込んだこと、③ただし具体的には、複数の放送事業者に対する出資比率の上限を緩和し、しかも現状を追認するための適用除外条項をつけたこと、があげられる。また、ＮＨＫについては、ガバナンスの強化が前回の改正以来の傾向であるが、今回は経営委員会の構成を変更し、執行部から会長が加わることになった。

ここでも、巧妙に行政コントロールの手段を埋め込んではいないか。従来、放送番組準則（旧・三条の二）の事実報道、政治的公平、公序良俗、多角的論点の提示は、そのすぐあとに示される番組調和原則とともに、「視聴者への約束」と考えるべきものであった。

しかしながら改正案では、後者の原則を通則部分からはずし、放送局の「業務」の一つとして定める形態をとる。これはまさに、これまでの放送の自由の精神的規定から、免許条件という規制のための規定に、性格を変えてしまう可能性がある。旧・三条の二から一〇六条への変更は、単なる地番変更ではない可能性がある。もともとは通販番組（テレビショッピング番組）の量的拡大を抑制することが目的であるとされているが、無料放送モデルを是とする現行放送法体系のなかで、そもそも広告量の多寡は行政が決めるべきものなのか。番組と広告の峻別《しゅんべつ》は放送法上の法的ルールがなじむにせよ、広告の量や質に関する規定を内容規律を定める放送法に組み込むことはふさわしくない。

透明性を謳《うた》い文句にする現政権は、この法案の性格が、近年とみに強まる放送現場への行政介入を制度的に抑制する方向に誘導するものであって、行政がより口出しをしやすいきっかけを作るものではないことを、はっきりさせなければならない。放送法を根拠にした個別番組に対する行政指導が、本来認められない事実上の行政処分行為であることを認め、言論の自由の砦《とりで》として放送法が機能しなくてはならないと思うからである。

［参照：08年7月／08年10月／09年6月／09年8月／10年12月］

オープンガバメントへの道　*4.10*

四月九日、沖縄密約文書公開訴訟の地裁判決があった。一つの焦点はいかに「オープンガバメント（開かれた政府）」を実現するかにある。その重要な手段が情報公開制度であるが、中核を占める情報公開法が施行から十年を迎え、具体的な見直し作業に着手することになった。行政刷新会議のもとで組織される「行政透明化検討チーム」で、四月中に初会合がもたれ、半年以内で結論が示されると聞く。

現行の情報公開法は長い市民運動の成果として実現したもので、知る権利が明文化はされていないものの、政府の説明責任（アカウンタビリティー）が規定され、公的情報は国民のものであるという考え方が初めて法制化されたものとして大きな意味を持つ。適用除外には各国同様、国家秘密や個人情報が定められたが、企業情報のなかでも人の生命・安全にかかわるものは絶対公開とするなど、日本らしさも垣間見える制度設計になっている。運用上では情報公開審査会を設置して、非開示の場合の苦情申立制度を整備、当初は逆転開示の決定が相次ぎ「新しい時代」を実感できるものであったといえる。

その後も公文書管理法が制定されるなど充実を示す側面がある一方で、残念ながら制度の瑕疵《かし》や経年劣化など、その綻《ほころ》びが見え始めている。直近の事例でいえば、明白な政府の公式文書で、本来情報公開法の請求の対象になるべき行政文書（外交文書）が元首相の私邸で保管されていたり、官庁内で意図的に破棄されていた可能性が指摘される事態も明らかになった。これらは単に運用上の問題というよりは、制度そのものの改善をもって、透明性ある政府を実現させる必要に迫られているだろう。具体的には、以下の五つのポイントを挙げておきたい。

第一は、情報公開法の中の適用除外規定を見直す必要がある。たとえば防衛・外交情報や犯罪捜査情報は、大臣の判断で容易に秘密指定イコール不開示になってしまう傾向がある。近年の自衛隊法改正などによって秘密指定が大臣権限で可能となり、件数が格段に増大しているとされている点と合わせて考えると、情報公開法の実質的な骨抜きが進行しているとすら言える。また、プライバシー保護名目で個人識別情報が過度に非公開になっている問題も指摘されており、個人情報保護法の「過剰反応」問題（学校等の名簿作成中止など）と合わせ、抜本的な制度変更が必要な分野だ。

また、請求側からすると駄目な理由がまったく分からない現行の仕組みにも不満がある。すなわち、行政機関が不開示決定した際の理由を明らかにすることの義務付けが求められていると思う。さらに、一定の条件の下でインカメラ審査（裁判官だけで非公開で対象文書の不開示の妥当性を判断する制度）や、前段の情報公開審査会に立ち入り調査権を付与することも必要ではないだろうか。そのほか、公益申請などの場合の優先取り扱い（料金の無料化）や、本格的な電子申請・回答手段の導入も、検討されてよい事項である。

第二は、情報公開審査会を廃止統合する動きがあることに関し、むしろ内閣府所管の組織として独立性を高めたうえで継続し（行政手続法、行政不服審査法の改正）、同時にその構成メンバーについても裁判官・検事や官僚経験者を重宝するのではなく、憲法学者や弁護士、ＮＧＯ代表を入れるなどの委員構成についての一定の「歯止め」も望まれる。なぜなら、当初の「逆転率」が近年著しく低下している一つの要因は、構成メンバーが当初と大きく変わり、人権感覚に優れた専門家が圧倒的に少ないことと関係があると推察されるからである。

第三は、行政分野にとどまらない、司法と立法分野における制度の充実である。すでに、最高裁総務局長名の内部通達文書「裁判所が保有する司法行政文書の開示に関する事務の基本的取扱いについて」が存在するが、例えば裁判員裁判にかかわる裁判所の対応を知るには、司法行政にかかわる情報公開が不可欠である（刑事訴訟法、刑事確定訴訟記録法等の改正）。つい先日明らかになった砂川事件に関する日米協議や、ロッキード事件における日米間のやりとりも、歴史的事実として国民の前に明らかにすべき事項である。にもかかわらず現在は、整備不備のまま歴史の闇に消えていく可能性が高い。

第四は、行政機関における意思決定過程情報、すなわち会議情報の公開である。政権交代後、事業仕分けや政府税調など、一部の会議をインターネット生中継も含め、パフォーマンス的色彩は拭《ぬぐ》えないものの、さまざまな形で公開が進んだものがある。しかし、あくまでも現在は「行政サービス」に過ぎず公開・非公開の線引きは極めて政治的なものにならざるを得ない状況だ。しかも得てして、担当大臣の個別の判断結果であって、政府全体の統一ルールにはなっていない。

実際、新政権後発足の会議体の中には、非公開のうえ議事録の公開を拒むものまである。

ＩＣＴの活用自体は悪いことではなく、むしろ政治への市民参加、選挙での情報共有、行政サービスの満足度向上などで、政府自身も積極的な活用を検討しているとも聞く。そうであるならば、ぜひともデジタル技術の強みを生かして、結果だけではなくプロセス（過程）においてもよりオープンで透明な、そして市民参加や協働を促す施策を積極的に展開してもらいたい。

そして第五が、先に述べた公文書管理法の早期全面実施と、所管する委員会の設置、そして具体的な運用規則の制定である。外交文書に関しては、「三十年公開原則」を一日も早く確立し、これ以上の重要文書の散逸を防ぐとともに、知る権利の実現によって歴史的事実の客観的検証が可能な体制を作らなくてはならない。このように、従来の「結果」だけではなく、「プロセス」や「基準」がきちんと公開されていることではじめて、開かれた政府は実現するからである。

冒頭にも触れた沖縄密約をめぐる政官一体の秘密隠しではっきりしたことがある。それは、政府は平気で国民を騙《だま》し続け、役人は自身や時の政権にとって不利な情報は、保身のために簡単に捨ててしまうということだ。こうした意識を変え、そして制度として身勝手が許されない環境を作り出していくことこそが、市民が主役の「開かれた政府」への階段を上がる、確実な一歩になるはずだ。

［参照：08年11月／09年9月／09年12月／13年11・12月］

裁判員裁判施行一年　*5.08*

裁判員裁判が施行されてまもなく一年になる。これまでにすべての管轄裁判所で実施され、三月末までに裁判員裁判で裁かれた被告の数は四百四十四人にのぼるという。法で定められた見直し期間は三年後であるが、それを待たずして改めるべき点は直すべきだし、少なくとも運用上の問題はすぐにでも解決することが好ましい。ここでは、取材・報道関連とりわけ記者会見問題に限定して考えることとしたい。

【二回の会見】

制度開始を前に、日本新聞協会を中心とする報道界側と最高裁で事前折衝が行われ、限定的な記者会見の実施が決まった。

会見は具体的には、裁判所側が裁判員に声掛けをして記者会見に出てもよい裁判員（及び補充裁判員）を選定、その裁判員だけを対象に裁判所内の施設（会議室等）で「一回目」の会見が実施されている。この会見は、報道側が主催権限を有して司会も行っているものの、裁判所職員（通常は当該地裁の総務課長クラス）が立ち会い、「監視」している。要するに裁判所の行政サービスの一環として、裁判所の意向に沿って「開いてあげている」感が見え隠れする。カメラ撮影・音声録音も原則禁止されており（裁判員が応じれば冒頭二分間許可）、いわば法廷の中と同じ構図で、報道機関には一切の権利が付与されず、裁判所のコントロールのもと、便宜供与の範囲内で取材・報道活動を行っているにすぎないといえる。

これに対し「二回目」（「補充会見」「二次会」と呼んだりする）は、最初の会見終了後、そこに出席している記者（通常は、当該地裁をカバーしている司法記者クラブの幹事社）が、出席裁判員に対し、改めて独自の会見に参加してもらえないか意向を打診、了解をもらえた人を通常、記者クラブ内の会見場などに誘導して実施している。会見の主催はもちろん記者クラブであって、裁判所職員は立ち会わない。従って、通常、質問を堰《せ》き止めるものは一切ないといってよい。本人了解さえあれば、撮影も自由だ。

その結果、裁判所会見では記者の質問を止めたり、裁判員の回答を遮るといった裁判所の行為が多発するという事態に陥っている。どのくらい起きているかといえば全体の一割以上、およそ三百件の事件のうち三十件以上に上るとされている。これはあまりにも多い数字ではないか。そしてこの、裁判所のある種の過剰反応は、そもそも制度の欠陥を内包しているといえないか。さらにいえば、裁判員にとっても迷惑千万な、会見を二度させられる上に、一般市民にとっては裁判所のコントロールによって必要な情報が届いていない可能性がある。まさに、疑似検閲行為といってもよい「知る権利」の侵害そのものであるといえるだろう。

これらトラブルの大多数は、会見中の「発言中止」「報道自粛要請」という、ほとんど時代錯誤的な事例だ。会見の冒頭は通常、「裁判を終えられたお気持ちは？」といった当たり障りのない質問で始まるようであるが、時に質問は評議の内容にかかわる場合がある。たとえば紙面で報道された例から挙げると、裁判長の説諭が裁判員の気持ちを代弁したものか（さいたま事例）、「自分の意見が判決に反映されたと思うか」（和歌山、横浜事例）などである。

【責任転嫁と癒着】

裁判員法は「評議の秘密」を裁判員に生涯にわたって課し、多数決の評数や評議の様子を一切話してはいけないとしている。しかし、なぜ裁判所職員が「何が評議の秘密に当たるか」を判断し、その場で取材を遮断できるか、その基本的な構造自体に大きな問題を孕《はら》んでいる。これらは、裁判員が守秘義務違反という「違法行為」をしないように援助するという、「介添え役」として正しい姿かもしれない。しかし、結果として取材の自由を決定的に損なうことで表現の自由を侵害し、同時に開かれた司法の実現という大目的にもそぐわないものになっているといえるのではなかろうか。

そしてまた報道側も、実はいまの記者会見は「安全弁」としては助かる側面がある。なぜなら、違法かどうかの判断を裁判所がしてくれることで責任転嫁ができるからだ。しかしそうした甘えは、一般市民から見ると公権力との癒着と映るだろう。それがいまの、厳しい記者クラブ批判なり報道批判につながっていることを自覚しなくてはいけない。しかも、小沢一郎起訴相当を議決した検察審査会が全員一致であることを報じてもよく、裁判員の評決が絶対秘なのか、名張毒ぶどう酒事件の公判中の被告や傍聴人の様子が、ニュース画像で流れているのに、なぜいまは一切流れないのか、そうした素朴な疑問に答えるメディアが皆無であることが残念でならない。

できることからでいえば、まず裁判所立ち会いの会見をやめることを求めたい。報道界は一致して、通常のクラブ主催の会見のみを開くこととし、裁判所にはその出席要請を記者クラブの代表者が行うことを認めるよう要求しなくてはいけない。それは「要望」ではなく権利要求であるべきだ。沖縄密約文書公開訴訟にみられるように、知る権利の拡大は専ら一般市民のボランタリーな努力によってなしえてきているといって過言ではない。報道界はむしろ、既得権益に安住してそれを守ることには熱心であっても、権利の拡大には一様に冷淡である。そろそろ報道機関も、市民を代表して裁判所に対して訴訟を提起するなど、市民の味方であることを具体的な形で見せる覚悟が必要だ。

那覇地裁では、記者会見の依頼をしようとした記者を、裁判所職員が妨害し、裁判員を裁判所外に半ば強制的に連れ出すという事態も生じた。これなどはまさに抗議で終わらせてはいけない事例ともいえ、本土に期待できない現状のなかで、沖縄メディアのちょっとした「勇気」を期待したい。

［参照：08年8月］

ブロッキングの問題性　*6.12*

インターネット上の子どもポルノ画像を強制的に見られなくする「ブロッキング」が導入され

ようとしている。子どもポルノを含む特定サイトについては、閲覧者の同意を得ることなく、プロバイダが一方的に接続を遮断する措置だ。政府は、犯罪の取り締まりだけでは子どもポルノを排除することは困難であり、国際的な機運の高まりもあることから、流通・閲覧防止対策の切り札として考えているという。被写体の子どもを守るための新たな仕組みであって、みんながよかれと思ってすることに、なぜ目くじらを立てるのかと言われがちであるが、表現の自由の観点からは看過できない問題を孕《はら》んでいる。

【原則と例外の逆転】

第一に、現在の社会は安心・安全のためには個人情報が無作為に収集されることに対し、寛容になっている風潮がある。たとえば、監視カメラなどはその最たる例で、地域の平穏維持のためには勝手に容姿が撮られ、その映像が警察に届けられることを許容している。同じことは、ネットを利用する限り、そのアクセスログ等が収集され、場合によっては捜査に活用されることもやむなしとしている状況がすでに存在している。しかし、それが無制約に拡大することについては、どこかでは歯止めが必要だし、そもそも自己情報の収集が第三者によって広範に行われる事態に無自覚であってはならないはずだ。今回のブロッキングは、特定サイトに接続しようとすると遮断するという仕組みだが、実際はすべてのネット利用者のアクセスを監視することになる点に注意が必要だ。自分はそのような怪しげなサイトは見ないから無関係、ではすまないのである。

第二は、そうした社会全体の利益、この場合でいえば青少年保護のために、表現の自由は当然に一歩退くべきとの風潮にも落とし穴がある。なぜなら、表現の自由は基本的な人権の中でも優越的な権利と呼ばれ、それがゆえにやむなく制約をする場合には特別な理由付けを必要としてきた。しかしいま、いとも簡単にその権利を手放す状況にある。たとえば、事業者が遮断のために利用者の通信状況を覗《のぞ》き見する行為が、「通信の秘密」の例外たりうるかが議論されており、刑法の正当業務行為に該当するので問題ないとの意見が出されている。しかし、こうした形で憲法原則の例外を認めていくことは、原則と例外の逆転を生むことになりかねない。旧憲法時代には、「法律の範囲内」で言論の自由を認めていたがために、治安維持法や新聞法など、さまざまな規制立法を前に自由が骨抜きになってしまった歴史の教訓はどこにいってしまったのか。

そもそも、表現の自由に例外を作ってよいのかも原理的な大きな問題である。なぜなら、自由は無制約ではないという場合の限界は、あくまでも自由に内在的に含まれている制約をさすのであって、明示的に最初から表現の自由の「枠外」に特定の表現行為をおくことを予定はしていない。この点で、厳格な定義のもと、一部の子どもポルノや人種差別表現を、憲法が保障する表現行為から除外している国とは、表現の自由の定め方が異なるのである。もし、国際的機運を理由に一部の欧州諸国と同じ法体系に変更するというのであれば、憲法体系の変更を含めた本格的な議論を、まずする必要がある。

【官による「検閲」】

第三は、手続き上の瑕疵《かし》である。遮断対象のサイトを決める団体に正当性があるか疑問だからだ。前述したような憲法上の問題をすべてクリアしたとして、次には独立性や中立性が担保された組織において、判断が下されることが絶対条件だ。しかし現在予定されている団体は、すでに「試行的」に警察庁が公募していることにも明らかなように、取り締まり当局のもとで運営されることが求められている。政府はこれを業界による自主的な取り組みと呼んでいるが、遮断のためのアドレスリスト作成管理団体は、警察庁が運営資金を出している有害サイト情報の受け付け・監視組織である「ホットラインセンター」と連携をとって業務を遂行することが予定されており、表現の自由の担い手としての信頼性を期待すること自体が無理な構造がある。さらには、その団体の決定に問題があった場合の苦情申立手続きも現時点では、まったく考慮されていない。こうした、官の下での管理団体によって一方的に決められた結果で、表現行為が規制される状況を、私たちは自主規制とは呼ばない。これは「検閲」である。

そして第四には、総務省に呼ばれた国内の「主たるプラットフォーム事業者」であるヤフー、グーグル、ニフティ、NTTコミュニケーションズは、ブロッキングを行うことに同意したと伝えられているが、この事業者はどのような位置づけなのかが不明である。もし、自主的に情報遮断をする主体となるのであれば、それは自らが内容審査をするということに他ならない。第三者の判断に自動的に従って、情報を遮断しますという態度は、情報の仲介役としては失格である。しかもその要請元は、多分に取り締まり当局の意向が反映された結果であることが想定されているのである。官民一体になって、表現行為を排斥する様は、過去の歴史にもあったが、そうした過ちを繰り返さないことを私たちは誓ったはずである。

また、通信の秘密を守る重要な責務を放棄する一方で、プラットフォーム事業者の情報流通における支配力が拡大の一途をたどっている。検索エンジンに象徴的なように、情報の流れは彼らの掌《てのひら》の上にあるといっても過言ではない。だからこそ、プラットフォーム事業者が、我々は価値中立的であるという主張によって表現の担い手としての責任を回避して、一方では情報遮断を広範に行う社会制度が出来上がっていくことを危惧《きぐ》する。それは、社会全体の情報流通を歪《いびつ》にし、かつ表現規制の責任所在が曖昧《あいまい》な状況を作り出すことになる点で、大きな問題がある。

青少年保護をオールマイティーとして、私たちが大切にしてきたものを失うことは、将来に大きな禍根を残すことになる。

［参照：08年6月／10年2月］

ジャーナリストとは何か　*7.10*

明日は参議院選挙投票日。公示日から今日までの二週間が選挙期間と呼ばれ、表現の自由にとっては「特別な日々」である。なぜなら、日ごろは自由が原則の表現活動が原則禁止になるからだ。この期間中、表現活動は大きく三つに分類される。一つ目は、「選挙活動」と呼ばれる特定候補者を当選または落選させるための表現活動で、候補者本人だけでなく、私たち一般市民のブログやツイッターでも、候補者応援をすればこの類型にはいることになる。そして、戸別訪問などを禁止するほか、公設掲示板に貼ることのみを認めるポスターのように、厳しい制限のもとで資金の多寡によって選挙戦に凹凸が出ることを防いでいる。

一方で、政党の表現活動については「政治活動」と呼び、大きな自由を与えている。日本は政党中心の政治体制を採用しており、選挙で政党名を書き、政党法で多額の税金が政党あてに支払われることからも推察されるとおりである。選挙期間中のネット解禁がまた頓挫《とんざ》したがために、個別候補者のネット利用は原則禁止であるものの、政党ウェブサイトはテレビや新聞の広告とども、積極的な展開を示しているのもこの制度のおかげである。なお、政見放送や新聞紙上の選挙広告は前者の選挙活動の一環で、公正な選挙の実現のために国が経費を賄って、候補者全員に平等な情報提供の場を与える制度だ。

【既存メディアの特権】

そしてもう一つのカテゴリーが「選挙報道」である。限られたメディアだけが特別に候補者情報を伝え、意見する自由をもつ。具体的には、定期的に有料で販売されている新聞や雑誌、NHK・民放のテレビ・ラジオだけが「選ばれしメディア」としての特権を享受している。海外の場合は、候補者に大きな自由が与えられる一方で、メディアには当落予想や世論調査を禁止するなどの厳しい制約を課したりしているのと大きな違いだ。これは、日本の表現の状況やメディア特性を如実に表す面白い例である。すなわち、個人の表現の自由を厳しく制約する一方で、大手報道機関のメディアの自由を特別に保護するという構造を示しているからだ。

そこには、特定のメディアが行う「言論報道活動《ジャーナリズム》」は社会におけるある種の社会的任務（この場合は候補者情報の提供）があり、しかも一定程度、客観中立的な報道を行っているという社会的了解が存在するからである。もちろん公職選挙法や放送法といった法が、公正・公平な報道を義務づけているが、一方では泡沫《ほうまつ》候補扱いなどでは裁量の余地を幅広に認めるなど、既存メディアへの「信頼」に裏打ちされた制度であることが分かる。

実は日本には、このような言論報道活動に対する特別扱いが少なからずあるのだが、その場合、どのような企業や媒体あるいは行為を「選別」するかは大きな課題だ。これまでは一般に、「放送機関、新聞社、通信社その他の報道機関」など事業形態に拠ったり、「新聞紙、雑誌その他出版物」のように媒体を理由にするもの、あるいは「一般日刊紙」「一般放送事業者」など発行・放送の形態で区分けするのが一般的であった。また場合によっては、「時事を報ずる」とか「報道の用に供する」などと、いわば報道目的を求めるものもある。最後の種別であれば、主体は企業でなく個人であっても、報道活動に従事する「ジャーナリスト」を定義することも可能であるといえる。

しかしこれらの多くがいずれも、言論報道機関の中心が新聞社であった時代に作られた法であり、またテレビ局や出版社も含め、そうした企業に属した記者がジャーナリズム活動をしている社会を前提にイメージされている制度であるといえる。しかしここ十年、状況は大きく変わり、企業に属さないフリージャーナリストがインターネットを介して直接発信することで、企業所属の記者と対等もしくはそれ以上の力を発揮する機会を得るに至っている。

【ネットで直接配信】

そうなれば当然、取材の機会や報道上の扱いにおいて、従来の既存媒体や報道機関を理由にしたメディア峻別《しゅんべつ》や、企業に属しているか否かで異なる状況に合理的な理由を見いだすことが難しくなってくる。その矛盾の一つが記者会見への参加問題であるともいえ、フリーランスへの門戸の開放が続いている。これはまさに、ジャーナリストの再定義であり、同時に言論報道活動とは何かを改めて考えるチャンスでもある。

議論の過程では、プロであること（報道活動で対価を得ていること）、報道目的であること（広く公衆に知らせる公共的・公益的意図をもって取材活動をしていること）などが挙げられているものの、客観的外形的な判断基準を求めると結局、旧来の報道機関に「日本インターネット報道協会」所属の法人会員を加え、これらの所有する発行媒体に定期寄稿している者を記者として認める、といった折衷案に落ち着きがちである。しかも、新たに浮上した課題としては、最終的な会見参加の許諾を与える主体が官の側で、一部省庁では執筆記事を個別に「審査」して、申請者に参加権を与えている。これはまさに、国によるジャーナリスト認定作業ともいえる。

本来は、社会に流通する情報がより多く、かつ多様になるための「工夫」として、市民の自由に上乗せしてメディアの自由を設定してきた。そして当然、時代の変遷の中でメディア自身も多様化し、言論報道活動を担うジャーナリストの数も増大してきている。こうした量的拡大は質の向上を生み、それはまさに、表現の自由の拡大につながるはずのものである。しかし限りなくジャーナリスト対象を広げていくと市民一般に広がってしまい、それは社会全体としての自由の弱体化につながりかねない。さらに油断をすると、そうしたメディアやジャーナリスト選別が政治的に利用される可能性もある。

新たな国の方向性を選択するだけでなく、社会の中の表現活動の在り方を考えるうえでも、選挙はよい機会を与えてくれる。

［参照：09年11月／13年3月／15年2月／16年7月］

電子書籍は日本を変えるか　*8.14*

iPad《アイパッド》とiPhone《アイフォーン》4をセットで購入して約二カ月が経《た》つ。いずれも指先で直接画面を触って操作するマルチタッチパネル方式で、OS（基本ソフト）はiPhoneの方が上位らしいが、その使い勝手はほぼ一緒。まさに瓜《うり》二つの親子のようなものと言える。もともと一九八〇年代に、日本では手に入りづらかったマッキントッシュを米国西海岸から持ち帰って使い始めて以来、家にはMacパソコンが十台ほどあるいわばマック派。そのクールでかわいいデザイン、独創性やユーザーフレンドリーな使用感は、ある種の伝統といってよいのかもしれない。縦置き横置きは自由（自動的に画面が回転する）で、時間差なく滑らかに動作する操作感はまさに直感的である。

ただし従前と大きく違うのは、使用には通信に接続していることがおおよそ前提となっており、機器本体価格より遥《はる》かに高いランニングコストを、通信回線業者に払い続けることが必要な点である。「できること」は専ら《もっぱ》ダウンロードするアプリケーション次第であるから一般化できないし、その道の専門家ではないので評価はできないが、iPadに関して言えばまだ日本語ソフトは充実しておらず、普通のユーザーからすると、機能が十分に発揮される段階にないといえるのではなかろうか。

ほかにも、封切り映画の公式サイトなどで表示できないウェブサイトが多くとまどったり、通信環境にしても、その料金の高止まりはこの際おくとしても、高速無線LANを利用しても一般的なソフト（とりわけ画像を含むコンテンツ）のダウンロードに何十分もかかるものも少なくなく、どのような利用を想定するのか今後さらなる試行錯誤が続くことになるだろう。

重さはちょうど小型のネットブックと同じ程度で、片手でもったまま電車の吊革《つりかわ》につかまって使用し続けるのは、体験的に三十分が限界だった（後に紹介するキンドルは約半分の三百グラム）。こうしてみると、あえていえば米国の片田舎で大きなソファに座って時間を気にすることなくダウンロードし、カラー写真が多い雑誌や動画を楽しむには最適かもしれないが、せっかちな日本人が電車で読む読書用の機器としては不向きであることがわかる。

【市場規模、米の倍】

一方でiPhoneはすでにソフトが開発・改良され続けており、まさに掌《てのひら》パソコンとでもいうべき多様な使い方を実現してみせていることは、いまさら解説するまでもないだろう。なにより高精細度の画面の美しさは、従来のケータイの枠を超えている。ワンセグが見られないことを除けば、多機能ケータイに慣れ親しんだ日本人好みといえるかもしれない（同様のことは他のスマートフォンにも当てはまるだろう）。

電子書籍端末としてみた場合、日本ではｉＰａｄが先行しているように見えるものの、実は二つの点で誤りだ。一つはそもそも、米国の話題で持ちきりの電子書籍市場だが、市場規模は日本の方がアメリカの二倍近い（日・五百二十億円、米・二百七十億円、二〇〇九年時点）。なお、日本での牽引《けんいん》役は何と言ってもケータイ小説（マンガ）に代表される携帯電話向け電子書籍である。また、専用端末にしてもすでに日本では、〇三年にパナソニック（松下電器産業）やソニーから発売されており、むしろ「早すぎた失敗」ともいわれているほどだ。

もう一つは、米国では〇七年以来、アマゾンのＫｉｎｄｌｅ《キンドル》やソニーが読書専用端末でしのぎを削っており、さらにリアル書店の強みを生かしたバーンズ＆ノーブルのＮＯＯＫも、トップを走るキンドルに互した販売実績を有しているとされる。むしろ、パソコンに近いｉＰａｄとはまったく違った路線で、モノクロながら目に優しく（液晶画面ではなく電子ペーパーである）、充電もほとんど必要ないこれらの端末が、じわじわと読書人を引き込んでいるといえるだろう。筆者が米国を訪れた際も、ニューヨークとワシントンＤＣ間の車中では、其処此所《そこここ》に端末を手にする人がいて、その普及度に驚いたほどだ。

【ハードとソフト】

なお、日本でももうすぐ読書専用端末が発売されると言われているが、たとえば縦書きや旧仮名遣いへの対応など、どのような日本語仕様の機能が付加されるかが注目されている。いまのところ、日本には電子書籍用のタブレット型端末はない、といってよい状況なのである。もちろん、シャープ等の日本メーカーも改めて市場への参入を表明しているところだ。さらにここにきて、グーグルも電子書籍市場への年明け参入を正式表明、日本においてハードの端末機器とソフトの電子書籍コンテンツが、どのような組み合わせで売られるのかが出版界では大きな話題となっている。

ただしアマゾンやアップルが、いわば垂直統合・囲い込みモデルであるのに対し、グーグルはオープンモデルである点が異なる。グーグルが始める電子書籍販売サービスであるグーグル・エディションズは、「クラウド書店」であるというのが売り文句である。クラウド・コンピューティングはいまやＩＴビジネスの合言葉であるが、一般にはインターネットをさすクラウド（雲）のなかに、グーグルやアマゾンなどのさまざまなサービスがあって、ユーザーはネットワーク経由で自由にサービスが利用できる形態だ。したがって別にグーグルだけが特別ではないが、専用端末を購入することなく、手持ちのパソコンやケータイにダウンロードできる自由度の高さを誇っているといえる。

いずれにせよ、タブレット型端末の共通項は最大でも液晶の画面サイズがＡ５サイズ以下で、通信機能を有し、ネットワークを通じてコンテンツが自由に取り込める点である。もちろん、モノクロやカラーの違い、さらには発光方法などは異なっているものの、こうしたプラットフォームの違いにあわせた、日本独特で多様な活用法が、今後生み出されることを期待したい。それが、豊かな情報環境を創造すると思うからだ。

［参照：09年4月／14年10月］

世論政治の危険性　*9.11*

いまの政権の不安定要因として「世論」を挙げる分析が多い。有権者の声なき声を拾い、政策を実行することが政治の基本であるということは認めるにせよ、世間の雰囲気を絶対視して超短期の結果を求める紙面や番組構成が、政策のブレやバラまき行政を許すことになってはいないか。あるいは逆に、そうした事態を恐れてマニフェストに固執する硬直性を生んでいないか。こうした世論は一般に、新聞や放送局が主体となった世論調査によって、数字として示されることで客観性が担保されたとみなされ、「空気」として形成される（されたようにみえる）ことが一般的である。

あるいは、政治家が積極的にテレビ出演したり、リアルタイムでツイッターを通して情報発信をすることで、かつていわれてきた「お茶の間民主主義」と最近主張される「世論調査民主主義」が合体したような状況が表れていると思われる。それは、新しいメディアの登場による双方向性をもった政治対話の実現であるとともに、より世間の空気に影響されやすい政治風土を醸成している。こうした世論形成のあり方をどう判断していくかについては、政治家・有権者の双方にとってもうしばらくの学習期間が必要ではないのだろうか。

【訳知り顔で「国益」】

しかし一方では、こうした世論政治は時として自らの政策にあわない意見を黙殺することもしがちである。その典型例が基地問題に代表される「沖縄の声」であろう。そしてこれは、都合よく世論を作り出す本土メディアにおいても共通である。たとえば、米国本土では許されていない設置基準にあたる基地を、日米政府が「同盟」という名の下に黙認し続けたり、飛行方法に関する協定一つをとってみても守られていないことの原因には、本土の報道の沈黙があることを否定しえないだろう。あるいはごく一部のジャパン・ハンドラーと称されるような「識者」を重用するのが、多くの日本メディアの態度であって、そこでは米国の正確な実情を伝えるという作業さえ不十分な状況が生まれ、特定の方向への世論誘導が結果としてなされる場合がある。

政府は大事なことほど隠すし、個人でついたウソは罰せられても、密約に代表されるように組織でつくウソは許されるのが実態だ。そうした嘘を見破り報道することが報道の役割に期待されているのだが、実際は訳知り顔で「国益」を語ることになりがちな現実がある。その裏でたとえば、本土で報道されないことの一つに、現在の基地状況が「当たり前」のことではないという当たり前のことがある。少しだけデフォルメして言えば、家が古くなったからといって、新しい家を建ててくれないと引っ越さないという店子《たなこ》に振りまわされ、しかも法外な立ち退き料まで払えという。さらに今住んでいる家は環境基準に反していて、本来はすぐ使用停止しなければいけない代物であることを、知らないふりをして賃貸延長契約をしようとしていることを、である。

【表現の自由の規制】

課題が変わると、同様な構図は東京にもある。少し時間を遡《さかのぼ》るが、基地移設問題が正念場を迎えていたころ、東京では表現規制の問題が立て続けに議論になっていた。一つは放送法の改正問題で、行政権限の拡大や放送概念の変更が大きなテーマであったが、首相交代の余波で廃案、先延ばしになっている。二つ目は東京都の青少年健全育成条例の改正問題。新たに漫画規制や子どもポルノ禁止法の前倒しともいえる単純所持規制などを盛り込んだものだ。これも、六月議会で否決され、微修正のうえ九月議会への再上程が噂されている。そして三つ目は映画の上映自粛騒動である。「ザ・コーヴ」というイルカ漁を批判的立場から描いた映画の上映が六月から全国で予定されていたが、少なくとも先行上映予定だった東京・大阪では中止が決まり、一時はその他の二十余館の上映も危ぶまれる状況にあった。歴史は繰り返されるとはいうものの、これらは三～五年前の出来事を想起させる出来事だ。

そのころ、映画「靖国」や「天皇伝説」の上映や、女性の権利に関する集会が右翼の抗議活動によって上映自粛に追い込まれる事例が続いたり、ホテルが労働組合の研究集会開催を拒否する事例があった。青少年対策としてネット規制法ができたり、放送の番組処分規定新設が議論されたのもこの時期である。「メディア規制三法」という名で、個人情報保護法、青少年有害環境対策法、人権擁護法が批判の対象となっていたのは、さらに遡ること五年、二〇〇〇年前後のことである。

現政権は、子ども手当や高速無料化、あるいは事業仕分けで前政権との違いをパフォーマンスするが、その裏側では脈々と官僚が作った道筋に沿って、あるいは与野党の合意の中で、表現の自由関連の法制度が立案されている。そして一部はこれまた以前からと同じ手法であるが、行政指導（政策誘導）という形式で、「強制的な」自主規制が業界に示され、実行の手はずが整いつつある。その最たるものは、通信事業者に対するブロッキング規制要請であるといえるだろう。

規制の側は住民の声があるからという。まさに世論政治の一例である。しかし、いつの時代も同じであるが、そうした空気は常に政治家に利用され歪《ゆが》められていくことを忘れてはなるまい。さらに政治の意図を汲《く》むかのような、行政発表データを基にしたキャンペーン記事が紙面を飾ることで、世論が完成されていくのである。

こうした状況に対処するには、諦《あきら》めずに真っ当なNOを言い続けることが大切であると、いま沖縄に来て改めて思う。

［参照：15年8月］

検察報道の在り方　*10.9*

検察が揺れている。郵便不正事件を契機として、特捜部長が逮捕されることなど、おおよそ誰も想像し得なかったような事態が進行している。しかし一方で、そうした特捜ひいては検察の体質を醸成してきた責任はメディアの側にもなかったか。

【「国策」解明が必要】

無実であることが一〇〇％法廷で明らかになって無罪を勝ち取った稀有《けう》な例が、村木厚子元厚生労働省局長の事件であったが、当初の犯人視報道については、すでに新聞各紙が「検証」を行っている。報道界は被疑者・被告人に関する報道が人権侵害にならないように、とりわけ一九八〇年代以降の四半世紀、度重なる見直しを行ってきた。最近では二〇〇八年一月に裁判員裁判の開始を受けて、日本新聞協会は報道界を代表して、供述報道では有罪の印象を与えないようにとか、識者のコメントは断定的にならないようになど、具体的な表現方法にまで踏み込んだガイドラインを示していた。

これらを今回の報道に当てはめるならば、個別の記事では「ルール違反」とは言い切れないものが多いともいえる。それでも結果として、明らかに読者をミスリードし、それを反省している。ということは、単に当該事件記事が誤ったのではなく、一般的な犯罪報道自体、構造的に問題があり、通常はそれが見えないだけであるということになる。メディアはあえて、個別問題に矮《わい》小《しょう》化してはいないか。

あるいは一方で、取り調べる側の検察とりわけ特捜を「英雄視」する傾向がメディアには強く、よりいっそう安心して犯人視に走ったということも根底にはあるだろう。たとえば新聞やテレビは、検察経験者ことさらに特捜部経験者を崇《あが》め、重宝してきている。それは今回の問題が起きた以降も大きな変化はなく、それが、検察の問題でも特捜の問題でもなく、大阪地検の特殊な問題だという見方が幅を利かせる結果につながっている。

さらにまた、検察の取り調べがいかなるものかについて、担当記者は十分に知っているにもかかわらず、読者は何も知らないという落差の中で、紙面が出来上がってきた経緯がある。それがために、あえていえば読者が持つ検察イメージが一人歩きすることになっていると思われる。たとえば、検察の調書は被疑者が話した内容ではなく、あくまでも検事の「作文」であるという事実、特捜は発生事件を受けて捜査をするのではなく、事件を「作る」のだという事実、こうしたことを、もっと日常的に知らせる必要があるといえるだろう。通常の各地検刑事部で扱うような、事件が始めにありきで警察が「犯人」を逮捕し、検察が警察の取り調べをチェックするという構造ではなく、あえていえば「国策」によって捜査に着手する側面があるということをである。もちろんその意味では、特捜部長の逮捕自体もいわば「国策」であるともいえるのであって、最高検の決断が何を意味するのかを、メディアは解明する必要があるといえる。

それでも、特捜逮捕の段階になって、多くのメディアが検察の実態を少しずつ明らかにしてきた。もちろんそれは冤罪《えんざい》事件のたびに問題になるが、それが「一般的」に許されている手法であるとの指摘は十分ではなかったと思われる。かつてのような物理的暴力は影を潜めているにせよ、机を下腹部に押し付けたり、近親者や知人を取り調べると脅したり、本当のことは法廷で言えばよいとか、みんな罪を認めているなどとウソをつくことは、珍しくない手法であると報じられているが、こうしたことはいままで一般読者にとっては「知らないこと」だったのではなかろうか。あるいは、長時間壁に向かって立たせて精神的に追い込む、話をまったく取り合わず精神的な孤立感を高めるなどは、無理やり署名をさせるために当たり前のことだといった「検察の常識」を黙認してきた罪が、メディアにはあると思われる。

【距離と癒着】

そして、こうした実態があまり表に出ないとするならば、メディアと検察の距離そのものに問題があると考えざるをえまい。とりわけ特捜とメディアは「持ちつ持たれつ」の関係でもあるからだ。特捜の捜査のきっかけには記者の取材で得た情報が活用される場合も少なくない。そして自分の提供情報が活用されれば、それは他者が知らないことだけにスクープのきっかけになる場合が少なくない。もちろん、闇に隠れた巨悪を叩くためには、報道だけでは限界もあり、そこには強制力を有した検察の力を期待したい気持ちが生じるのはやむをえない面もあるだろう。しかし一方で、この関係は極めて微妙なものであることは明らかだ。

なぜなら、記者は実態として、憲法上の特別な地位を与えられているからである。たとえば、形式的な違法行為が罪に問われない場合が少なくない。その典型例は公務員を取材して職務上知りえた秘密の情報を聞き出す行為だ。形式的には公務員法の守秘義務違反に該当するわけであるが、裁判所は民主主義のためには公共的な事柄を取材・報道する行為は許されると判断してきている。そうした憲法制度上の特殊性に鑑《かんが》みれば、取材で得た情報を自らの媒体以外で発表する行為、とりわけそれを政治的に利用する行為（特捜捜査もこれに属すると考える）は、厳しく律する必要がある。

政治家と記者の癒着が話題になることが多いが、同じことは社会悪を追及するという方向性は一致するにせよ、検察（警察）と記者の間にも常に発生する問題である。今回の一連の事件を見た場合、特捜の証拠改竄《かいざん》があったとすればそれは許しがたき事態で、まさに「従来は悪質で巧妙だったが、今回は悪質で杜撰《ずさん》」（村木元局長の弁護人、弘中惇一郎弁護士）だ。大阪に限らず東京・名古屋を含めて組織をいったん解体すべきとの意見に分があると思う。と同時に、検察捜査の進展を伝える紙面にある種の記者の高揚感を感じたのが、思い過ごしであることを願う。

［参照：15年2月］

ビデオ流出と表現の自由　*11.13*

情報の扱いが問題となる事件が続いている。ジャーナリストが主体のものとしては、ＮＨＫ記者の捜査情報漏洩《ろうえい》事件や、田原総一朗氏の番組内発言にかかわる名誉毀損《きそん》訴訟をめぐって裁判所から録音テープの提出を求められる事件が起きた。

一方で政府管理の情報をめぐって、テロ対策捜査情報や沖縄尖閣諸島沖の中国漁船ビデオの流出が続いた。憲法論的にもジャーナリズムの観点からもそれぞれ個別の問題とともに、通底する課題もみえてくるが、ここでは漁船ビデオ問題に絞って考えることにしよう。

【公的情報は原則公開】

第一に、二〇〇一年の情報公開法施行に象徴されるように、行政が保有する公的情報は原則公開され、できる限り多くの情報をもとにみんなで議論する社会をめざしてきている。その例外として重要な国家安全や外交交渉の秘密を認めてきているが、公海上の「事故」がそれにあたるかは疑問だ。最高裁判決においても、一般に知られていないことと、秘密としておく価値があることが求められているが、海上保安庁が会見で衝突状況を説明するほか、すでにビデオを見た国会議員は相当程度詳細にその内容を話すなど、事実上、その情報は事前に知られていた事情もある。守るべき「秘密」とは何かが問われているといえよう。

第二にはこれに関連して、秘密保護法制を強化しようとする動きが顕在化していることを危惧《きぐ》する。想定される一つは国家秘密保護のための特別法や刑法条項の新設である。日本はこれまで、こうした固有の保護規定を持たない国であった。それは表現の自由とのバランスの中での工夫であって、一九七〇年代の刑法改正や八〇年代の国家秘密保護法制定の動きも、いずれも強い反対のもとで頓挫してきた歴史的経緯を有する。

もう一つは守秘義務規定の強化である。その方法としては罰則の強化と秘密対象文書の拡大がありうるだろう。この点でいえば二〇〇〇年代に入ってから自衛隊法を改正して、指定権者を格下げして簡単に秘密指定できるようにするなどの方法で、防衛秘密を膨張させており、すでにその問題性が指摘されているところである。さらにこうした動きを後押ししてしまうことは、着実に歩を進めてきた「知る権利」の拡充を後退させることになって、許されない。

【官発表は疑え】

第三は観点を変えて、ビデオが本物かどうかについて、私たちは疑ってかかる必要がある。もちろん、撮影素材が存在していることは事実であろうし、今回のビデオがそれをベースにしていることは間違いないだろう。しかし、何らかの加工が施されている可能性はないのか、意図的に隠されているシーンはないのかなどは重要なポイントだ。

私たちは事件の当初から、中国船がぶつかってきたとの情報に接し、そのストーリーに沿ったビデオを見て「やっぱり」との印象を強めている。しかしこれはある種の情報操作に乗っているかもしれないわけで、つねに官発表の情報は疑ってかかる必要がある。通常、そうした情報の検証はマスメディアの役割であって、その信憑性《しんぴょうせい》は一定程度スクリーニングされて社会に発信されている。しかしネットの世界では個人発の情報がそのまま届くだけに、その真贋《しんがん》を見抜く目が私たち一人ひとりに求められているともいえ、より高い情報の確認・選択能力が必要となる。

さらに第四として、ネット時代の公益通報者保護のありかにも関係するだろう。これまで内部告発を保護するためには特定の行政機関への通報のほか、消費者団体や報道機関が該当するとされてきた。それは、私憤からの告発と、公益性をもった公憤として告発を峻別《しゅんべつ》する知恵であり、必然的に報道機関は一定の中身の検証を経て報道することが義務付けられることになる。しかし、告発者は今回の場合、結果的にはマスメディアに頼ることなく、より「身近な」メディアであるインターネットを選択しているという時代の変化に、社会はどう対応するかという問題である。これは裏返せば、新聞をはじめとする報道機関の社会的存在が問われているともいえるだろう。

【個人情報独占の私企業】

そして第五には、投稿先であるユーチューブを運営するグーグルが、捜査機関に通信記録を提出したことについても考えておく必要がある。すでにプロバイダ責任制限法によって、ネット上の問題発言への対処法として、プロバイダが条件付きで発信者情報を開示することが定められている。あるいは、捜査機関がそれとは別の次元で情報の開示（証拠の提出）を強制することが法律上認められている。しかしいまやグーグルは、ウェブや地図等の検索履歴に始まり、メールのやり取りなど、きわめて広範な私たちの生活行動情報を収集し、集積し、そしてそれをビジネス上に活用してきている。しかも当該分野では極めて大きな力を有し、その利用実態は場合によっては独占的ですらある。

こうしたプラットフォーム事業者の巨大な力は、一方では「見えない規制」とでもいうべき、知らないうちに情報の流れが制約を受けているという問題を生んでいるが、それと裏腹の問題が、集積された個人情報が当該私企業にコントロールされているだけでなく、政府にいとも簡単に流れる可能性があるということである。

私たちは、便利さや効率性を優先して通常は「見られている」ことは忘れようとしているが、こうした点にあまりにも無防備であり、どのような社会的ルールを構築していくかの議論が遅れているといえるだろう。

最後に、こうした「国益」を論ずる事件では、えてして政府とメディアが一体化しやすい性格をもつ。そもそもの領土問題を報ずる視点からしても、尖閣諸島は日本固有の領土であり、中国漁船が領海を侵犯してきて一方的に体当たりしてきた、という論調に終始している感がある。それが正論だとしても、メディアの役割は多角的論点の提示である。政府の見解とはつねに一線を引き、場合によっては相手国やその国民の言い分をきちんと紹介することによって、問題のより深い理解が進むのではないか。ビデオ流出がはらむ問題は広く根深い。

［参照：11年9月／13年11・12月／14年11月］

NHKと「公共メディア」 *12.11*

いよいよNHKが議論されるときが来た。近年だけでも、北朝鮮拉致問題を優先的に扱うことを求めた国際放送の是非、受信料引き下げをめぐる経営委員会と執行部の綱引き、オンデマンドサービスの開始、そして戦時性暴力を扱った教育テレビ番組をめぐる政治家の介入などが社会的話題となった。ほかにも、捜査情報漏洩《ろうえい》やインサイダー取引、受信料の着服といった不祥事も事欠かない。そのいずれにおいても、NHKの根幹にかかわる話に発展する可能性がありながら、あえてそこには踏み込まず問題を先送りしてきたといえる。

○九年来、継続審議になっていた放送法改正案も、野党案丸呑《の》みでの決着をみた結果、NHK関連条項は消失してしまったが、年明けには新会長も決まり、向こう三カ年の経営計画策定とあわせ、総体としてのNHKのあり方、ひいては今後の日本の放送体系を考えざるをえない局面が近づいてきている。来年のフルデジタル化に加え、二〇一五年には世帯数減が想定され、このままでは受信料収入の自然減が確実化されている中で、いまこのタイミングで「ＮＨＫとは何か」を議論し、社会共有の合意を取り付ける必要があるということだ。ＮＨＫ自身も、九月二十八日には会長諮問機関として「ＮＨＫ受信料制度等専門調査会」を立ち上げたところである。

【受信料の再考】

議論の中心的テーマの一つは、ＮＨＫがネットの世界に本格進出するのか否かである。すでに現在の経営方針の柱である「いつでも、どこでも、もっと身近に」を実現する具体的方策として打ち出されている3スクリーンズ戦略では、テレビのほかパソコンとモバイルを通じて番組を見聞きしてもらうことを目指している。これは、人々のメディアへの接触の仕方が変わってきたのに対応して、接触率をあげるために調査対象の媒体を増やしたにすぎないともいえる。ＮＨＫでは、民放の視聴率に変わる概念として、一週間のうち五分以上、ＮＨＫコンテンツを視聴（ＤＶＤやＨＤなどの記録媒体も含む）した人の割合を数値目標として設定しており、二〇〇九年の七六・八％から一一年は八〇％に引き上げるための「工夫」ともいえるものだからだ。

しかし実際は、東京・大阪地区で始まっているインターネット上のラジオ再送信もＮＨＫは参加していないなど、ネット上の進出は法の壁を前に事実上不可能な状況が続いている。それからすると、ネット進出はＮＨＫにとっての悲願かもしれないが、それは放送の性格を根本から変えるものになるだろう。すなわち、現在はあくまで「公共放送」なのであって、テレビ・ラジオの世界にあって、その高い公共性・公益性から存在が認められているにすぎないものであるからだ。あまり意識されていないが、本来的に「公共放送」が絶対なくてはならないものではなく、民放（商業放送）だけだと、コマーシャリズムの中で視聴率が取りやすい内容に偏ったり、取材コストがかかるものの社会的に有益な番組が少なくなってしまうことを勘案して、ある種の国家メディア政策として作り出したものにすぎないからである。

そうだとするとインターネット上に同様な観点から「公共メディア」が必要かという議論は当然に生じるだろう。本来、自由な情報交換が期待されているネット空間において、しかも現実にもさまざまな価値観の情報が行きかっている中で、何のためにどのような情報提供が期待されるのか、「公共ネットメディア」の定義には困難さが伴うことになる。そしてこの問題は、受信料問題とも直結する。なぜなら、従来は、視聴を前提として受信機に対して契約を結ぶ形態をとってきたわけであるから、同様にパソコンを対象にすることができるのか、が問われることになる。視聴を前提にせず、まさに「公共的情報提供料」としてすべての国内住民から徴収するといった、ある種のドイツ型世帯徴収方式への変更を迫られるのであろう。もちろん、後者を選択した場合は、ＮＨＫが独占的にその財源を使用することは理由が立ちづらくなり、民放も含めた番組制作基金のようなものに変質する可能性もある。

むしろＮＨＫは「公共放送」に徹して、その付随的なサービスの範囲でネット上の展開を考えるべきではないかと思う。それとは別に、社会における公共メディアの存在には、コスト負担を含めた一般市民の協力が必要であって、放送の受信料、活字出版物の再販制度同様、ネット上においても新たな制度構築が求められていることは間違いない。

【視聴者本位に】

こうした近未来の将来課題とともに、直近の地上デジタルの移行に際して解決すべき問題もある。現在の放送法は「全国あまねく放送」を義務化しているが、このNHK根幹の放送スタイルを維持するのか否かである。現状のまま推移すれば、少なくとも一割前後の視聴者が、テレビを見られない状態になることが想定される。しかもその層は大方、高齢者に偏り、当該層はNHKのコア視聴者層でもあると言われている。この放送義務は単なる送信義務ではなく、きちんと受信できる環境を整備することを含むと考えられ、そこには一方的な「国策」によって既存の受信設備で視聴不能になる場合のケアを、無視することはできないのではなかろうか。

法を改正して「あまねく」を返上することは、これまでテレビ放送がきちんと全国民に行き渡るようにするため、同メディアを特別視して国家予算を投じて放送局のデジタル化を進め、生活保護世帯に無償でチューナーを配布していることと矛盾をきたす。同じ意味で、買い替えをしないのは自己都合であると切って捨てて、法律解釈上は問題なしとするのは視聴者本意の放送法解釈としては誤りであろう。近年の放送法改正は、視聴者不在の行政権限強化のための「業法」の性格を強めているが、同法はあくまでも「放送の自由」を守るための視聴者・市民のための法であるとの視点を忘れてはなるまい。

［参照：14年3月］

2011
年

出水市が脱原発映画の上映不許可（10）
琉球新報　オフレコ懇談報道（11/28）

【2011年】震災・原発と情報遮断

世界の総人口70億人超える
日本総人口1億2535万人に初減少
大学入試問題が試験中にネット掲示板に投稿（2/8〜26）
東日本大震災（3/11）
東京電力福島第一原発で国内初の炉心溶融（3/11）
九州新幹線全線開通（3/12）
大相撲、八百長問題で春場所中止（3/13〜）
君が代訴訟最高裁判決（5/30　6/6）
大阪府で国旗掲揚国歌斉唱起立条例制定（6/13）
スポーツ基本法制定（6/24）
ＬＩＮＥ　サービス開始（6/27）翌年ブームに
サッカー女子Ｗ杯（ドイツ）でなでしこ世界一（7/17）
自民党「メディアチェック」担当議員を新設（7）
九電がＣＡＴＶ・ネット向けの経産省主催の原発説明番組で関係会社にやらせメール指示（6/26）
タイで洪水（7〜）
アナログ放送終了（7/24）
紀伊半島で大水害（9/4）

共通番号制の問題点　*1.14*

民主党は二〇〇九年夏の衆議院選挙マニフェストで、全国民にＩＤ番号を割り振る制度の導入を掲げ、その後、政府内での検討を進めてきた。一〇年二月に設置された国家戦略室「社会保障・税に関わる番号制度に関する検討会」に続き、十月からは内閣官房社会保障改革担当室所管の「社会保障・税に関わる番号制度に関する実務検討会」がこれを担う。そして十二月三日には実務検討会が中間整理を発表、制度導入に向けた基本方針を一一年一月をめどに取りまとめ、春に社会保障・税番号大綱（仮称）の策定、秋以降の可能な限り早期に法案提出できるよう取り組むとした。

これに民主党「税と社会保障の抜本改革調査会」（一〇年十月設置、十二月に中間整理を政府に提出）や「社会保障改革に関する有識者検討会」（一〇年十一月設置、十二月に報告書を公表）の議論を踏まえ、十日には総理大臣の下に設置された政府・与党社会保障改革検討本部において「社会保障改革の推進について」を決定。これらを受け十二月十六日には、「早期の制度導入に向け、実務検討会を中心に速やかに検討を進めます」とする一一年度税制改正大綱を閣議決定するに至っている（前年大綱において、社会保障と税の共通番号制の導入を国の税制上の正式な方針と位置づけてはいた）。
制度内容の方向性は、遡《さかのぼ》る六月二十九日に検討会が中間取りまとめとして「税と社会保障の共通番号制度」の素案を公表している。そこでは①基礎年金番号、②住民基本台帳ネットワークの住民票コード、③住基ネットを活用した新たな番号――の三つの選択肢を示しつつ、利点と欠点を検討した結果、②が適当と読める内容になっている。

【行政の都合優先】

これまでにも何度か導入が計画されながらも、国民総背番号制というネーミングに代表されるようにプライバシー保護の観点から強い批判を浴びて頓挫《とんざ》してきたことを考慮し、国民の利便性を前面に打ち出し、「行政本位の制度と誤解されない国民本位のものを」と菅直人首相自ら掛声をかけている（官邸での検討会冒頭のあいさつ）。そもそも、副総理・財務大臣時代の一〇年二月の閣僚検討会で会長に着き、政権が普天間問題で揺れる五月には、急遽《きゅうきょ》、委員を招集して自ら座長試案を提示するなど、その積極性が際立っていると感じられる。
もともとは税務当局が納税者番号制度として、課税逃れを防ぎ納税者を捕捉するための制度として考えてきた。また最近では消えた年金問題などで杜撰《ずさん》な年金受給者管理の対応策のひとつとして脚光を浴びてきた面もある。しかしこれらは、いずれも行政の都合であることは明らかで、国民本位の具体的姿は見えない。これに対し想定する十二桁《けた》の共通番号では、容易に国民を特定し所得を正確に把握することで、税や保険料の未納を防ぎ各個人に見合った給付の実行など社会保障の充実が図れるという。しかしその裏には、消費税率引き上げのためにも、負担増への対応策として低所得者の減税と現金給付を組み合わせた給付付き税額控除などの負担軽減策が不可避との思惑が見え隠れする。

番号制が導入されると、会社からは給与、銀行からは利子所得といったように、社会におけるすべてのお金の出入りが、番号とともに税務署に送られる仕組みが想定される。しかしこれは同時に、当局が個人を管理する道具に使う恐れを払拭《ふっしょく》し得ない。そもそも民主党も、結党当初から金融資産等による所得を合算し総合課税するための納税者番号制の導入を主張する一方、住基ネットには反対してきた経緯がある。それでも、総体として市民のためになるならよしとすべきであろうが、現行案ではあまりにもデメリットが多く、基地軽減策といって結局新たに基地を造る構造に似ている。

【相対秘・原則秘・絶対秘】

プライバシー侵害等の問題点を回避するための制度作りとしては第一に、個人情報を過度に集中させないことが必要だ。漏洩《ろうえい》の可能性は必ずあるのであって、その際のリスクを小さくするためには分散管理が一番だ。それは個人情報の「パノプティコン化」（刑務所の中央監視システム）を防ぎ、個人情報の過度な国家管理を回避するためにも必要である。この点で番号の共通化は、容易な個人情報のマッチングを可能とし、新たなしかも深刻なプライバシー侵害が生じるきっかけになる。また、扱う情報が多くなればその分関与する者も増え、漏洩のリスクが高まることは自明である。

第二には、異なったレベルの個人情報を一括して管理することは避けるべきだ。住基ネットの個人情報は、氏名や住所など「相対秘」の一定程度の公開が条件付きで了解されているレベルである。しかし、税や社会保障情報は「原則秘」の当該個人と特定者のみに共有される秘密情報だ。さらに、いったん行政機関間での番号の共有化が始まると、海外ですでに問題になっているように、犯罪情報などの機微情報や「絶対秘」であるべき思想・信条情報までもが含まれる可能性もある。こうした異なったレベルの情報は、もし国が収集・保管する場合には、それぞれ異なったネットワークで別個のルールに従って行うべきで、それを便利だからという理由で一括管理することは許されまい。

そして三つ目としては、すべての国民に固有番号が付されれば、民間もその二次的な活用をすることが想定される。現時点においても、ソーシャルログなどの個人識別が可能な行動情報がデジタル化され、ネットワーク上で集積・利用されている中で、それらがより効率的かつ正確に名寄せできる条件を与えることになる。それによってますます個人の捕捉が大規模に、そして徹底して行われる可能性が高まる。そうした「監視社会」をよしとするのかどうかだ。

効率化が住みよい社会とは限らない。同時に、せっかく学びつつあるデジタル・ネットワーク社会の危険性を、新たな制度設計にあたっては十分考慮しなくてはいけないだろう。

［参照：11年8月／15年10月］

デジタル海賊版の拡大　2.12

二〇一〇年の秋以降、デジタル海賊本や〝自炊〟が出版業界で話題になることが増えている。逆に言えば、それだけ紙の書籍を電子化してネット上で流通させることや、刊行物をばらばらにしてスキャニングしデジタルデータ化すること（自炊）が、一般化したということだ。紙文書を画像ファイルにデジタル変換して保存し、メールに添付することはすでに随分と前から一般的だし、電子書籍の販売流通は、まさに時代の申し子そのものだ。それが、なぜいまごろ問題になるかといえば、著作権者ひいては出版社の権利や財産を大きく損なうから、というのが直接の理由である。では本当に、こうした行為は悪なのか、ネット上の各種サイトで配信される書籍は違法なのか。

【一般化する違法な電子化】

いくつか、具体事例を確認しておこう。アップサイト（アップル社提供）では、東野圭吾らのベストセラーが、本人や出版社に何の断りもなく売られていた。これに対して文句を言っても、自分たちは「場」を提供しているだけの「善意の第三者」という立場を崩していないようだ。さらには、違法商品を販売していながら、削除要請者が正規の権利者であることを証明せよとのやりとりがあったともいわれている。

アップルは、アプリ内容については部外秘の判断基準を持ち、厳しい事前審査を実施している。日本のアニメが「世界基準」によって販売できないでいるのは有名な話だ。一方で権利関係については、著作権上の問題は当事者（販売するアプリ制作者と原著作者）の問題であって、審査の対象外としているかにみえる。そのうえ、こうした違法ソフトの販売によって、アップルが儲《もう》けているというおまけまでついていた。

こうした状況に対し、日本書籍出版協会、日本雑誌協会、日本電子書籍出版社協会、デジタルコミック協議会が共同で抗議声明を発表、同時にアップル社に申し入れを行った。年明けには両者の間で協議が実施されたという。こうした動きを受けて、クレーム受付については窓口が整備され、一定程度迅速な削除が実行されつつあるようだ。

似て非なるものに百度《バイドウ》がある。中国の最大級の検索サイトで、その日本法人が運営するのが百度ライブラリである。ライブラリには膨大な数の投稿されたコミックや文芸書が収容されている。一部は、もともと、別の会社が蓄積したデータを、買収に伴いそのまま引き継いだとされている。それ以前からも、百度本体においては、著作権者には無断で楽曲や文芸作品がリンクされ、事実上配信されている状況にあった。これらに対し、これまで日本の著作権者や出版社等が正式に抗議をした例は稀《まれ》であるが、最近では新潮社が村上春樹作品の掲載削除を求め、認められたという。

そして流行の〝自炊〟は、確認できるだけでも三十社を超える業者が紙の書籍のデジタルデータ化を代行したり（「ＢＯＯＫＳＣＡＮ」など）、そうした作業を行う場を提供する（「自炊の森」など）状況が生まれている。もちろん、私的利用の範囲で、本を複写することは著作権法上認められており何の問題もない。それを利用して、個人の電子化作業を代行するわけであるが、これが組織内イントラで広く共有されたり、ネットに流れるとなれば、話が別だ。

【問題の所在と解決糸口】

ここでの問題を整理するとおおよそ、①著作権者に無断でスキャニング（電子データ化）すること、②その電子データを集積すること、③集積データをネットワーク上で公表すること、④公表データを有料配信すること——という段階にわけて考えることができるのではないか。今回の書協等の対応は、④をデジタル海賊版として抗議したものである。しかし、ことの本質はその前段階にあるのだろう。たとえば、百度は③そのものであり、自炊は①ないし②の問題である。これまで私たちは、ネットの便利さや情報の共有化による社会的有益性を優先させて、商売のためではないなら①から③についてはあまり目くじらを立てないですませてきた傾向にあるといえるだろう。その結果として、これらの事例に象徴的に問題が現れてきたにすぎないともいえるからだ。

実は同じような「悩み」は、グーグルブック検索訴訟にも共通する。グーグルが図書館の本を勝手にスキャンし、わずかばかりの補償金を作者に渡すことで自由に活用できる構想だ。現在すでにその一部が、グーグルサイト上でサービス提供されている。これはまさに、①から④の問題をすべて包含する話なのである。さらに敷衍《ふえん》するならば、国立国会図書館が進めようとする書籍のデジタル化とネットワーク上での配信サービス構想も、「無断」ではないにせよ、類似の問題を抱えている。

こうした状況にどう対処するかが問われているわけであるが、たとえば、①の無断スキャンを「業として幇助《ほうじょ》」（個人の複写行為を商売として助けること）をしてはいけないとか、②のデータ集積も一定規模以上については届出義務を課すといった、「歯止め」を作っておくことが必要だろう。③④の不特定多数への配信行為（公衆配信）には、サイトの運営者といったプロバイダに、一定の社会的責任を負わせる仕組みが求められていると思う。たとえば、分かりやすい苦情窓口の設置と容易で迅速な対応の保証である。

そしてこれらの前提には、表現者へのリスペクト（敬意）がなくてはなるまい。自分が便利ならば、ネットユーザーみんなのためになっているのだから、という理屈を優先させることは、短期的な享楽を得る代わりに、長期的には豊かな出版文化を失うことにつながると考えられるからだ。単に出版社の利益の損得だけではなく、総体としての表現の自由のために、書籍をはじめとする情報デジタル化の功罪を考えていかなければなるまい。

［参照：09年4月／14年10月］

ソーシャルネットワーク　3.12

ネット（ケータイ）カンニングが世間を賑《にぎ》わしている。その報道ぶりの是非はさておき、この事件で始めて「Ｙａｈｏｏ！知恵袋」の存在を知った読者も少なくないかもしれない。一般に

Q＆Aサイトと分類されるもので、その利用者総数は月におよそ二千三百万人（ニールセン・オンライン調べ、二〇一〇年）にのぼり、まさに一大コミュニティーである。こうした「ソーシャルメディア」なるものが大きな社会的な影響力を発揮していることは、中東各国に連鎖的に広がる体制改革でも明らかだ。チュニジアでは国民四人に一人がフェイスブックを使っており、それがジャスミン革命を可能にしたとされている。

日本での大きな転換点はおそらく一〇年で、中国漁船ビデオはユーチューブに流れ、小沢一郎会見はニコニコ動画で生中継され、そして最新の情報はツイッターから入手するのが当たり前になりつつある。しかもその利用者は爆発的に増加しており、ツイッターに至っては世界で五億人が登録していると発表されている。

あえてそのコンテンツを「ニュース」に限定してみても、昨年末の月あたり利用者数は、日本最大のニュースサイトであるヤフーニュースが三千万強、動画サイト・ユーチューブが肩を並べ（ニコニコ動画はその半分）、アメブロやライブドアといったブログもそれに続いている。もちろんＷｉｋｉ系のアクセスは多く、ウィキペディアは三千万弱、世界レベルでみればウィキリークスも相当の数になるであろう。これに対し、「既存メディア」側は、マイクロソフトと組んで最多のアクセス数を誇る産経新聞サイトですら一千万に届かないのが実情だ。この数字を素直に読めば、ニュース発信の主役はとっくに交代しているということになる（ネットニュースの元ネタがどこかという問題は別途ある）。

【ソーシャルメディアとは】

こうした社会のコミュニケーション手段としての地位を固めつつある新メディア群を、まとめて議論することには多少の勇気を要するが、その特性は一般に、知識・情報の交換・集積の「場」（プラットフォーム）であって、情報発信力の平等性（フラット）や即時性（リアルタイム）が担保され、そのインタラクティブ性（双方向）は、情報主権者としての地位を個々人に与えるとともに、共感とつながりのメディアと称されることにもなっている。もちろん、同時一斉送達が基本のマスメディアに比して、ノンリニア（オンデマンド型）のプルメディア（情報引っ張り出し型）であって、その情報収集プロセス自体も含めて他者にオープンにする手法が新鮮である。

そしてまたもう一つ大切なのは、情報伝達の手段は最新の技術に支えられていながらも、その社会的ポジションはビラやチラシ同様、最も原始的なプリミティブメディアであるという意味あいを持っていることだ。それは、放送に代表されるような社会的制度的な厳しい規律に属していない自由さを担保していることにつながる。

逆に言えば、「既存メディア」たる新聞や放送は、社会的機能としての権力監視や世論・意見形成力、社会的役割としての公共性や大衆性を一貫して期待されてきた。さらには、媒体特性としてアクセス平等性や広範性の担保が求められ、内容特性として編集・価値付け機能や総合編成、さらには公正性や客観中立性を守ることが当然とされてきた。そして事業特性としてユニバーサル性や継続安定性を、採算を度外視してでも守ることが企業としての社会的使命であると考えられてきたといえる。

しかしこうした「価値」がソーシャルメディアの隆盛によって全面否定されないまでも、それほど重視されない社会に転換する可能性を秘めている。その典型はネット上にみられる、既存メディアの価値付けを偏向とみなすような「編集バイアス」に対する強い不信感の表明である。同時にそこには、これまでのある種の社会的合意であった知識エリートである職業ジャーナリストの成果物への期待ではなく、むしろネットを介しての情報の集積が巨大知・集合知を生むといった、知識ではなく「情報」そのものへの絶対的な信頼があるように思われる。

【ジャーナリズムの行方】

いまや伝送路や規模によってメディアを区分すること自体が時代遅れであるにせよ、それでもなお、基幹マストキャリアとしての新聞やテレビが担ってきたいわば〈伝統的古典的ジャーナリズム〉を社会的に維持することは必要であると考える。そのための社会的実験が当分は続くわけだが、制度面と内容面から一つずつポイントを挙げておきたい。

まずは表現の自由を守るための微妙な切り分けである。マスは取材報道上の特恵的待遇の享受といったある種の「国家による自由」によって市民の知る権利の実効的担保を図る方向性を維持し、一方でソーシャルは先に触れた文字通りの「国家からの自由」を守ることで表現の自由を拡大することの大切さである。これは一方だけでは不十分で、双方を両立させることが必要であろう。例えば、通信放送融合の掛け声のもと、放送規律が通信分野に拡張していくことはもってのほかである。その一方では、自由で安定的な言論公共空間の維持のためには、一定のマスの存在がソーシャルな活動の拠り所ともなりうるだろう。

次にはジャーナリズム力維持のための補完と監視である。長らく指摘されてきたマスの権力癒着構造は、ソーシャルによる過程のオープン化が大きな効果をもたらすだろう。同様にマスに不足していた多様性・多元性も社会的に大きく改善すると思う。一方、ソーシャルで提示された情報の検証や継続的報道はマスの力を必要とするはずだ。そうした役割分担をしておかないと、せっかく誕生したソーシャルメディアが力を持つことによって結局、政治的中立性を求められマス化するという、皮肉な事態を招きかねない。

［参照：12年2月／14年7月］

震災と報道機関　*4.09*

あの日からもうすぐ一カ月。被災地の復興や原発対応でますます報道の重要性は今後高まると思われるが、そのためにも現段階で新聞を中心にその報道ぶりを振り返っておきたい。

災害時のメディアの役割が問われることになったわけだが、地震発生後の初期報道においては、新聞やテレビといった「伝統メディア」の瞬発力が十分に発揮されたといえる。地元紙はもちろんであるが、むしろ数的には在京紙の場合、一社で百人を超える記者を被災地に特派し、政府はもとより国民全体に、今回の地震・津波被害の甚大さを、いち早く情報共有することを可能とした。その後は、自ら発信可能な被災地情報がツイッター（東京圏中心）やミクシィ（被災地中心）で重層的にカバーされ、救援の大きな力になったことが報告されている。その後こうした流れは、ＮＨＫとグーグルの安否情報の共有化や新聞とツイッター情報の相互乗り入れなどに広がり、これらはまさに伝統と新興メディアの融合の表れであり、ソーシャル系の特徴である「集合知」の一つの結果でもあると思う。

【政府の情報隠し】

これに対し、当初の速報段階から、次のステージに入ってからの報道は及第点とは言い難い。公共メディアの役割としてとりわけ災害時には、正しいことを伝える検証力、大事なことを伝える編集力、全体状況を伝える集約力、多くのことを伝える取材力、多様な見方を伝える調整力、そして安心感を伝える安定力が求められていると考える。テレビを中心に、確かに安心感の醸成という役割は果たしているかもしれないが、一方で情報の「空白」が当初より問題視されてきている。一つは、原発事故に関する政府の情報隠しとその点に関する報道の欠如であり、もう一つは避難地情報の偏りである。

政府官邸＝保安院＝東電の発表に頼らざるを得ない構図のなかで、オルタナティブ（代替）な情報提供をなしえていない状況が続いている。海外メディアの報道がリアルタイムで入ってくる時代状況のなかで、余計にその情報落差に読者が戸惑う事態が生まれており、こうした状況を作っている責任は報道機関にもある。最低でも、たとえば文科省がモニタリングデータなどを発表しない事実自体を、しつこく書き続けることが求められているのではないか。

もう一つの被災情報は基本的スタンスの問題をまず指摘できよう。日ごろの新聞社の姿勢を代弁するならば、こうしたときこそ「被災者に寄り添う新聞」を作る必要があるが、物理的距離があるとどうしても目線が高くなってしまう傾向にある。それはたとえば、琉球新報においても地震以降のトップニュースが被災記事ではなく原発事故が多くなりがちなことからも言える。ちょうど基地問題で在京紙に沖縄の声が伝わっていないというのと同じ状況があるのではないか。また、報道機関各社は原発事故対応マニュアルを持ち、その安全基準に従うことで結果として取材の空白地帯が生まれている。あるいは、誰もが広く接するという日本のマスメディア特性の反映として、「お茶の間」メディアであるがために、現場の凄惨《せいさん》さを伝え切れないジレンマがある。こうした情報の収集や発信の不足を、ネットなどを活用して埋めていく努力と実行力がもっと必要であろう。

【成熟の新興媒体】

先に挙げた政府発表に拠った安心安全報道は、まさに「国益」報道の象徴ともいえよう。本来、ジャーナリズムは可能な限り国（国家）から距離を置き、住民（国民）のための情報・知識の提供をすべきだと思う。にもかかわらず今の状況はえてして、「想定外の一大事」であることを理由として、国家方針に沿った情報への統合が求められる傾向にある。確かにネット上でデマ情報が流れていることは事実だ。一方で、早い段階でそれを否定する情報も流され、その意味で今回の震災経験の中でソーシャル系メディアは成熟を示しているし、ユーザーの情報リテラシーも向上したと思う。それがメディアの発達というものだろう。しかし政府はわざわざ、プロバイダあてに四月六日、「東日本大震災に係るインターネット上の流言飛語への適切な対応に関する電気通信事業者関係団体に対する要請」を行い、行政庁との連携によって自主削除を求めるなど、情報を堰《せ》き止めることに熱心だ（誤情報のほか、犠牲者写真の掲載を問題視されて一方的に削除される事例がネット上で報告されている）。

またこの間、強い批判を受け何度か廃案になってきた共謀罪の一部をなす、メール履歴の保全要請制度や、ウイルス作成罪の新設などの刑訴法改正案が閣議決定されている。これらは情報の国家監視を強化するもので、情報の開示と共有というせっかくここ三十年で徐々に積み上げてきた市民社会のルールを、一気に逆回転させるものといえる。さらにこうしたなかで、公的機関への批判や疑問を許さない「空気」を、むしろ報道機関が作ってしまっている残念な例も見受けられる。たとえば四月七日付産経新聞は、琉球新報の米軍報道を「政治利用」と批判するが、むしろ自衛隊や米軍支援に対する多様な問題指摘こそが報道機関の本旨と心得るべきではないか。

最後にもう一つ。これまで新聞ほか印刷媒体は災害時に強いメディアといわれてきた。しかしここにきて、用紙やインクの逼迫《ひっぱく》から発行が滞る事態に直面している。デジタル化が進む中で、より「繋《つな》がりやすい」周波数帯は今後、放送局ではなく携帯電話各社が活用することも予定されている。地震発生時の緊急避難情報の提供や、ライフライン情報の継続的な発信をどう確保するかも、今後の課題である。一方でこの間、テレビやラジオの同時再送信がネット上で広く実施された。いままで県域放送を原則とし、圏外同時再送信を認めてこなかった日本の放送制度にとって、これはまさに「パンドラの箱」をあけたことになるかもしれない。そしてこれらはいままさに進行中の、放送のデジタル化も含めたフルデジタル化や電波オークションの導入制度など、経済振興観点の通信・放送行政や、国家メディア政策の見直しにもつながる可能性があると思うのである。

［参照：11年5月／13年8月］

被災 誰に何を伝えるか *5.04*

宮城・福島に行ってきた。たった四日間の、しかも二カ月がすでに経とうとしている時期の訪問にもかかわらず、まさに言葉を失う現実があった。

女川《おながわ》では津波が漁港も役場もそのすべてを飲み込み、車両が海岸線の駅から遠く離れた山肌にあった。石巻では日和山《ひよりやま》の眼下に町は存在しなかった。航空写真ではかろうじて建物が残っているかに見えた漁港とそれに続く水産関連工場群は、魚の腐乱した臭いとヘドロで異様な様相を呈し、廃墟《はいきよ》と化していた。仙台の若林区は見渡す限り瓦礫《がれき》が続いていた。いったい何を準備していれば尊い命が救えたのか、皆目見当がつかない人間の無力さを感じざるを得ない自分があった。

一方、まったく人通りが絶えた飯舘《いいたて》村は、得も言えぬ焦燥感が漂う。日本最高級といわれる黒毛和牛の牧場風景は一見、のどかな風景にしか見えない一方、日本中から贈られた絵本を収容するユニークな絵本図書館に、子どもの笑い声はすでになかった。風評被害に悩む南相馬《みなみそうま》では、ようやく普通の生活を取り戻しつつあるように見えるものの、コンビニなどの多くの商店はシャッターが閉まったままだった。

そうした地域においては、否、そうした被災地であるからこそ、地元紙や災害ラジオ局を中心としたきめの細かいサポート情報（生活情報）は、被災者個々人の日々の生活のための必須情報源であり続けているし、同時に被災者に寄り添った紙面や番組が、被災地全体の心の支えにもなっていると聞く。

【取材の原点】

被災メディアの一つに夕刊紙・石巻日日新聞がある。同市を本拠とする来年百周年の歴史を持つ地域紙で、震災直後に手書きの「壁新聞《かべ》」を発行し避難所に掲示したことで、一躍有名になった新聞でもある。もちろん、発行を絶やしたくないという執念は見事なもので、それ自体がニュースであることに違いはないが、むしろその根底になる編集方針を、今日のデジタル時代におけるジャーナリズムを考える素材として紹介しておきたい。

その基本は、誰のために何を伝えるかである。記者自身、新聞社自体が被災し、多くのものを失ったとき、まさにこうした「ジャーナリズムの原点」に戻ることになるのだと、被災後に報道部長にお会いして感じたからだ。通常は、役所や企業の発表を基にし、あるいはパソコンや文献の情報を頼りにしていても、「そのとき」は自分の目・耳・鼻がすべてであったという。それは取材の原点である、車もなく自転車さえ使えないなかで文字通り自分の足で得た情報、自分たちだけが頼りの取材である。

そして報道も、いつもなら紙面をいかに埋めるかを考えるのであろうが、「そのとき」は限られた紙面スペースの中で、すべてをそぎ落とした一番必要とされている情報だけを流す、という究極の選択を迫られたという。壁新聞一枚、書けることはごくわずか。時間も、日が出ているうちに掲出しなければ、誰も読めない無用の長物になるわけだ。したがって、朝から取材をして、社内でマジックペンに持ち替えて壁新聞を書き上げ、浸水した町で水に浸《つ》かりながら午後三時までに避難所に届ける、というのが日課であった、という。

震災当日、当然に電気もなく情報から遮断された避難所の被災者が知りたいのは、まずは被害の状況・全体像であり、そのための情報を届けることが必要であった。そこで震災翌日の壁新聞一号では、被災状況を速報することになる。その後必要なのは、生きるための情報である。したがって、内容は生活情報が書かれるようになっていった。

【悲劇、美談よりも】

水、電気、パソコン、輪転機……新聞発行に必要なものをすべて失ったとき、はじめて本当に何を伝えるべきなのか、もっと言えば、記者は何をすべきなのか、が問われることになるのだろう。それをいったん体験すると、電気が戻った後の新聞作りにも他紙との立場の違いがはっきり示されることになる。

たとえば、悲劇や美談といった人間ドラマは扱わない、という紙面方針だ。もちろん、そうした話は自分たちも被災者であるわけでいくらでも書くことはできたであろう。百人以上の記者を大量投入し、湯水のようにガソリンを使う大手新聞社や放送局を、悔しくも羨《うらや》ましくも思ったに違いない。しかし、被災者にいま伝えるべきはドラマでなく、被災状況と生活情報である、という強い信念があった。

もちろん、速報性の発揮、情報の豊富さ（被害の甚大さ・深刻さ・広範さ）、そして信頼性がある確実な情報（社会不安や混乱の防止）という時・量・質の各側面においてマスメディアの瞬発力が発揮され、行政を動かす、人命を救う、支援を広げる（訴える）といった、社会の動きが生まれたといっても過言ではなかろう。これらは、新聞やテレビの媒体特性である、一斉同報機能（同時に多くの人に対し同じ情報を届けることができる）、信頼大量情報（プロの目で選別・整理された多くの最新ニュース・情報が提供される）、取材体制（訓練された取材記者がすぐに現場に急行できる態勢がある）が、有効に機能した結果であるといえるだろう。

しかし一方で、在京紙と被災地元県紙を比較しても、在京紙が一般に全体の三分の一から四分の一程度が被災地ニュースをトップで扱うのに対し、河北新報や岩手日報、岩手日日などはほとんど連日、トップニュースは被災地ニュースだ（福島の二紙が原子力事故や放射能をトップ記事として扱うのは、別の意味での被災ニュースであろう）。石巻日日新聞をはじめとする地域紙は、そうした県紙よりもさらにもう一歩読者に近づくことで、紙の新聞の存在意義を確認したといえるのではないだろうか。なお同紙は、震災後からは、電子版を月極《つきぎ》め千円で有料配信も始めるという強《したた》かさがあることも、あわせて紹介しておきたい（東日本大震災の報道については、山田健太『3・11とメディア』トランスビュー、二〇一三年参照。また、震災後一カ月間十五紙の紙面比較については、日本記者クラブ・ウェブサイト www.jnpc.or.jp 動画二〇一一年四月二十八日分参照）。

［参照：11年4月／13年8月／15年2月］

君が代・日の丸合憲判決　*6.11*

心を一つにして国難を乗り越えよう、との言説が広まっている。たとえば週刊誌は表紙で「日本を信じよう」と謳《うた》い、ネット上で共感を呼んでいる。しかしこの種の「キャンペーン」は一歩間違えると、文科省の出した安全基準を問題視する親に対し、「国が信じられないのなら学校をやめてもらう」といった校長発言につながることになる。こうしたいわば「思想の強制」を公権力が行うことについて、あらためて考えさせられたのが日の丸・君が代をめぐる一連の事件だ。

【反対表明は一人】

五月三十日、最高裁は教師に対する起立斉唱行為（国旗に向かって起立し国歌を斉唱すること）の職務命令は合憲であるとの判断を下した。さらに一週間後の六月六日にも同様の判決が続く。いずれも、公立学校の卒業式などでの校長の命令を、思想・良心の自由を保障した憲法十九条には違反せず、不起立行為を理由とした教育委員会の処分を妥当とするものである。そこでは、起立斉唱行為を「慣例上の儀礼的な所作」と位置づけ「歴史観ないし世界観を否定することと不可分に結びつくものとはいえ」ないとした。そのうえで、命令が「思想及び良心の自由についての間接的な制約となる面があることは否定し難い」と認める一方、教育上の行事にふさわしい秩序を確保し、式典の円滑な進行を図るという命令の目的などを踏まえれば、制約には「必要性及び合理性が認められる」と結論づけている（最高裁ホームページ参照）。

二つの小法廷で十人の裁判官が関与したわけであるが、思想・表現規制の観点から多数意見に反対を表明したのはわずか一人であった事実は重い。ちなみに最高裁が初めて君が代について判断を下したのは二〇〇七年で、東京の小学校入学式で君が代ピアノ伴奏を拒否した教師に対し、「校長の職務命令は憲法が保障する思想・良心の自由を侵害せず合憲」との判断が示されている。

そしてまた軌を一にして、大阪では国歌斉唱起立条例が可決成立している。大阪府下の公立学校の教職員に対し、式典での国歌斉唱時の起立を義務付けるもので、今回の条例には罰則はついていないものの、橋下徹知事は九月に処分基準を定める条例を提出する意向を示している。いわば法令による強制を企図したものだ。

【奨励、指導、法制化】

こうした義務・強制のおおもとは、一九九九年八月十三日に公布・施行された「国旗及び国歌に関する法律」である。国旗は日章旗、国歌は君が代を定めた二条からなる法律だ。

しかしそれ以前から教育現場と深くかかわりつつ、国旗＝日の丸、国歌＝君が代の浸透が図られてきた歴史がある。早くも五〇年には文部大臣が祝日に日の丸掲揚を奨励する談話を出し、五八年には文部省告示として祝日の学校行事等において「国旗掲揚・国歌斉唱」を求めている。その後、七〇年代後半から法制化を求める声が強まり、その動きと相前後して文部省も「日の丸掲揚・君が代斉唱」と言い方を変え、八〇年代に入り小中高校での実施状況の調査と公表がなされるようになり、実質的な強制が生まれるようになった。

そして今日の状況につながる文部省から各自治体教育委員会宛ての八五年通達と、八九年新学習指導要領によって、入学式・卒業式の国旗掲揚と国歌斉唱の指導が義務化されるに至ったのである。ただし指導要領第四章第三の三「入学式や卒業式などにおいては、その意義を踏まえ、国旗を掲揚するとともに、国歌を斉唱するよう指導するものとする」は指導を求めるもので、強制根拠たりえないことに注意が必要である。

同時期に、君が代ジャズ風演奏事件などで教員処分が出始め、一部ではその是非が裁判で争われる事例も出始めた。こうした事態を受け政府は、「君とは象徴天皇を意味する」との政府見解とともに、日の丸・君が代を法制化した。そして今般の処分根拠とされる二〇〇三年の教育委員会「一〇・二三通達」が出され、学習指導要領の国旗国歌条項に基づく斉唱等が義務付けられるのである。

その後〇六年は教育基本法に「愛国心」が盛り込まれ、翌〇七年には学校教育法も改定された。関連して、都教委は生徒の自由は保障するとしているものの、一方ではそのような生徒を持つクラス担任に対しては指導不足を理由に厳重注意処分を与えており、ここでも実質的な強制がなされているといえる。なお制定時の政府見解は、「国旗の掲揚に関し義務づけなどを行うことは考えておりません」（小渕恵三首相）、「式典において、起立する自由、起立しない自由、歌う自由、歌わない自由がある」（野中広務官房長官）であった。

【良心の自由】

一般に良心の自由とは、思想の告白や読書傾向調査の禁止といった沈黙の自由、国が特定の思想を正当と評価しない思想の強制・排除の禁止、思想に基づく差別的取り扱い等の禁止をさす。これからすると、通達や処分がこれらに抵触する可能性は極めて高いといわざるを得ない。そもそも、歴史的経緯から国民間で意見の相違がある問題について、一定の立場を提示すること自体が、思想の強制の関係で問題になりうるだろう。他国も含め国歌や国旗に敬意を表するのはマナーである、公務員たる教師は一般市民とは違って特別なルールがあってしかるべきといった意見も含め、議論は自由になされるべきだ。その際に大切なのは、違った立場の考え方も許容することである。

とりわけ、議論の土俵を最初から規定する形で国が一定の考え方を押し付けることはよくないし、それを容認することは表現の自由の担い手としての報道機関としては好ましくなかろう。少なからぬ新聞ほかメディアが最高裁判決や大阪条例を評価し、記者会見場での日の丸掲揚や敬礼の一般化を当然と受け止める姿勢に、強い違和感をもたざるを得ないのは、そうした理由からである。

［参照：14年1月／16年5月］

秒読み　地デジ移行　*7.09*

いよいよ地上波テレビのデジタル移行があと二週間後に迫っている。この間、アナログテレビに対しては、画面の下に黒帯を付して買い替えを促す案内を流すという念の入れようだ。巷《ちまた》ではこれを「デジハラ」（デジタル放送・ハラスメント）と呼んでいたものだ。さらに七月にはいってからは、画面左下に大きな文字でカウントダウン字幕を入れ、通常の放送を見るのにストレスを感じる状況が続いている。現在の予定では、七月二十四日正午をもって、すべてのアナログ放送が完全に映らなくなることになっている（一部地域では、すでにデジタル移行が「実験的に」前倒しで実施されている）。

最新の総務省の説明では、延期が決まった岩手、宮城、福島の三県以外の未対応世帯は一％未満で、移行に向けて最終段階にあるとしているが、現実には数百万人がテレビを見られなくなると想定する民間情報もある。しかも沖縄は普及率が特段に低い地域の一つであって、全国平均で普及率が八割の段階で、自治体発表数字でさえ六割強、実態はまだ過半の家庭で旧型のテレビも視聴しているとされてきた（二〇一一年三月段階の総務省発表の数字でさえ、世帯普及率は約九割、石垣では約八割にすぎない）。しかもそれ以外に、二台目や車のナビ搭載のもの、商店や旅館での買い替えの遅れなど、この時期に及んで課題は山積している。

【アンテナ受信の日本】

デジタル移行を実施済みのアメリカで直前に四カ月延期した経緯や、イギリスでも時間をかけた段階的移行を実施中であることなどから、以前より専門家の間では延期やむなしの声が出ていたが、実は日本ではよりいっそう面倒な状況がある。なぜなら、海外ではテレビといえばケーブル（もしくは衛星経由）が主流で、アンテナを立てて「地上波」を受信する形態はむしろ少数派といえる。したがって、おおもとのケーブル（衛星）会社がデジタル対応すれば、大方の家庭ではそのまま放送を見続けることが可能な場合も少なくない。しかし日本ではご承知のように、アンテナ受信が一般的であるからだ。

しかもどの放送局も、番組の制作とともに送信も含め、「すべて」を自身で受け持っているという事情があって、番組を作ることと、それをきちんと家庭に送り届けることの両方に「責任」を負っている。あえて言えばそのかわり、限定された数の放送局が電波を「占有」することによって利潤を確保し、その財源を元に豊富な放送コンテンツを供給し続けてきた経緯がある。日ごろはあまり意識しないものの、三カ月ないし半年クールの番組編成（それだけ新しいコンセプトの番組が見られるということ）、ほぼ二十四時間放送ながらも再放送が少なく、しかも「無料放送」であることなどは、こうした放送形態を基盤にする。そしてなによりも、法律に基づき総合編成を実施しており（放送法による番組調和原則）、まがりなりにも報道・教育・教養・娯楽の各分野の番組が満遍なくチャンネルから流れている。そのそれぞれの番組の「質」についてはいろいろ意見があるが、世界を見渡すと案外まじめな放送であることがわかる。

【重要な「あまねく放送」】

こうした市場（収益構造）を維持し番組実態を担保するためには、当然ながら「みんなが見ている」ことが前提になる。そしてこの視聴環境は、法律によっても定めがある。放送法は受信料制度に基づく「公共放送」としてNHKを規定し、全国どこでも見られることを義務付けている。少し長くなるが、その根拠となる法律の規定を確認しておきたい。NHKの目的を定める放送法十五条は、「協会は、公共の福祉のために、あまねく日本全国において受信できるように豊かで、かつ、良い放送番組による国内基幹放送を行うとともに、放送及びその受信の進歩発達に必要な業務を行い、あわせて国際放送及び協会国際衛星放送を行うことを目的とする」と定めている。さらに二十条の業務でも「協会は、中波放送と超短波放送とのいずれか及びテレビジョン放送がそれぞれあまねく全国において受信できるように措置をしなければならない」（五項）とする。これは、すべての国内の視聴者（受信料負担者）に対して守らなければならない義務である。

そして各民放局も、このNHKの「あまねく放送」に対抗して中継局を整備して、離島でも山間部でも電波が届く環境を維持してきた。法的にも放送法九十二条で放送局の責務として「特定地上基幹放送事業者及び基幹放送局提供事業者は、その基幹放送局を用いて行われる基幹放送に係る放送対象地域において、当該基幹放送があまねく受信できるように努めるものとする」と努力義務が課されているのである。

国やＮＨＫは、あくまでも送信義務があるだけで、どこでも見られる環境を整備すればよいとするが、そこには各家庭できちんと「受信」できるということが含まれていると考えるべきだ。だからこそ、政府が膨大な国家予算を使って「デジサポ」（総務省テレビ受信者支援センター）を行い、無料チューナーを配布していることに正当性が保証されるのである。

したがって、デジタル移行でテレビが見られなくなるということは、放送法に違反することになるし、一方的に国がテレビを見る自由を奪うことは、知る権利（情報へのアクセス権）にも抵触しかねない憲法問題でもある。これまでも、段階的なアナログ停波という選択肢が示されてきたが（地域別の対応をとることも含む）、一方で地方放送局のサイマル放送（デジタルとアナログの両方の放送を同時に行う現在の状況）にかかわる設備維持等の経費がかさむという主張を勘案するのであれば、少なくともＮＨＫは当面の間、無条件に地上波のアナログ放送の延期をすべきであると考える。それは、先に挙げた放送法で定められたあまねく放送を保障するとともに、同法一〇八条で定める災害時の放送義務を貫徹し、全国で頻発している地震など自然災害への対応のためにも、必須であると考えるからだ。

［参照：08年7月／09年6月］

共通番号法の光と影　*8.13*

最初に下手ななぞなぞを。「ウシよりヒトが一つ多く持ってるものな〜に」。放射能汚染で牛の全頭検査が行われているが、それを可能にしているのが固有番号制度だ。実は私たち人間にもすでに同様な番号が振られており、住民基本台帳法に基づく住民票コードがそれだ。導入に際して「住基ネット」問題として大きな議論を呼び、その後も違憲性が裁判で争われてきたが、実際の生活では使うどころか意識することさえもまずない代物だ。

この桁《けた》数が、牛同様の固定番号十桁と、盗難などの場合に変更が可能な一桁から構成されており、この最後の一桁が牛との違いになっている。いまこのコードがあらためて脚光を浴びることになった。それが「社会保障と税に関わる番号制度」である（共通番号法では十二桁）。

【美辞麗句の制度】

名前は変わったものの、以前から何度も消えては出てくる国民総背番号制と同じであって、すべての国民（在留外国人含む）に固有番号を振り分け、その紐付け情報に関して完全に捕捉をしようという考え方である。具体的には、名称にもなっているように、年金、医療、介護、そして税務の各分野がその中心であって、国税庁にとっては悲願のグリーンカード制度導入が現実味を帯びてきたということになる。

なぜなら、個人とともに法人にも固有番号を振ることで、国内すべてのお金のやり取りを政府が掌握でき、脱税が防げると考えられるからだ。六月三十日には政府・与党社会保障改革本部における検討が終わり『社会保障・税番号大綱〜主権者たる国民の視点に立った番号制度の構築〜』が発表され、すでにパブリックコメント（意見公募）も終了、いよいよ「共通番号法」案作成に入る段階だ。

今回の制度は、民主党が提唱する消費税引き上げのある種の「付録」である。すなわち、間接税の大幅引き上げによってしわ寄せを受ける社会的弱者を守るために、必要な給付を行わねばならず、そのためには基準となる全国民の所得情報を的確に把握する必要があるとする。同様に、年金支給や医療・介護・保育・障害に関する助成においても、限られたパイを公正に分配するために社会保障と税を一体として捉えることにより、国民の社会保障給付を適切に受ける権利を守ることが実現するという。議論の終盤で発生した東日本大震災を受け、急遽《きゅうきょ》、「大災害における真に手を差し伸べるべき者に対する積極的な支援」のためには、この番号制度が有効であるとの一節も加わった。

しかし、こうした美辞麗句が必要以上に並ぶ制度は、所詮怪しいと思った方が間違いがない。付録のわりには漏れなく付いてくるマイナス要因が大きすぎないか。その最大の問題点は、なぜすべてを一本化した共通番号が必要なのかであり、そもそも可能な限り多くの個人情報をデジタル化し、オンライン・ネットワークに載せることが正しい選択なのかという疑問がある。さらには、個人を固有の番号で捕捉・管理するという「思想」そのものへの反発をもつ人もいるだろう。そうした感覚的な嫌悪感の根源にあるのは、政府はこの番号制度を「権利の拡大」と位置づけるが、実は「自由の縮減」の代償が大きいことを、直感的に感じているからにほかならないと思われる。

【「具体的危険」理由】

ここでは三つの側面に分けて考えてみたいが、まず番号制度そのものの問題については、弱きに厳しく強きに甘い制度になる可能性がすでに指摘されている。少なくとも、現在の給与所得者が特段に厳しく捕捉される構造には変化はなく、また個人に比べ法人にやさしい状況にも変わりはない。あるいは、民間利用を当初は予定していないというものの、一方で国民ＩＤ制度への拡大がすでに政府内でも語られ、導入時に本性を隠してその危険性を議論の対象から外す手法は姑息ですらある。

利用拡大は全国民の行動履歴（ライフログ）の蓄積・活用を意味し、こうした「丸裸社会」を是とするかの議論がまず必要だ。さらに効率性や利便性を謳《うた》うわけであるが、一般市民にとっての必要性は見えてこない。にもかかわらずその金銭的負担は大きく、導入に五千億円以上が見込まれるほか、データの保管や運営には膨大な経費がかかる。その上、コスト面からプロテクトを甘くせざるを得ない状況すら、すでに言及されている。

次に、番号制度の仕組みにも疑問がある。基本設計は、二〇〇八年の住基ネット訴訟・最高裁合憲判決に忠実に従っているが、そのベース自体が正しいかという抜本的な問題だ。判決の中心は「情報が容易に漏洩《ろうえい》する具体的危険がないこと」であるが、この「具体的危険」を理由にした弁解こそがまさに「危険」である。実際、原発訴訟ほか行政訴訟の多くはこのワンフレーズで政府の責任を回避しているのであって、三・一一の教訓は前述の弱者救済ではなく、まさにこの危険性から目を背けないことではなかろうか。

また、漏洩の危険には罰則の強化をもって対処するという方法をとるが、厳罰主義自体の妥当性とともにウィキリークスの時代に罰則によって漏洩を防ぐことができるという考え方を変える必要があるだろう。そもそも最高裁判決では、「妨げられない自由権」を保障しているものの「自己情報コントロール権」を積極的に承認していない問題点もすでに指摘されているところである。

【不十分な議論】

そして最後が、取材報道の自由の観点からの疑問である。個人情報保護法制定時も、取材の自由が制約される危険性が議論され、結果として、表現の自由の尊重規定を入れ、報道目的などでの情報収集を適用除外にすることで、折り合いをつけた経緯がある。共通番号法は極めて広範な個人情報を射程範囲におくことになるが、これらの収集や公表が制約を受ける危険性を、どう回避するのか、議論はみえてこない。「正当な理由」があれば提供可能というが、取材行為がこれに含まれるかどうかは解釈次第だ。やっていいことと悪いことの区別が誰にとっても明確であるべき行為規範としては成立しえず、取材をする者に萎縮《いしゅく》効果を生むには十分であるからだ。

こうした曖昧《あいまい》な制度が不十分な議論の中で実行されることには、表現の自由やプライバシーの観点から重大な問題がある。

［参照：11年1月／15年10月］

国家秘密保護法は必要か　*9.10*

あれから一年、事態は思わぬ方向に急展開している。尖閣諸島沖で中国漁船と海上保安庁巡視船が衝突したのが二〇一〇年九月七日。その後、漁船船長の釈放（のちに起訴猶予）、衆参両院での限定公開を経て、十一月四日に「ｓｅｎｇｏｋｕ３８」名の事故動画四十四分がユーチューブに投稿され、出頭した海上保安官は書類送検され（のちに起訴猶予）、停職処分となった（同日、退職）。これを受け、同時期に社会問題となった警視庁国際テロ捜査情報流出事件や米国外交公電のウィキリークス流出事件とあわせ問題視した政府は、当時の仙谷由人官房長官を長とする「政府における情報保全に関する検討委員会」を十二月七日に設置する。同委は、内閣危機管理監や内閣情報官のほか、外務省、防衛省、警察庁、公安調査庁、海上保安庁の局長級をメンバーとして、「政府における情報保全に関し、秘密保全に関する法制の在り方及び特に機密性の高い情報を取り扱う政府機関の情報保全システムにおいて必要と考えられる措置について検討する」としている。

【威嚇力で防ぐ】

その前者の結論が、八月八日に発表された報告書「秘密保全のための法制の在り方について」

で、一月以降六回の会合を経てまとめられた。会の構成は、座長の縣公一郎《あがたこういちろう》（早大）ほか、櫻井敬子（学習院大）、長谷部恭男（東大）、藤原静雄（中大）、安富潔（慶大）の五人で、行政法、憲法、刑事訴訟法などのスペシャリストだ。

　添付された事務局資料には、前述の事件のほか、イージスシステム関連データ漏洩《ろうえい》事件（ＭＤＡ秘密保護法違反で海上自衛隊員が懲戒免職）、ロシア大使館への情報提供事件（国家公務員法違反で内閣情報室職員が懲戒免職）、中国潜水艦情報漏洩事件（自衛隊法違反で情報本部自衛官が懲戒免職）といった〇七〜〇八年発生の事例とともに十年前の事件にまで遡《さかのぼ》り、海外法制（米・英・独・仏）と比べ秘密保護法制が甘いことを示唆する内容となっている。

　報告書本文は七章構成で、「秘密保全法制の必要性・目的」で、「我が国の利益を守り、国民の安全を確保するためには、政府が保有する重要な情報の漏えいを防止する法制を整備する必要」があるが、現行法令は防衛秘密分野には保護制度があるものの「必ずしも包括的なものでない上、防衛以外の分野ではそのような法律上の制度がない」とし、「秘密の範囲」を「国の安全、外交、公共の安全及び秩序の維持」の三分野にしている。さらに「秘密の漏えいを防止するための管理に関する規定がない上、守秘義務規定に係る罰則の懲役刑が一年以下とされており、その抑止力も十分とはいえない」と述べる。

　要するに、現状は法律が緩いがために政府情報がダダ漏れで、行政運営に支障をきたしている。そこで、国益にかかわる政府情報に対し包括的に保秘の網をかけ、罰則を強化することによる威嚇力で漏洩を防ごうということである。

果たしてこの現状認識と発想は正しいのか。しかも、報告書でも要件の絞り込みや知る権利への配慮の必要性を指摘しているが、この制度がそれだけ憲法上の権利に抵触する可能性が高いことの裏返しでもある。しかしそのための対策としては、自衛隊法並みに絞り込みをすることや、公務員に対する取材の自由は最高裁判決で保障されているといった、「現状」を確認しているにすぎず、新法に関しては何も言っていないに等しい。

現行の保護体制は、米軍秘密と防衛秘密を守る法律がそれぞれ存在し、それ以外は各種公務員法の守秘義務によって対処している。なぜそれに上乗せして包括的な秘密保護法を作る必要があるのかはみえない。むしろ資料で、海外のスパイ罪の刑罰と日本の現行法を比較するなど、一九八〇年代の国家秘密法（スパイ防止法）を彷彿《ほうふつ》とさせる議論が突然、姿を変えてよみがえったことに驚きを禁じえない。改めて立法事実（どうしても新制度を作らなければ取り締まれないだけの状況）があるのかとともに、なぜ表現の自由を手厚く保障し、「軍事」を中核とする秘密探知罪を設けてこなかったのかという憲法の原点を、改めて確認する必要がある。

【国民の「不利益」】

さらにいえば、現在の政府は原発事故やその根底にある原子力行政の進め方で、情報隠し・情報操作の重大な問題を抱えている。事故情報を意図的に隠蔽《いんぺい》あるいは遅延させることで、住民に多大な放射能被害を与え、さらに発表情報の決定的な不足によって精神的不安定や風評被害を引き起こしている現実を直視すべきである。にもかかわらず政府は、インターネット・プロバイダ事業者や放送局を役所に呼びつけて、デマ情報や不安に陥るような情報発信・提供をしないよう要請するとともに、原発関連情報に関しては大手広告会社と協力して、情報監視や世論操作をしているのが実態だ。今回の保護法制作りは、こうした情報遮断をさらに進め、情報流通の管理をさらに固めることで、「臭いものに蓋《ふた》」をしようとしているとしか見えない。

　順番としてはまず、エネルギー庁の情報監視や省庁から各電力会社あてのやらせメール指示といった情報操作が問題であることを認め、それらを根絶するシステムを作る方が先であろう。それなしに、現行法では政府の秘密が守れず〈国益〉に反するといわれても、〈国民の利益〉に反する行為をしているのは政府自身であるといわざるを得まい。こうした国家と情報の関係は、残念ながら民主党の馬脚をあらわすものである。表向きは情報公開を推進しているように見せつつ、憲法の基本理念よりも日米地位協定や各種密約を優先する状況にさらに拍車をかけ、知る権利の例外事項を拡大しようとしているからである。

　新たな野田佳彦政権に期待するのは、真に透明性のある政府の実現であって、都合の悪いことを隠すのは「もうやめにしましょう」といってほしい。そのためには報道機関自身も、福島（原発）と普天間（安保）といった「二つのF」に代表される、政府と一体化した国益報道と決別しなければならないことは当然である。

［参照：10年11月／11年9月／13年9月／13年11・12月／14年8月／14年11月／15年7月］

モザイク処理の問題点　*10.08*

震災から半年を経たが、この間、紙面で大きな変化を呼んでいることがある。ここ十年ほど、日本は匿名社会化が進んでおり、それは紙面でも、事件事故の現場写真にモザイク処理が施されたり、そもそも仮名や匿名での記事が増えたりもした。しかし今回の震災を機に、久方ぶりに顔写真や実名が頻繁に紙面を埋めるようになっている。ではいったい、報道機関はなぜこれほどまでに「隠す」ことに熱心であったのか、これを機にあらためて考えてみたい。素材にするのはより顕著な傾向として現れる、テレビのモザイクや顔なしインタビューだ。

【モザイク・顔なし報道】

一般に顔なし（顔抜き）インタビューで括《くく》ることができる〈匿名〉報道には、首下映像や背後映像などの画面構成、モザイク処理や音声加工、匿名仮名のほか映像自体ない場合や関連映像や再現ビデオを使用する場合などがある。

こうした特定回避の場合の理由づけとしては一般に、情報源の秘匿《ひとく》（内部告発者で特定によって本人の不利益が容易に推定できる場合）、本人が秘匿を希望（インタビューなどで秘匿を条件に取材を受諾した場合）、局判断による名誉保護（本人意思とは無関係に被疑者・被告人などで名誉の保護が必要な場合）、局判断によるプライバシー・個人情報保護（いわゆる映り込み事例など、本人意思とは無関係に被報道者・物のプライバシー・個人情報保護が必要な場合）、当局からの要望（裁判員記者会見などによる裁判員映像など）が挙げられる。

これに対し例えば、放送界の倫理問題を扱うＢＰＯ放送人権委員会は、以下のような考え方を示している。

・匿名やモザイク使用は報道における必要な方法の一つで、例外的な緊急処理として有効だが、取材不足を補う便法としての使用は調査報道の本質に反しジャーナリズムとして疑問である。

・匿名やモザイク使用は真実性を阻害する恐れがあり、匿名やモザイク使用が被報道者への疑惑を増幅させる可能性がある。

・撮影時点でできる限りぼかしを入れない工夫をしたり、映像選択時点で他の映像に代替する努力をすべきで、部分的ぼかし処理には限界があることに注意だ。

・匿名扱いでも社会的評価の低下はありうる。

要するに、顔なしはあくまでも例外であるということだが、現場ではむしろその「原則と例外の逆転」が生じている実態があるといえよう。取材対象者への配慮というものの、抽象的な理由によって、むしろ匿名やむなしの空気を醸成しているからである。

【悪循環どこで断ち切る】

その結果、情報源の明示とプライバシーの保護のバランスを考えても、事実の特定が困難になったり情報の客観性が過度に失われている。しかも、使用映像の必然性が十分確認されているかといえばおおいに疑問だ。あるいはまた、隠しカメラ（隠し録音）取材の場合の映像処理との関係に顕著であるが、本来は取材と放映は別個に判断されなければならないはずが同一視されて、報道できないものは取材もしないという思考停止の「ルール」が記者の中にある恐れもある。

そしてさらには、ニュース（報道）の信頼性や視聴者の番組信用性という最大目的を減じてまで、顔なし映像を使用する必要性はあるかという疑問にまでたどり着く。こうしたなし崩しともいえる状況の結果、市民のプライバシー意識を誤導し、いわば個人情報保護の過剰反応が蔓延しているのではなかろうか。社会の中の顔出しNGの空気と、取材する記者の側の人権意識の向上が相《あい》俟《ま》ってできあがっている匿名社会の連鎖を、どこかで切らなければ報道活動自体が困難になるのであって、現状はまさに自分の首を絞めているとも言える。

【報道側の意識改革】

こうした現実を変えるためには、まず取材報道側の意識を変えることから始める必要がある。情報源の秘匿は絶対であるが、それは事実の特定や裏づけが困難になることを意味するのであって、局の法的倫理的責任がより重大になることの覚悟が必要である。客観性や真実性を担保する必要があって、同一画面上で可能な限り発言の信憑性《しんぴょうせい》を確保するための努力を行い、形式的な取材対象者への配慮を排除することが大切になる。したがってもしプライバシー保護を目的とする場合は徹底的に行うべきで、中途半端なモザイク処理は目的を希薄化するであろう。

安易な匿名・顔なしインタビューを避けるには、取材スタッフとの十分な企画意図の意思疎通と時間的余裕が必要である。必然ではない映像については、放映時に代替可能性を検討し、場合によっては画がないことも認め使わない勇気を持つことがあってもよいだろう。そして、多少面倒でもモザイク使用や顔なし映像の場合は、画面上でその必然性を注記することで市民意識を変える努力をすべきではないだろうか。そのほか、局内議論の活性化と具体的行動は必須である。逮捕時の連行映像など定型的にモザイク処理するものも含め、なぜ必要なのかの議論を日常的に継続していることが大切だからだ。

そしてもし、実名報道が原則であるというのであれば、このモザイクの多用は明らかに原則に反するばかりか、報道の基本である情報源の明示努力を怠っているともいえる。被取材者の名前すら聞かずに、画面で証言を放映しているのではないかと思われる場合すらあるからだ。これでは、無罪推定原則がかかっている被疑者に対しては居丈高に実名報道を振りかざし、一方ではあまりにも腰が引けた匿名報道を行っていることになり、バランスを失することは明らかである。

それからすると、顔なしモザイク加工は単に被取材者の配慮の問題にとどまらず、従来の報道機関の客観報道や中立公正性をも脅かす、根っこの深い問題ということが分かる。そしてこの問題は、テレビだけではなくラジオや新聞でも、多かれ少なかれ同じ問題を抱えていることを意識しなくてはなるまい。

［参照：13年2月］

問われる政治（家）報道　*11.12*

震災後、政治家の一言が立て続けに辞任に繋がったり、首相の記者会見のありようも、ギクシャクが続いている。松本龍、鉢呂吉雄の両大臣の「失言」は、いずれも在京テレビ局が火付け役で、新聞・通信社がそれを煽《あお》った状況があったが、結果的に読者はマスコミをやり過ぎと醒めた目で見ている雰囲気がある。たとえば、松本発言は働かない知事を「恫喝《どうかつ》」したのであって、それを在京メディアは被災者を馬鹿にした発言とすり替えて、首を取ることに熱心ではなかったかとの声を、岩手で何度か聞いた。さらに被災地にとって不幸なのは、こうした政治ゲームが東京で繰り広げられている間、現場が取り残され、まさに「被災直後」がいまだに継続していることにある。

また、首相に四六時中くっついて、誕生日になるとプレゼントを渡す記者を胡散《うさん》臭く思ったり、接触が一部の既存メディアに限定されていることへの批判に喝采《かっさい》をする実情もある。そして、こうした社会の雰囲気を巧みに利用して、大手メディアは「オフレコ」の約束を勝手に破っているとか、揚げ足取りをするなら取材には応じないといった形で、政府や政治家は情報コントロールをさらに強化しようとしているように見える。ではいったい、政治家取材はどうあるべきなのか、問題を整理しておきたい。

【オフレコの功罪】

政治家取材の形態としては大きく、記者会見、インタビュー、官庁や自宅での懇談、移動中のぶら下がり取材がある。首相に関してはこのうち、業界内（内閣記者会など）の取り決めとして、単独取材はテレビや雑誌はＯＫだが、新聞は複数社によるグループインタビューに限定している。さらに最近は、官邸の庁舎管理が厳しくなったり、議員宿舎がオートロックになって中に入ることはできなくなったために、車寄せから玄関ロビーに入るまでの間の「声掛け」接触に限定されている実態があるという。

なお、すべての場合において聞いたことは原則は自由に報道することが可能だが、特定の政治家を追いかける「番記者」間で慣習上、メモ（記録）をとらない約束が成立している場合がある。その際はほぼ自動的に、直接引用はしない限定的オフレコ取材であると理解されている。こうした、阿吽《あうん》の取材ルールが成立する背景には、政治家取材には形式の定例化、機会の日常化、記者の固定化があり、それが癒着の温床と批判される一方で、信頼関係を醸成することになっているからだ。また、政治家発言はその個人名にニュース価値があることが多く、したがって言う方も報ずる側もセンシティブにならざるを得ない側面もあろう。

ただし、取材先からオフレコを取材条件にされた場合も含め、発言内容などから報道することに公共・公益性があり、政治家との信義を上回ると判断する場合は、情報源を明示して報道する場合があることは言うまでもない。なお、フリーランスを中心にオフレコを一切否定する動きもあるが、真実に近い情報を入手する手段としての有用性を全否定する必要はなかろう。市民にとっての受領情報の拡大に繋がるからだ。ただし、そうした関係が馴《な》れ合いとなっては逆効果である。たとえば中川昭一「泥酔」大臣の時のように、知ってて書かない「大」メディアに対し、雑誌がズバリ真相を暴いたことは、こうした状況を象徴する一例だ。

【日常的な首相監視】

日本の場合は、政治家が会見や取材に応じる必要がなく（取材応諾義務がない）、情報公開制度も進行中の事柄については対応していない（意思決定過程情報は対象外）。したがって、政治家も会見はサービスと言い切ったり、海外と比較しても首相は随時会見で十分との考えが根強いように見受けられる（年頭や予算成立時などの節目会見は定例化している）。また、首相の取り扱う事柄は国家秘密でメディア露出はよくないとの考えや、民主党政権には首相の退陣を早めたとの被害感情も強い。

そうなると、報道側としては日常的な「監視」を制度化していく必要がある。その一つは、多くの新聞で行っているように首相の動静を分刻みでウオッチして紙面化することだろう。あるいは、物理的に首相のすぐ脇で密着取材することを、SPや衛視に邪魔させない力関係を維持することで（ある在京紙記者は「入会権」と表現している）、たとえ鋭い取材ができない若手記者であっても、一挙手一投足を凝視し続けることだ。なぜなら、首相情報の肝は、政府方針ばかりでなく、誰に会ったたか、未確定の個人的な思いは何かなどを探り、先を見通す材料にすることだからである。確かに、せっかくの番記者情報は紙面上ではせいぜい「政治ゴシップ」扱いにしかならないものかもしれない。取材記者の重点配置が必要な今日において、コストパフォーマンスが悪い態勢の一つともいえよう。しかし、むしろそれは、日本風の地道な権力監視制度であることも忘れてはなるまい。

同時に、読者・視聴者＝有権者にとって有益な情報をより多く伝えるためには、知る権利の具体的な拡充にどうつなげることができるかも問われている。会見をサービスと言い切る政治家に対抗するには、公人に対する取材を公的情報へのアクセス権と位置づけ、表現の自由の具体的な請求権に高めていくことが求められている。そのためには、報道機関がタッグを組んで闘う必要がある。その点がはっきりしてくれれば当然、庁舎管理権を盾に取った取材制限の多くは許されなくなるし、会見の主導権を政府や政治家が握られがちな現状も解決していくことだろう。他の大臣のように頻繁な定例会見を開催することまでは不要としても、報道機関側の要請に応じ、会見やインタビューに応じることを制度化することは早急に実現する必要があるだろう。重要なことは、記者からの質問が出づらい国際会議や海外での会見で重要事項を発表するという事態が好ましくないことは、明らかである。

［参照：11年12月／13年7月］

オフレコ取材考　*12.10/13*

十一月末の田中聡前沖縄防衛局長発言のあと、分かったことが二つある。一つは、政府も東京のメディアも、言葉の使い方は別として、その発言内容はたいしたことではないと考えている節があること。二つは、その関係でもあるが、東京メディアしか居合わせなかった場であれば、報道されていなかったかもしれない、ということだ。

ある東京紙の記者は、この種の発言は酒席ではまま行われる表現にすぎないのであって問題にするほどではないと言う。あるいはまた、新聞協会の見解を引いて、政治家との信義を破ることは、ジャーナリストとしての倫理違反であると社説で琉球新報の対応を批判する。要するに、オフレコを前提とした酒宴の発言を、そのまま記事化しては当事者との信義はもとより、取材先一般との信頼関係をも壊すことになり、報道界全体に悪い影響を与えかねないのであって、報道すべきではなかったという考え方である。

この主張にはオフレコ取材の根底に流れる重大な課題が含まれており、いま一度、政治家取材、とりわけオフレコなるものを根本的に考え直す必要がある。

【取材とは何か】

今回の懇談は、防衛局長の呼びかけに応じ市内居酒屋において会費制で行われたもので、この局長との懇談は初めての機会であったという。当日出席者は、局長と広報室長のほか、地元と本土の新聞・放送・通信九社九人とされている。

論点の一つは、「取材」とは何かである。ジャーナリストたるもの二十四時間見るもの聞くものすべてが取材の対象であろうが、ここでは取材の自由の保護対象となる行為であって、職業倫理が問われる場合をさす。その判断基準としては、場所、態様、目的があるだろう。相手が政治家・役人で、議会や庁舎内で行われた場合は、それが公式な記者会見であろうと、大臣室での非公式な懇談や廊下の立ち話であろうと、すべて「取材」と認定して異論はなかろう。

庁舎外の場合には、その接触機会が特恵的なものか、接触理由が報道目的かで分かれると考えられる。記者の立場を利用して接触したり、社が経費を負担している場合などが、一般に取材の範疇《はんちゅう》であって、送別会など最初から「懇親」のみを目的で集まった場合などは、取材カテゴリーに入れるのは相応《ふさわ》しくない。これらの場合には、その場での発言を直接引用して報道することは〈報道倫理上〉許されないのであって、あらためて「取材」によって言質をとるか、情報源を秘《ひ》匿《とく》したうえでその内容を記事のなかに溶かし込ませる手法をとらざるを得まい。取材である限りは法的な権利・自由や職業上の責任・義務が発生するからであって、だからこそ取材とは、「記者であるゆえに特恵的な機会が与えられている場合」に限定する必要があると考えられる。

この点から今回の居酒屋懇談を考えると、広報室長まで出席した準公的な会合であって、記者であるゆえの接触機会であることは明らかだ。経費を社が負担していてもおかしくない事例で、税法上も取材費として認められると想定される。その点からも「取材」であることが外形的に認定されよう。もちろん、記者がまったくプライベートに政治家や役人と食事をすることはありうるだろうし、そうした可能性や機会を否定しないが、いわば赤提灯《ちょうちん》での世間話や愚痴話のレベルとは決定的に異なるのであって、二人の間の私的会話を一方的に暴露したのとは異なるとの認識が必要である。

そしてここで確認すべきは、「取材」である限りは、報道することが原則でなくてはならないということだ。それは、記者が読者・市民の知る権利の代行者として、法・社会的に特別な地位を与えられ、それがために取材が可能になっているという制度上の特性から導かれる。したがって、報道機関がいま説明すべきは、報道する場合ではなく、しない場合の「正当な弁明」でなくてはならない。

【報道しない事例】

そこで第二は、どういう場合に報道しないか、すなわち「オフレコ」が成立するかである。いまや一般用語化する言葉だが、業界用語の一つで「オフ・ザ・レコード」の略、記録＝報道しないの意味で使用される。いわば「ここだけの話」で、通常はメモをとったりテープを回さないのが「礼儀」とされている。

もちろん記者の側は、聞き流すのではなく、重要だと思ったことはすぐにトイレに駆け込んで、メモに起こすように教育されているという。したがって、報道しないの意味は、すぐに言ったことをそのままの形で報道しないの意味であって、実際、オフレコ内容はさまざまな形で記事になっている。その最たるものは、官房長官や党幹事長の発言で、政府首脳や党幹部といった名称でむしろ報道されることが前提で、単に情報源が明示されないという意味での不報である。あるいは自分が書く記事の正確性を高めたり、価値の大きさ（たとえば発言内容の実現可能性）を判断するための材料として活用されることも一般的で、オフレコ懇談が背景説明（バックグラウンド・

ブリーフィング）と呼ばれるのもこの理由からである。

さらに完全オフレコ（完オフ）と称して、取材源を明示するしないにかかわらず発言内容を直接引用して報じてはいけないという「縛り」をかける場合もある。いわば、報道しないことを前提に内部事情を話しましょう、といったケースである。あるいは、懇親目的なので、お互い仕事のことは忘れましょう、という場合もあるとされる。しかし、立場を忘れて本音ベースで話し合いましょう、ということが「取材」である限り本当にあるか、という問題が残る。

今回はその完オフの要請は開始時にあっただけで、遅れて参加した者もいたことから、同席者全員に徹底されていなかったようだ。取材した内容を最初からいっさい報道しないと約束する行為自体が、取材に特別な地位を与えている現在の社会制度上許されないのであって、そうした約束は読者に対する裏切り行為といえる。また、取材を受ける側が公人である場合は、法的に取材応諾義務があるとまではいえないまでも、情報公開法の精神からしても国民に対する説明責任があるのであって、職務上知りえた情報を意図的に秘匿する（公表しないように要請する）行為は許されないと考えるべきである。

【報道の仕方】

そのうえで、問題は三つめの報道の仕方になる。今回も「オフレコ破り」という言い方がされるが、これも報道の仕方が悪いのであって、東京紙からは、もう少しぼかせばいいのにとか、間をおいて報道すればよかった、という声が聞こえるのはこのあたりと関係する。

オフレコはその場にいるすべての関係者の合意を持って初めて成立する例外措置であるから、一人でもＮＯといえば、その瞬間に約束は無効になる類いのものである。そしてその原則に戻る基準は法ではなく倫理の問題であって、ジャーナリストとしての「覚悟」と「責任」が問われることになる。覚悟とは、取材対象者へ迷惑がかかること、取材対象者あるいは取材先の組織との将来にわたる信頼関係を反故にすること、さらには報道界全体と取材先の関係にヒビが入ることや、さらに広く報道界の取材一般における取材対象者との信頼関係構築に悪影響を与えることなど、報道によって引き起こされるであろう可能性の認識と、場合によってはそれに伴うマイナス影響を引き受ける社会的責務である。

そして同時に、報ずることによって読者が獲得する価値が、記者・新聞社・報道界が失うマイナスの総和を上回るか、そうでないまでもその決定過程を事後的に明らかにし、読者・市民の理解を求めることによる正当性の担保が必要である。実際今回の場合は、防衛局長自身は更迭され、相手方に多大な不利益を負わせ、今後、この種の懇談は開催されなくなる可能性も含め、琉球新報は取材に応じてもらえない危険性を負うことになった。

しかしながら、発言内容はそれを聞いた記者において「公憤」を呼び起こし、社の組織検討を経て報道価値が上回ると判断したことが認められる。ここでいう公憤は、いわば報道内容の公共性・公益性であって、表現の自由を実際に裏打ちするものでもある。そして、不利益を上回る価値があると報ずる者が主体的に判断をした場合、それはすべてに優先する結論であって、それを押し止める力は少なくとも取材される側には与えられていない。

【変わる協会指針】

新聞協会が一九九六年二月十四日に出した「オフレコ問題に関する日本新聞協会編集委員会の見解」では、「オフレコは、取材源を相手の承諾なしに明らかにしない『取材源の秘匿』、取材上知り得た秘密を保持する『記者の証言拒絶権』と同次元のものであり、その約束には破られてはならない道義的責任がある」と記されている（『取材と報道　２００２』日本新聞協会、二〇〇二年）。ただし見解のきっかけとその後の推移に多少の注意が必要である。

議論の端緒はオフレコの内容が雑誌に流れたことであって、そうした「ズル」が政治家との信頼関係を失わしめるとしている。もう一つは、この見解が記者クラブにかかわる一連の取り決めの一つであるという点だ。とりわけ〇九年以降の記者会見開放化の動きの中で、一部の常駐記者だけを対象にするような懇談形式の非公式な集まりはよくないと指弾されるようになった。こうした流れを受けて〇九年版の『取材と報道　改訂4版』では、記者クラブの項目が大幅に変更され、このオフレコ見解も姿を消している（廃止されたわけではなく、協会ウェブサイトには掲載されている）。それからすると、この見解をもってオフレコ順守を最上位の職業倫理というには違和感が残る。

自らが定めた自主自律のルールを守ることを前提に、憲法上で表現の自由の保障が与えられ、さまざまな取材特権が与えられている。しかし一方で、「破る」という語感とは反対に、報道することと自体は原則に戻る行為であるということを忘れてはならない。読者の知る権利に応えるために、取材対象との信義則を超えるだけの大義があり、さらに将来にわたる不利益を引き受ける覚悟をもつことが前提ではあるが、報道側には常に報道する権利が留保されており、取材される側は公表の可能性があることを甘受せざるをえないのである。

【身内への裏切りか】

そこで最後に残るのは、こうした報道の仕方が取材対象との信頼関係を崩し、結果として将来の報道界一般の取材にとって悪影響を及ぼすという考え方である。いわば、取材先ではなく、身内（ジャーナリスト仲間）に対する裏切り行為ではないか、という点である。これは微妙な問題で、オフレコ「破り」は常にその問題が付随する。確かに、報道界全体の取材がやりにくくなり、真実への接近に困難が生じ、結果として表現の自由の枠が狭まってしまったのでは元も子もない。

これらの点に対し、琉球新報は報道前に本人に通告し、不意打ちを食らわすということをせず弁明の機会を与えるという「マナー」を発揮し、その後の紙面でも経緯を読者に説明し、透明化の努力を見せている。あえていえば、会合の場で十分な反論をすることなく紙面化することが不意打ちに当たらないか、オフレコと認識している可能性があった当事者である仲間（他社）への事前の断りがなかったのはマナー違反ではないかとの指摘があるようだ。これらについては、もちろんした方がベターであったといえるだろう。

ただし、今回の事例を鑑みると、記者は質問を離れた席から大きな声で局長に向かって投げかけたとされている。したがって、そのやりとりを他社の記者は十分知りうる環境にあったと推認できたこと、単なるワンフレーズではなく、全体としての文脈からその悪質性が明らかであることなどから、同席した記者が問題意識を持てば当然に同じ結論に達しておかしくなかったと想定できよう。

むしろ報道しなかったのはオフレコ約束があったからではなく、記者の問題意識や社の方針の違いというべきではないかと思われる。それをオフレコの問題にすることは、むしろ発言者を擁護することに作用することになり、ジャーナリストの使命からすると疑問であるといわざるをえない。実際政府は、報道の事前通告に対し、報道すれば事後の取材を拒否すると、〝脅し〟をかけてきている事実があるからである。

結論として、今回の琉球新報の報道は新聞界内では否定的な意見が少なくないが、取材・報道の基本を忠実に実行したものであって問題がないばかりか、自身に降りかかるであろう将来的な不利益を超えて市民の知る権利に応えたものとして、評価されるべきものと考える。

［参照：09年1月／11年11月／12年9月］

2012
年

【2012年】ヘイトスピーチ跋扈

人気サイト「食べログ」でやらせ発覚（1）

沖縄防衛局長が宜野湾市長選で投票を促す講話（1/23~24）

大阪市、職員の組合活動・思想信条を調査（2）

自民党が日本国憲法改正草案を発表（2）

ニコンサロンの慰安婦写真展で中止要請あるものの仮処分申請が通り東京では開催、大阪は中止（2）15年に中止は違法との司法判断

新東名高速部分開通(4/14)

国立国会図書館・放送アーカイブ制度骨子案まとまる（5）

全原発停止(5/5)

新型インフルエンザ対策特措法制定（5/11）

東京スカイツリー開業(5/22)

大阪市、入れ墨調査拒否者を処分（5）一審無効、高裁逆転有罪、16年に確定

大阪市、職員の政治的行為の制限条例制定（7/31）

大阪教育委、労組集会への貸出拒否（8）

アワプラネットTV、国会記者会館屋上使用拒否される（7）

ロンドン五輪（7/27～8/12）

在沖海兵隊員が女性に猥褻行為（8）

オスプレイ配備反対の県民大会（9/9）

日経が自社の名誉毀損訴訟での取材メモを開示で見解（9/27）

普天間にオスプレイ配備（10）

人権救済法案を閣議決定（9/19）

尼崎連続変死事件（10）

在沖海軍兵が女性に暴行（10）

在沖米兵が民家に侵入し乱暴（11）

松江市教委が「はだしのゲン」を学校図書館から撤去要請（12）13年8月26日撤回

中央道笹子トンネルで天井板落下事故(12/2)

衆院選挙で自民党圧勝（12/16）

第2次安倍内閣始動（12/26）

新聞各社で「誤報」相次ぐ

基地報道のジレンマ　*1.14*

年をまたいで環境評価調査書の提出がなされ、これから半年間、表面上の事務手続きの進捗《しんちょく》とともに、実質的には日米同盟のありかたを含めた米軍再編のなかで、普天間問題は大きな節目を迎えることになる。しかしあいかわらず、東京紙の扱いは極めて限定的だ。その根底には、送り手側に沖縄に対する決定的な無理解が存在するとともに、一般読者の中にも蔓延《まんえん》する無関心があるように思える。そうした状況を変えるには、まず個々人が沖縄を「知る」ことからはじめる以外になかろう。

所属先の大学ではおそらく日本で唯一、正規科目として「沖縄ジャーナリズム論」があり、一週間の集中講義を県内で実施している。中身も、辺野古《へのこ》で座り込み住民から話を聞き、実際にカヤックで海上に出てみる一方、海兵隊の司令官から米軍駐留の必要性と必然性についてのレクチャーを受けるといった内容だ。それは、沖縄から日本を見ること、あるいは沖縄の過去・現在・未来を学ぶことで、現在の日本社会が抱えるさまざまな課題を凝縮された形で学べると考えたからである。もちろん、こうした正規講義以外に、ゼミや課外活動で実際に沖縄の地を訪れることは、筆者自身も含め多くの大学ですでに実践されているところである。

これらに参加した学生は、修学旅行や観光できたことがある学生も含め、一様にショックを受ける。そして、知った限りは「託された思い」をその後の学生生活の中で膨らませることになる。ここではその一例として、参加ゼミ生が自主的に行った報道検証を紹介したい。それは、あまりにも落差が大きい沖縄地元紙（琉球新報）と東京紙の現状が、世論形成に影響を与えているのではないかとの問題意識に根付くものだ。過去の記事データベースが存在する読売新聞と朝日新聞を東京紙（全国紙）として比較の対象としているが、その目の付け所から東京在住の若い世代の沖縄報道観を伺うことも可能である。

【少ない県民の声】

今回の調査は、二〇一〇年三月〜一一年七月の記事から、反対集会、基地、事件事故、環境といったテーマごとに抜き出したもので、必ずしも沖縄報道の全体を正確にトレースしたものではない。しかしそれでも、おおよその傾向を摑《つか》むことができる。たとえば一〇年四月の県民集会、翌月の反対運動、九月の名護市長選でみても、基地の県内移設により、危険や生活への支障が沖縄に残ることを一貫して問題視している新報に対し、読売は普天間基地の固定化を懸念する記述が全体的にみられ、固定化を避けることができるならば、現実的選択肢としては辺野古移設が好ましいとの主張に繋がっている。その結果九月の段階では、移設反対・容認・中立という三紙それぞれの立ち位置が浮き彫りになっていた。

また、東京紙を時系列に追うと、意見が一貫していないことがわかる。読売は四月段階では賛否を明言せず、九月になると政府の意向である県内移設へと踏み込む形となっている。朝日も、移設を困難視した四月からは一歩引いた立場にとどまった。この間、政府の意向が県内へと傾いた事により、沖縄と政府の対立が明確化し、全国紙の意見が変化したものと考えられる。これを社説からみると、朝日の場合、一時は消えた「一基地の問題が日米関係の大局を見失わせた」といった日米同盟の深化を求める社説が、鳩山政権後に復活している。この点、読売は常に政権批判の論調でブレがないとする。また、新報には県民の声が数多く紹介されるのに比して、東京紙とりわけ読売には現場の声がほとんど登場していないと指摘している。

【鳩山後に減少】

量でみても東京紙は、鳩山政権時は大々的な報道が目立つのに対し、総理交代後徐々に減少したほか、環境など基地との直接的関係が見えづらい内容はほとんど報じられない傾向にあるという。扱い方にしても、読売は「九万人集会」とともに同日に辺野古であった集会を取り上げ「冷めた反応」と評し、朝日は集会参加者の「県外に迷い」という声を拾うなど、県内が移設反対一色でない様子を伝えている。一方で新報に対しては、学生たちは「反対の意見に集中するあまり、県内にもいるであろう賛成派の意見が、全くと言っていいほどない点に疑問を感じる」とまとめている。

それは、米軍関係の事件、事故に如実で、東京紙が米軍コメントを掲載するなど、事件概要を中立的に扱うのに対し、新報は事件を問題視する視点がはっきりしているとしている。さらにこうした傾向は辺野古の環境問題についてはより明らかなようだ。新報は調査期間中に、辺野古の自然環境の重要性を学術的な観点から、サンゴ群生やジュゴンの餌場の記事として三度にわたって一面トップで扱うのに対し、これに関する記事は東京紙では存在しないという（朝日西部版で一回のみ）。このように、朝日は東京版と西部版（九州）で紙面作りが異なり、沖縄に届く後者は新報の紙面構成に近いことが確認されている。

【震災報道と同様】

こうした、〈基地漬け〉の新報の紙面を「うっとおしい」と表現する学生もいる。実際、地元の市民と話をしていても基地問題ばかりで紙面が偏っているとの感想を聞くことがある。しかし一方で、そうした紙面作りをしない結果、東京では現場の状況が「忘れられる」ことになる実態が、このわずかの紙面検証からも垣間見える。このジレンマをどう解消し、執拗《しつよう》に基地報道をしていくかが沖縄地元紙には問われ続けることになる。

そしてこの同じ悩みは、いま全国紙が震災報道において抱えることになっている。すでに昨夏ころから、報道各社には震災報道が多すぎるとの「苦情」が寄せられているという。現場との距離によって「温度差」があるのは当然だ。しかも新聞は「ニュース（新しい事実）」を伝える宿命にあって、「変わらない現実」を伝えることが苦手だ。その意味で、同じテーマをしつこく報道することは、実は新聞にとっても大変難しいことであって、沖縄地元紙はその限界に日々挑戦し続けているといえる。

［参照：09年12月］

「こっそり広告」のわな　2.11

一一年後半から、メディア上でステルスマーケティング（Stealth Marketing）なる一般には聞きなれない言葉が飛び交っている。略してステマ、自らの正体を隠し宣伝広告ではないフリをして行う「こっそり広告」のことをさす。レーダーに映りにくい軍用機をステルス戦闘機と呼んでいるが、同じ用法だ。新規開店の店の前に「サクラ」として並んでもらったり、意図的に口コミで良い評判を流すことで、人気店だと思わせるのが古典的なステマだとすれば、最近はその口コミ宣伝の場がネット上に移ってきているともいえる。

ここにきて、とりわけ大きな話題を集めたのは、レストラン情報の口コミサイトとして人気が高い「食べログ」において、やらせ投稿があったことが表面化したことにある。ある飲食店が同サイトに好意的な内容を投稿するよう業者に依頼したという報道があり、それをきっかけに人気吊り上げを目的とする業者の存在が明らかになり、さらにこうしたやらせ投稿が、「ヤフー知恵袋」などの他の投稿サイトにも飛び火する状況になったからである。

もちろん、「善意」の情報提供である口コミであれば何の問題もないわけであって、実際私たちは、「あそこの店はおいしかった」などの会話をリアルな社会でもネット上でも気軽に行っている。とりわけ最近は、ツイッターやフェイスブックといった簡易型のブログやチャットが普及し、その「個人的」会話が即時・広範囲に広がり、「社会的」に大きな影響を与える状況も生まれている。一方でややこしいのは、「善意でない」口コミも広く存在する。しかもそれは、一般的な広告広報戦略の手法の一つとして、広告代理店などを通じて正当に行われているものも多い。企業名を伏せた無料パーティーを開催し、集まった参加者に一般参加者のフリをして商品宣伝を行ったりするわけだ。

【消費者の保護法益】

こうした口コミ宣伝がリアル社会に限定されているうちは問題視されていなかったものの、とりわけネットの普及で厄介な問題となってきた。有名タレントに商品を使ってもらい、ブログ等で紹介されることを期待するような行為が、そのタレントの善意なのか企業の意図なのか判断はつきづらく、そうなるとこの言動が一般的個人的な表現行為なのか、広告としての商業行為なのか判別しづらいことになるからだ。実はここに、ステマの問題が集約されているといってもよい。すなわち、日常の口コミとステマである口コミ宣伝は何がどう違うのか。そして、口コミ宣伝は、表現行為なのか商業行為なのかという点である。

もともと宣伝（広告）にはその両面があり、とりわけ以前は商業行為という側面でのみ捉えられていたがために表現の自由の範疇《はんちゅう》外とされてきた歴史がある。しかしその後、広告の中でも意見広告（広告スペースを買って自分の政治的主張等を述べる形式の広告）が、まさに表現行為そのものであるという議論がきっかけになって、いまでは広告も表現活動の一つとして位置づけられている。それでもやはり、通常の表現一般とは異なり、特殊な表現上の制約を受けることになる。それは広告を制限することで何を守るかという「保護法益」からも明らかである。そこでは、公正競争の確保と消費者の保護が謳《うた》われ、これらによって競争相手や商品・サービスの購入者の経済的な利益が保証されることが大切であるとされているわけだ。

したがって、表現行為を規制する法律として、不正競争防止法や独占禁止法といった経済法や、消費者保護法や景品表示法が活躍することになる。これら法律群で決まっていることは、虚偽《ウソ》と誇大《オーバー》な広告の禁止である。それらがフェアな競争を阻害したり、消費者を欺くことになると考えられているからである。そしてとりわけこうした違法広告が起きやすいあるいは起きると大きな影響を生じやすい業界については、業法と呼ばれるその業界独自に適用される法律によって厳しいルールが定められている。たとえば、医療・保険・金融といった世界がそれに当たる。あるいは法に基づいた自主規制という珍しい形態で、表現の自由を尊重しつつ、可能な限り業界内の相互監視で厳しい制約を設けているのも広告表現の大きな特徴である。

【表現規制の危険性】

それからすると、広告主を隠した宣伝行為がフェアではないということで、経済競争上のペナルティーを受ける可能性があるとしても、表現行為として考えると、内容として虚偽・誇大と言い切れないものを制限することは、広範な表現規制に繋がりかねない危険がある。あるいはまた、前述のとおり宣伝の意図なく自然な気持ちから発する口コミが、結果的に企業の商業活動を利するという側面がある中で、広告表現の範囲を拡大し規制の枠を広げることは、通常の表現行為の自由を狭める結果になる。そもそも、曖昧な基準で表現行為を規制することは、表現の自由原則から憲法上許されていない。悪意ある広告としての口コミ宣伝は論外として、表現行為としての口コミの自由は間口を広げておくことが大切であろう。

もともと口コミは「あの人が言うなら」といった顔が見える信頼情報であった。その信頼性を逆手に取ったのが口コミを利用したステマであったといえる。そしてネット口コミはリアル口コミに比べ、みんなの意見の集積としての「集合知」としての信頼性を担保するものであった。やらせ投稿は、その顔の見えなさを悪用したものだ。あるいはマスメディアの番組や記事の中にも広告的要素が含まれるものも少なくない。こうした状況に対応するには、法を始めとする他人の力を期待する前にまず、こっそり広告に日常生活の様々な場面で接していることや、表現の場が変わることで同じ口コミでも性格が変わることも含め、私たち自身が情報の信頼性に対する判断力を高めていくことが求められていると思う。

［参照：11年3月］

包囲される表現の自由　*3.10*

明日で震災一年。この間、政治の停滞の声に押されるかのように、強いリーダーシップが期され、一方では政策の官依存が強まっている。その過程で、目前の結果を得るがために、憲法の理念が軽視される状況が生まれている。それは少なくとも、思想・表現の自由を脅かす事例が頻発していることから明らかである。

【憲法で手厚く】

その国の憲法たるもの、直前の歴史を背負っている。日本でいえば、とりわけ十五年戦争の期間、多くの住民の自由や権利が厳しく制約され、尊い命が奪われたことを忘れてはならない。自由に話し書くことはおろか、戦争に批判的であることすら許されていなかったのである。同様に、ある日突然、理由も明らかにされないまま憲兵に連れて行かれ、拷問死したり、女性は人として扱われていなかったりした現状があった。だからこそことさらに、日本の憲法は人身の自由に多くの条文を割き、女性の権利を幾重にも具体的に定めていることを知らなくてはいけない。

表現の自由についていえば、その前提となる思想・良心の自由を別に定めるほか、学問の自由や信教の自由も具体的に保障し、そして何より他国と違うのは、一切の例外を設けることなく、すべての表現行為を保障の対象としているのである。さらには念を入れ、検閲を一切禁止するほか、通信の秘密を守ることで盗聴を絶対禁止した。外国では、戦争などを想定して、国のためなら盗聴や検閲は致し方ない、としていることと決定的に違うのである。

この特段に厚い自由ですら、壊れやすく回復は困難であることは、歴史が教えるところである。だからこそ、ことさらに注意深く自由のありようを監視し、公権力が微塵《みじん》も手を出せないような制度を作り上げる必要がある。それからすると昨今の状況は、これまでの「当たり前」が通用しない状況が生まれ、しかも残念なことに自由の抑制を容認する空気が確実に拡大している。その理由として、国の利益であったり、効率性・平穏が重視され、市民的自由よりも優先する時代がやってきているからだ。

たとえば、公務員なら行動に制約を受けるのは当然として、大阪市は職員の組合活動や思想信条を調査し、メールを断りなくチェックするなどのいわば盗聴を実施した。君が代斉唱・日の丸起立が条例で強制され、処罰の対象とされようとするなか、最高裁は行政処分を認める判決で流れに掉《さお》さした。沖縄では選挙講話のために職員名簿が収集されたことが明らかになっても、何のお咎《とが》めもなく推移している。

【報道機関が協力】

あるいは、みんなが便利になるなら、個々人の不自由はやむなしの空気が強い。今国会に上程されているマイナンバー（社会保障・税番号）制度はその典型例だ。国民の利便性と行政の効率化・スリム化が実現すると謳《うた》われている。しかし、現在すでに行政が保持している重要な住民情報のほとんどすべてがデジタル・ネットワーク化され、一元管理されることの危険性は計り知れない。しかも人減らしに多少は役立つかもしれないものの、その導入経費と毎年のランニングコストは膨大で、雇用創出にも財政削減にも逆行することは明らかである。この制度導入に、報道機関が開催に協力したシンポや説明会が、機運の盛り上げに一役買っていること自体、政府の政策広報のあり方として問題で、原子力推進一辺倒だった過去の反省がないことを如実に表している。

より直接的には、取材の自由が大きく制約されることに関しての危機感がまったく見られないのが問題だ。法案段階で突如、報道機関などの適用除外条項が挿入されたが、個人情報保護法のように法の適用から除外されるわけではない中途半端なものである。さらに保護法制定後に過剰反応などから取材に大きな支障が出ている実態を勘案すると、そうしたマイナス要因に対する対策が制度上皆無の中で、さらに個人情報の保護規定が特別法でかぶせられると、いっそうの取材上の困難が立ちはだかることは明白である。それは、たとえば政治家などの取材対象の個人特定情報を保有機関から事実上入手する道が閉ざされることを意味するであろう。

その一方で、グーグルは新しいプライバシーポリシーを実施し、そこでは提供サービスのなかで獲得した個人情報を、グループ内の他のサービスにおいても自由に活用すること（広告誘引などのビジネスに活用すること）を包括的に許容する内容となっている。マイナンバーが政府内の自由利用を認めるものであるといえるなら、グーグルは膨大なビジネス上の自由利用を許容するものであり、もはやプライバシーは隣の人は知らなくても、世界中に政府や企業を通じてばら撒《ま》かれているような状況が生まれているのである。

【遠慮ない公権力】

さらには、社会の安心のためなら自由の制限は当然という声も強まっている。その一例は、来週にも国会への提出が予定されている新型インフルエンザ対策法案で、政府が恣《し》意的に特定地域における集会を全面禁止する条文が含まれている。包括的な秘密保護法の新設も検討されているし、出版社に職務情報を漏らしたことで戦後初めて刑法の秘密漏洩《ろうえい》罪が適用され、有罪が確定したのもつい最近の事件である。そしていまさらいうまでもなく、沖縄密約や原発情報に代表されるように「由《よ》らしむ可《べ》し知らしむ可からず」といった、情報隠しの開き直りが許される現状にある。

自由の保障のためには、表現者自身の「内在的な制約」に期待することが望ましいのであって、公権力の行使をやむなく行う場合であっても「ほどほど」が好ましいとされてきた。しかし現状は、公権力の遠慮がなくなっており、一律・包括・直接規制の傾向が見て取れる。災後社会のためにも基地がない生活実現のためにも、自由な議論と民意の尊重が守られる社会が必要だ。そのために憲法は「恣意的な権力行使」を認めていないことを忘れてはならない。

［参照：08年5月／11年1月／12年4月］

新型インフル法案の問題点　*4.14*

悪法も法なり、といわれることがある。しかしその前提は最低限、法としての体裁が整っていることが必要だ。それからすると、三月末に衆議院を通過し、来週にも成立が確実視されている新型インフルエンザ等対策特別措置法は、法とは呼べない代物である。

【目的も効果も不明】

なぜなら、立法事実（なぜ立法が必要かという理由）も、立法効果（法によって問題が解決する見通し）もなく、さらには立法手段（そのための方法）もいい加減という、珍しいくらい三拍子揃っている法案だからだ。にもかかわらず、インフルエンザがはやると怖いという恐怖心や、感染予防に反対しづらいという心理状態を突いて、先の衆議院の審議時間は委員会・本会議をあわせてもわずか五時間という、実質議論なしの状態だ。

もちろん、上程前の一二年一月には「新型インフルエンザ対策のための法制のたたき台」（内閣官房新型インフルエンザ等対策室）が示され、それがパブリックコメントにもかけられており、その意味では形式的な行政手続きは踏んでいる。しかしその時のたたき台は、大きな字の箇条書きで示されたA４判二枚の短い文章で、それですら厳しい意見が寄せられていた。にもかかわらず、パブコメ結果が発表された直後の三月には、七十八条にわたる法案が出されている。これは、既にパブコメ段階で用意されていた法案をあえて隠し、簡単なペーパーで誤魔化《ごまか》したのではないかと疑われて仕方がない事態だ。

同法案の準備は二〇〇四年三月に設置された関係省庁対策会議にさかのぼるもので、〇九年に流行した新型インフルの際には、むしろ国民の声も一致して政府の強力な対応を求めるものであったという。それを受け、一一年九月には、必要な法制のための論点整理が示され、今日に至っているというわけだ。しかし出てきた「新型インフルエンザ対策行動計画」によると、立法事実は一九一八年に発生したスペインインフルエンザ同等で、強毒性の場合は死亡患者六十四万人に達し、こうした事態を防ぐためには強力な権限による行政対応が必要だとしている。

すでに専門家からも現在の医療環境との違いから、想定があまりに乱暴ではないかと指摘されている。推計データの意図的な活用は、人口推計では幅がある推計値のうち、常に社会保険料負担が低くなるデータで計算をしたり、現行の電力需要でも発電量の一部を不算入にしたりするなど、政策決定にうまく利用されがちだ。これと同じことが、行政にとどまらず立法過程でもなされていることになり、そうなるとそもそもの立法根拠自体が霧の中だ。

そしてまた効果についても、ウイルス潜伏期間を考えると水際作戦などの検疫対応は限界があるし、学校を休みにした結果、周辺地域の盛り場に学生が出掛けて蔓延《まんえん》した事例など、防止措置の有効性への疑問がやまない。むしろワクチンの供給や検査体制など、医療機関へのサポートにこそ金と人をかけて、重症化を防ぐ仕組みの方が優先されるべきとの現場の声も強いとされる。

【報道機関も影響下に】

もちろん、憲法が保障するさまざまな人権が一方的に制約される問題もある。予防接種が事実上強制されることで、打たないことによる社会的デメリットが格段に増加すると予想される。例えば、接種を拒否した本人や家族は、出社や通学の禁止を会社や学校から命ぜられる可能性もある。接種による副作用の責任を誰がとるかも不明確だ。

そして極めつけは、緊急事態宣言が発令されると、蔓延防止策として外出禁止とともに集会が事実上禁止されることにある。文言としては「政令で定める多数の者が利用する施設を管理する者又は当該施設を使用して催し物を開催する者に対し、当該施設の使用の制限若しくは停止又は催し物の開催若しくは停止その他政令で定める措置を講ずるよう要請することができる」（四十五条）とし、しかもその有効期間は最大二週間とされる。立法担当者は「要請」もしくは守らせるための「指示」にすぎないというものの、公共施設やホテル、コンサートホールが、要請を無視して催し物を認めるとは思えない。

これによって、表現の場が一方的に失われることになる。しかも、効果という点では、集会の中止措置はどれほどの感染防止効果があるかは定かでない。議事録等からは、この点についてほとんど政府内でも議論がされないまま、「人が集まるのはまずい」といった抽象的な危険可能性を基に決められた疑いが強い。

放置することの不利益が明らかで、基準は明確でなければならないという、表現の自由を制約する場合の根本原則に反するもので、憲法抵触の疑いがある。しかも、その具体策は法ではなく政令で定めることになっており、政府に悪意があるかどうかとは別に、恣《し》意的に規制をする道を開くものに他ならない。

さらに、この法案は既存の災害対策基本法や国民保護法を参考に作られており、その結果、報道機関が指定公共機関となる制度が導入された（二条）。同法によって指定公共機関になっているのはＮＨＫだけだが、災害対策基本法と同じ運用をするなら、都道府県知事が各地域ごとの報道機関を指定する流れになることが想定される。その際には、放送局だけでなく新聞社も含まれる可能性が高い。

いったん指定された報道機関は「その業務について、新型インフルエンザ等対策を実施する責務を有する」（三条）という抽象的な文言の下、行政の長は「必要な指示をすることができる」（三十三条）とされ、具体的な報道内容についても制約を受ける可能性が指摘される。さらに業務計画を作成・報告し、それを受けて行政の長は助言を与えることができる（四条）とされていたり、行政機関に職員を派遣することが求められたり（四十二条）と、お節介の極みの法制度だ。

沖縄メディアは報道への影響を懸念して日本で唯一、災害対策基本法の指定公共機関を拒否している県であるが、そうした懸念を抱える規定を有する法が、また一つ増えることになる。

［参照：12年3月／16年3月］

改憲で進む権利制限　*5.12*

二〇〇七年に成立した憲法改正手続きを定めた国民投票法は、自民党政権下で最終的に強行採決で成立した。その後、改正への慎重論が根強かった民主党に政権が移ったこともあり、当初予定されていた制度整備がほとんど進まないまま時間が経過していた。しかし一一年以降、立て続けに具体的な検討作業が始まっている。

その一つは、改正のための憲法審査会がまさに三・一一震災後に開始された。また、法が十八歳以上の投票権を認めたことに伴う検討作業も、一〇年の法施行直前から中断していたが、今年二月に再開した。設置から四年以上経過しての始動だが、東日本大震災からの復旧・復興や福島第一原発事故の収拾を優先させるべき時に、憲法改正は緊急を要する政治課題ではないとの意見が強い。しかし自民党は、逆にこうした時期だからこそ「前文、安全保障と九条、緊急事態条項などについて新しい時代に対応できる憲法改正を実現したい」と述べ、国民投票法が求める改憲手続きの整備を急ぐよう一貫して求めてきた経緯がある。

こうした法改正作業と並行して、四月に入って自民党が全条文の新旧対照表をつけた「日本国憲法改正草案」を発表。たちあがれ日本も「自主憲法大綱案」を、みんなの党も維新の会と連携しつつ「憲法改正の基本的考え方」を公表している。天皇を元首とし、国旗・国歌を明記するといった三党（自民・みんな・たちあがれ）共通項があるほか、国防軍の創設や人権の制限条項の新設など、いわば保守色が強いのが特徴である。なお、具体的な憲法改正案としては、読売新聞社が一九九四年十一月に「読売憲法改正試案」を発表しているが、内容的に共通項も多い。

【保守色強い改正試案】

各党の特徴を述べると、みんなの党は、憲法改正をしやすくすること、地域主権型の道州制にし、国会の権限を制限すること、総理大臣を公選制にし権限を拡大することであり、橋下徹大阪市長の主張とうり二つである。たちあがれ日本は、占領軍に強制された憲法を捨て、自主憲法の制定を謳《うた》い、自衛軍の保持と自衛権の行使をいう。「人権保障の前提となる国家・社会の秩序を維持するために求められる義務を果たすこと」を求めているが、個人の権利行使が国家・社会の利益の関係で制約されることを憲法上で明示することになる。総理大臣の権限強化や憲法改正要

2012

件から国民投票をはずして国会議決だけで可能とするほか、憲法裁判所の設置を規定する。

そして自民党である。特徴は九条の「戦争の放棄」を改め「安全保障」と題し、自衛権の行使とそれに伴い軍力の放棄を削除し国防軍の設置を明示する。これまで自由と権利を守ることを求める条文は、「国民の責務」というタイトルの下、「自由及び権利には責任及び義務が伴うことを自覚し、常に公益及び公の秩序に反してはならない」との義務規定に性格を変えた。

幸福追求権も「公益及び公の秩序に反しない限り」の条件つきの権利となった。これはまさに、原則と例外の逆転そのものであって、明治憲法下において「法律の範囲」という五文字によって憲法保障が空洞化した歴史を思うと、まさにその時代の国家権力を絶対視し、「国益」のために個人の権利や自由を奪うことを当然視する法体系を是とするものに他ならない。

この規定ぶりは表現の自由保障にも及び、「公益及び公の秩序を害することを目的とした活動を行い、並びにそれを目的として結社すること」は憲法で保障する自由の枠外であることを明示する。一見この例外規定は、ドイツに代表されるナチズムのような反民主主義的な思想・表現を自由の枠外において社会から排除する方法に似ている。しかし、戦争の経験から、思想・表現の自由に一切の例外を認めず、絶対保障を是としてきた日本のモデルを根底から変えるものにほかならない。国への批判を公益に反するとして取り締まることを可能とする国に変えることを、「普通の国」化であるといっているように見えるのである。

【「国の都合」優先】

また軌を一にして政府は、憲法理念とも直接かかわる政府の基本方針ともいえる武器輸出三原則の見直しなど、矢継ぎ早に政策を打ち出しつつある。そのほかにも、基本的人権にかかわるとして先送りされてきた刑事訴訟法の共謀罪や子どもポルノ禁止法の単純所持罪の新設なども、政治日程に上がってきている。国民共通番号利用法（マイナンバー法）、あるいは国家秘密保護法（秘密保全法）など、自民党政権時に民主党が反対していた政策を、むしろ当時よりも強化した形で実行することに熱心であるともいえる。

また、批判の声を無視し実質審議なしで、四月末には新型インフルエンザ対策特措法が成立した。集会や移動（外出）の禁止措置を含む、強力な私権制限が盛り込まれていることはすでに指摘した通りであるが、現政府（国会）には「修正力」が存在しないところが強く憂慮される。

とりわけ、ここに挙げたような新しい法制度は、公権力の監視という社会的役割を担う取材・報道に直接的に関係する条文を含んでおり、十分な議論が求められる問題であるが、政府の対応はこの点がなされてない。だからこそ余計に、こうした基本的な政府の姿勢や態度を「国のあるべき姿」として、憲法改正論議の中で確認しておく作業は不可欠であるといえる。

世論調査で明らかになった、本土と県内の基地に対する住民意識の差こそが、まさに「沖縄差別」の固定化につながりかねない危険を孕《はら》む。それを防ぐには、当事者の声を大切にし、その問題解消に向けた施策が実行可能な社会の存在が必要である。まさに「言論出版その他一切の表現の自由」や「健康で文化的な最低限度の生活を営む権利」が、震災や原発事故の被災者、貧困や格差の拡大、基地で苦しむ人々に真に保障されているのかが問われているのである。

にもかかわらず現実は、「国の都合」を優先させて個人の自由や権利を我慢してもらうことを、国の基本的なルールに定めようとしているように思える。憲法で保障されるべき権利や自由の拡充こそが議論されるべきであって、そのために現行憲法の理念や果たしてきた役割をめぐる議論が深まるなら、大いに国会で時間を費やしてほしい。しかし審査会の過去の議論を見る限り、そうした期待は残念ながら持てないし、各党の憲法改正案に市民的自由や権利の拡張といった理念はまったく見当たらない。むしろ彼らが目指す「強い国家」の誕生が、市民生活に与える影響を強く危惧《きぐ》する。

［参照：08年5月］

放送アーカイブ計画　6.09

図書館には大きく、収集・保存・利用の役割がある。その対象は、書籍や新聞・雑誌のほか、レコードや古地図など多種多様だ。最近は、インターネット上のデジタルデータの収集や利用も一部では始まっている。そうしたなか、国立国会図書館（NDL）が放送番組やCMを収集し、研究者等の利用に供する計画が発表された。いわゆる図書館による放送アーカイブ制度の創設である。

一部新聞報道によると、与野党各党が大筋で合意し、早ければ一三年四月から番組の録画・録音が始まり、一般利用者がNDLで希望の番組が視聴できるようになるという。そのためには今国会に国立国会図書館法改正案を議員立法し、来年度予算案に経費を計上する予定だ。確かに、利用者サービスの向上であることは間違いなく、国内で発表された表現物をすべてアーカイブ化するというNDLのDNAに合致するものでもある。しかしながら法社会制度としての図書館の自由、ひいては表現の自由に悪影響が出ないかは十分に吟味する必要がある。

【恣意的な選別は問題】

関係者に配布されたペーパーによると、放送の収集目的は「文化的資産として放送番組を蓄積し利用すること」とあり、現行の納本制度と同じであるとする。書籍の納本制度の肝は、その悉《しっ》皆《かい》性だ。すべての出版物を収集・保管し、原則誰でも自由に閲覧をすることが可能だ。しかも、多くの出版物は誰かが意図的に収集しない限り、散逸し消える運命にある。だからこそ、国の制度として一カ所に集めることを義務化する意味があるし、それが許されていると考えられる。

それに比較して、今回の放送番組の録音・録画の対象は、極めて限定的恣《し》意《い》的だ。予算の都合とはいうものの、当初の対象はNDLで直接受信が可能なものとしている。具体的には、テレビが関東広域のNHK2チャンネル、民放テレビ5チャンネル（日本テレビ、テレビ朝日、TBSテレビ、テレビ東京、フジテレビ）と、BS無料放送のNHK2チャンネル、地上波放送局系列の民放5チャンネルである。地上波でも、東京局のMXTVは入らないし、BS11、トゥエルブも無料放送だがはずされている。ラジオが、首都圏AM（TBSラジオ、文化放送、ニッポン放送、ラジオ日本と関東広域のNHK2局)、FM(NHK、FM東京、J-WAVE、インターFM)とされる(ベイFM、FMヨコハマ、NACK5は検討中)。

これは、永田町で受信できるかどうかの基準ということであろうが、要するに東京圏で多くの人が見聞きしている番組を対象にしていると推定される。発行部数が多い本を優先で集める、ということはありえないが、それが放送の世界では「やむなし」とされる合理的理由は見当たらない。むしろ、日本の放送制度が県域免許とし、地域性を重視していることからすると東京中心の収集方針をコスト上の理由から容認することは問題ではないか。

さらにいうならば、そもそも「放送」の範囲自体をNDLが決めてよいのかという問題もある。先の放送法大改正によって、放送定義は曖昧になり、行政判断によって放送かどうかを切り分けることが可能となった。また法は「基幹放送」という名で、社会的影響力が大きいであろうと立法者が想定した放送を特別視し、そこに地上波やBS、最近始まった携帯電話によるマルチメディア放送等を組み入れた。

今回の対象は、その中のさらに一部になるわけであるが、これは公権力によるメディアの恣意的な選別にあたる可能性があるとの認識に欠けている。

【政治家の放送監視】

さらに利用対象は最初から限定的である。NDL館内に記録用サーバーを設置し、同時に視聴室を設けることが想定されているが、利用者は目的を明示することが求められ、運用上、研究目的に限定されることが可能だ。もちろん、収集・保存対象の利用を場合によって制限することは考えられるが、現在の制度設計は事実上の非公開であって、自由閲覧とは程遠い。これは基本構造上の限界であり、制度の組み立て方に問題があるとはいえないか。

しかも、ＮＤＬの性格上、政治家はフリーパスになることは自明である。今回の制度設立の主導的立場にある鶴保庸介議員（参議院議院運営委員会委員長）はブログで、放送がいい加減なのは番組が保存されておらず、検証不能なためだと指摘している（「わかやま新報」ネット版四月三日付掲載）。ちなみに、議院運営委員会はＮＤＬを所管する委員会である。これは図らずも制度の運用実態を想定させるものであって、政治家の放送監視のための制度に「成り下がる」可能性を示唆している。いったい誰のための何のためのサービスかを考えた時、本来の趣旨が変質してしまう危険があるということだ。

そうであるならば、むしろ現行の放送番組センターの充実を図るなどの手だてを考える方がよくないか。同制度は放送法に基づくもので、制作者が自主的に提供した番組やＣＭを、まさに自由に視聴できる市民に開かれたアーカイブである。ただし、その収集作品は極めて限定的であるし、同じことはＮＨＫの川口アーカイブスにも当てはまることが多い。

放送の歴史的価値を考えると全量アーカイブに向けた制度構築は不可避であるし、時間的にも急がれることは間違いない。アナログテープの時代から、放送のデジタル移行によって、コストも保存スペースも格段に問題が改善されたいま、当面は放送局に保存を義務付け、その費用を助成するなどの方法もあるだろう。番組データのタグ付け等も早く共通化し、そのデータベースを

NDLで閲覧可能にするなどの方法もあるかもしれない。

放送アーカイブは必要だ。そのために、民間の自助努力だけでなく国の支援が必要でもあるだろう。しかし、国による恣意的な収集で、かつ政治利用される可能性があるような情報のアーカイブ化は、表現の自由の脅威であって許されない。

［参照：09年7月］

官邸デモの価値判断　*7.14*

いま東京では、毎週金曜日の晩に官邸前のデモが続いている。主として従来の原子力行政や現在の政府対応への批判から、三・一一以降、全国各地で市民集会やデモが開かれているが、この抗議デモは、いくつかの点で大きな特徴がある。

たとえばそれは、ツイッターやフェイスブックなどのSNS（ソーシャル・ネットワーキング・サービス）を通じた呼びかけに応じて万単位の市民が集まっている点、逆に言えば旧来型の労働組合などの動員型とは一線を画している点、したがってそこに集う層も、乳母車を引いた若いお母さんから仕事帰りの会社員など千差万別である点、首相官邸前に政治イシューで万単位で人が集まったこと自体、一九八〇年代以降初めてである点、主催者の指示に従い予定の時間が来ると静かに解散するなど、自然集合的にもかかわらずきわめて秩序立ったもので、警備の警官とも和やかに接するなど、新しい政治デモの様相を示した点——などが挙げられる。いわば、「反原発」という政治課題に直接的に市民が自分たちの意思を示したという点のみならず、デモのあり方・形式も含め、社会的ニュース価値が高いと判断しうるものであった。

【在京各紙の報道姿勢】

ではいったい、こうした新しい市民の動きを既存メディアはどう報じたか。多くのメディアはその存在自体を知ってか知らずか、デモ取材に終始及び腰であった。それでも、官邸前デモが数を重ねるなかで、ようやく多くの新聞やテレビ局が報道する状況になった。ここでは再現可能性という点から新聞紙面に限り、一番のピークを迎えた大飯《おおい》原発再稼働直前の六月二十九日に着目して、その報道ぶりを確認してみよう（原則、東京最終版）。

一目瞭然であるが、これほどまでに、各紙のスタンスの違いがはっきり現れる例は珍しい。それは、まさに市民の意思を、メディアが紙面に反映させるかどうかの姿勢でもある。たとえば読売新聞（以下「読売」。他も同様）は、第二社会面に写真なしで十四行のストレート記事を掲載し、官邸前の「抗議活動」を取り上げた。そこでは、再稼働に反対する活動があったことを伝えただけである。

産経もほぼ同様で、一面では触れずに社会面のニュース短信欄の一つで、簡単に「抗議行動」の事実を報じている（写真はなし）。これは、原発行政の各社スタンスとも強く関係するところではあるが、市民の原発再稼働（もしくは原発そのもの）に対する反対の声が大きいことを、意図的に「伝えない」選択をした例である。

これに対し、東京は一面トップで、大きな写真を添えて市民の反対の声があることを伝える。また同紙は、その前後で、デモおよびデモ報道についての〈解説〉までしている。その中の一節には、読者から指摘された以前のデモを報道しなかったのは取材に行っていなかったせいであるとして詫び、次回は必ず取材しますと約束までしている。まさに、意図的に「伝える」選択をしたということだろう。

【「言い換え」の危うさ】

このほか、毎日は一面ヘソ（ハラ）と呼ばれる三番手ニュースとして扱い、朝日はさらに遠慮がちながらも一面の左端に写真を配置した。言葉の使い方を見ても、東京と毎日は、主催者が使用している「反原発」という言い方をそのまま使用してデモを紹介しているが、朝日は「脱原発」とわざわざ言い換えをしているところが興味深い。そのうえで、社会面では再稼働に「反対の声」があるとしているが、こうした言葉の言い換えは、この間、相当数の新聞で数多く見られる傾向で、紙面上で「反」原発をあえて避ける姿勢が明確であるといえるだろう。

もちろん、わかりやすさを追求して言い換えが必要な場合も少なくない。しかしこの場合は、市民の声を意図的に「改竄《かいざん》」しているとも捉えられかねないのであって、もしこれが何らかの「遠慮」や「自制」であるとすれば、市民の声を「誤って伝える」ことになるのであって、場合によっては「伝えない」ことよりも罪深いことがある。

こうしてみると、読売と東京の両紙はまさに、もっともはっきりした形で市民の意思表示を紙面化する際の報道スタンスを表すものである。デモや集会は、個人レベルで一般市民が自らの意思を表現する数少ない表現手段であり、もっとも原始的《プリミティブ》ではあるものの、重要かつ貴重な表現の自由の行使形態であるといえる。したがって、社会はその自由を最大限認める必要があるし、政治はその市民の声を真摯《しんし》に受け止めて政策に反映させる義務がある。その仲介役の一つはメディアであって、デモや集会を報じることは、どのような市民の声が街にあるのかを示す、極めて客観的な「事実」であるからだ。

【市民との距離】

扱いの価値判断はさまざまであることが好ましい。その結果として、千差万別の紙面が展開されることは「健全」なメディア状況、表現活動が存在していることの証左でもある。小さな扱いの社には当然、それなりの理屈が考えられる。たとえば、大飯原発再稼働の政治決定はすでになされており、それが覆る可能性はほぼゼロであって、その意味において市民の抗議活動が政治に与えるインパクトはないに等しく、ゆえに報道価値も低いという論理である。

したがって、デモという形で現れた市民の声を、意図的に大きく扱うこともできれば小さく扱うこともできるし、それは一つのニュース価値判断といえなくもない。しかし少なくとも、最初に述べたような社会的なニュース（新しい出来事という意味での「ニュース」）価値がある官邸デモを、事実上「伝えない」という選択肢は、あまりに市民との距離を作りすぎる判断ではないか、と思われる。それはまた、政治や社会制度に対する市民レベルの疑問や変化を求める声を、メディアが一方的に無視することを続けた場合、そのメディアを市民の知る権利の代行者として社会的に容認しうるのかといった、大きな命題にも関わってくる。

同じことはもちろん、オスプレイ配備拒否の抗議行動にほとんど触れようとしない、在京紙全般の態度にも共通する。たとえば琉球新報六月十八日付特集紙面との落差が、東京では意図的に「伝えようとしない」現実を示している。

［参照：14年9月／15年2月］

暴排条例の危険性　*8.11*

二〇一二年四月、沖縄県でも暴力団排除条例が施行された。企業は「反社会的勢力」との関係を絶つことを求められ、新聞やテレビを含むマスメディアも、執筆者や出演者に誓約書を提出させるなど、新たにコンプライアンスの強化を実施している。ではいったい、そうした暴力団を表現の対象として扱うことは「社会悪」なのか、施行半年を迎える前にあらためて考えておきたい。

【暴排の社会的構造】

二十年前に施行された暴力団対策法は、一定の要件を満たす暴力団を指定暴力団とし、その構成員が行う不当な要求行為を規制するものだ。暴力団の活動の変化に対応する形で、数次の改正を経て今日に至っている。さらに、〇九年三月の佐賀県を皮切りに、一二年三月までにすべての都道府県において、暴排条例が制定されるに至った。

　これに先立つ〇七年六月十九日には政府の犯罪対策閣僚会議の幹事会申し合わせとして「企業が反社会的勢力による被害を防止するための指針」を策定、契約書等への暴力団排除条項の導入など、暴力団等の反社会的勢力と企業の遮断を図るものとなっている。その後も一〇年十二月には、「企業活動からの暴力団排除の取組について」をまとめ、フォローアップを行っている。

　そしてこうした流れの中で、福岡県警から福岡県コンビニエンスストア等防犯協議会に対し、暴力団を美化・擁護するような書籍・雑誌等を撤去するよう要請があった。〇九年秋、青少年に暴力団に対する誤った認識を抱かせるなどの悪影響を懸念して、福岡県警本部刑事部組織犯罪対策局組織犯罪対策課がコンビニに対し懸念を伝えるとともに、コンビニにおける防犯等の事務を担当する同本部生活安全部生活安全総務課から協議会とともにコンビニ各社宛てに、口頭および文書による撤去要請を行ったとされる。同協議会は各県に設置されている県警と県内主要コンビニで構成する警察行政への協力団体で、例えば共催で犯罪防止キャンペーン等を実施している。

　県警が作成した一覧表にはコミック七十三タイトル（すべて竹書房）と雑誌三誌（いずれもメディアボーイ発行）が挙げられており、施行間近だった暴排条例に触れつつ「青少年が多数来店するコンビニ店舗から暴力団関係書籍、雑誌等の撤去を検討すべき」とし、「適切な措置」をとるように求めている。なお、同時に行った口頭申し入れにおいて、当該措置は店頭からの撤去であるとし、これを受けてローソン、ファミリーマート、ポプラ、デイリーヤマザキなどの各店舗において、リストアップされた書籍等の販売を中止することとなった。

2012

こうした事実は、一連の要請によって自著を原作としたコミックの撤去を余儀なくされた宮崎学が訴訟を提起したことで一般に知られるところになった（同氏サイトに撤去リストも掲載されている。　http://miyazakimanabu.com）。

【撤去が意味するもの】

訴訟は、著作活動に対する妨害への慰謝料として五百五十万円の支払いを福岡県に求めたもので、その判決が今年六月十三日に福岡地裁であった。判決では表現の自由に関し、撤去は要請にとどまり強制性はなく、対応はコンビニ各社の自主的判断に委ねられていると指摘。出版社が結果的に原告作品の出版を拒否することになっても、それは要請の直接的影響とはいえず事実上の影響にすぎない、とした。また、人格的利益については、一覧表がコミックのタイトルに過ぎず原作者名を明記したものでないため、一般人にとって関連性は明らかでなく名誉を毀損《きそん》しないとするほか、県警から干渉されることなくコンビニで原告作品を販売する利益は、表現の自由の核心部分から遠く保護の必要性は低いとした。一方で、暴排という社会的利益の保護は正当で必要性が高いとし、いずれも原告の訴えを退けた。

暴力団をはじめとする組織犯罪の取り締まりが、法的正当性を持つ場合があることはいうまでもない。しかし、暴力団を扱ったようないわゆるヤクザ雑誌やコミックスが、同様の判断基準で社会から一方的に排除されることには問題があるだろう。なぜなら、ＮＨＫスペシャルの「ヤクザマネー」（〇七年十一月放映）は警察に推奨される一方、同じく暴力団の今を別の角度から報じるヤクザ雑誌がなぜ許されないのかの線引きが、詳細を究めるほど難しいからに他ならない。

にもかかわらず、暴排条例には直接的な表現規制条項がないことから、青少年条例でヤクザ雑誌がほぼ自動的に「有害」図書指定され、販売ルートから排除される事態が広がっている。青少年条例が最初に制定された一九五〇年以来、グレーゾーン誌と呼ばれる「有害」図書規制については多くの議論が積み重ねられてきた。現在のこうした状況は、もしヤクザ雑誌の内容に何らかの問題があるとしても、出版倫理協議会や出版ゾーニング委員会といった、出版業界の自主規制機関の活動を無に帰す危険性がある。さらには、自治体のほかコンビニ業界（日本フランチャイズ協会）との間での話し合いの結果に基づき、中身が見えないようにシール止めしたり、成人雑誌コーナーで区分陳列をしてきた、自主ルール作りの努力にも反するだろう。

公権力たる警察が表現者である著者や出版社を飛び越えて、自らの力の行使が及びやすい、流通過程のコンビニをピンポイントで狙った形で事実上の出版規制を行う形態は、憲法が保障する出版の自由を骨抜きにするものに他ならない。しかも、事実上の拘束力を持つ撤去リストを現場の警察が一方的に作成し提示する行為や、出版社自身の自主規制等の取り組みを待つことなく、強力かつ直接的な効果を有する公的規制に頼る姿勢は、これまで築いてきた社会的慣行に反するものである。現場判断の撤去が既成事実として先行し、表現活動全般が狭まることには強い警戒が必要だ。

［参照：14年6月］

取材源秘匿で守るもの　9.08

報道人にとって、絶対守らねばならないことの一つに「取材源の秘匿《ひとく》」がある。例えば情報元である内部告発者が不利益を被らないように、取材をした記者個人が取材源を責任をもって隠し通すという、報道上のルールであり、倫理規範でもある。その場合、単に名前を出さないだけでなく、記事や番組から情報源が推定されない工夫が報道上求められるとされる。

そしてこの取材源秘匿のルールは、法律上には明記されていないものの、証言拒否権として判例上、徐々に容認されてきている。戦後間もない一九五二年の最高裁判決では、刑事裁判における記者の拒絶権は認められなかったが、八〇年の民事裁判において、取材源の秘匿は民事訴訟法上の「職業ノ秘密」に当たるとされ、さらに二〇〇六年の事件で、条件付きながら証言拒絶を正式に認めるに至った。一時、地方自治体の中には、百条委員会で記者の出頭を求める事案が相次いだが、これについても報道界の強い反対の中で、現在は沈静化しているといえる。これらは、公権力もまた、報道機関の倫理に一定の理解と配慮をしている結果だといえるだろう。

【談合報道の余波】

そうした中、日経新聞（以下、日経）が、自社が名誉毀損《きそん》で訴えられた裁判で、取材メモを証拠として提出、そこに取材先の実名がそのまま記載されていたことが明らかになった。公権力たる裁判所に、自らが取材源を開示するという、まさにまったく逆の事態が生じたわけだ。

日経は〇七年七月六日付朝刊（大阪版）の社会面トップで、大阪府枚方《ひらかた》市の元市長が、大林組ほか大手ゼネコン関係者から頻繁に接待を受けていた旨の記事を掲載した。元市長は同年七月末、談合罪の共謀共同正犯で大阪地検特捜部に逮捕され、一、二審は有罪となっている（注：一三年に最高裁で確定）。元市長は公判で一貫して無罪を主張。日経の記事についても事実無根で名誉を傷つけられたとして、日経大阪本社に一千万円の損害賠償を求めて民事提訴した。これに対し大阪地裁は一二年六月、「取材活動が不十分」として六百万円の支払いを日経に命じた（日経側は控訴）。

日経は裁判過程において、記事の真実性証明のため、取材相手の検察幹部二人の実名を挙げた上、「夜討ち・朝駆け」と呼ばれる自宅付近での取材のやり取りの一問一答を、準備書面の中で証拠として提出していた。裁判所は「検事正と次席検事に対するそれぞれ一回ずつの短時間の取材によって得た主観的かつ断片的な情報に基づいてされたもの」であり、「追加的取材をし、より客観的かつ網羅的な情報を取得する余地がなかったとも認められないのに、そうした取材が行なわれ」ていないとした。日経からすると、情報源を開示してまで記事の信憑性を訴えたものの、まったく功を奏さなかったことになる。

【開示の正当性は】

取材源を決して明かさないという行為は、取材の自由を守るために報道側に課された責務であるといえ、だからこそ最高位の報道倫理の一つと認識されている。関連してのもう一つのルールとしては、こうした情報源は私人だけでなく、公人の場合も当てはまり、これらに対する「正当な取材行為」の結果、秘密を聞きだす行為は法律上許されることが判例上、定まっている。それからすると今回の新聞社による一方的な取材源の開示はどう正当化されうるのか。あるいは、すでに一部で厳しい批判にさらされているように、報道機関としてあるまじき行為なのか。

問題の第一は、日経が当初の記事掲載時に、誰をおもんぱかって情報源をぼかし、一転して裁判において、検察幹部二人が取材相手であることを明かしたのか、である。もし、重要な取材源が検察幹部以外にいるのであれば、日経はいわば「周辺取材」の幹部名を明らかにしたに過ぎず、いまだに主要な情報源は「秘匿」しているということになる。その意味で、裁判過程で明らかにされた検事正と次席検事は、肩書からして広報窓口を務める役割分担からしても、検察を代表するいわば公人中の公人であって、しかも公表されたやり取りも、公開によって守秘義務違反が問題になるようなレベルでないなど、取材源の秘匿の中核的な人物・事柄ではない。むしろ、真の守るべき相手を守るための「工夫」であるとすれば、選択肢の一つとして認められる可能性はある。

第二は、もしそうだとしてもやはり、一般的な意味での、取材源秘匿の原則を破ることによって、将来にわたっての取材活動に悪影響が生じるかどうかである。例えば取材担当記者あるいは日経は、その後、検察への取材を一切拒否されているとか、新聞や放送が同様の扱いを受けている話は、表面上聞かない。あるいは一般論として、検察・警察が萎縮《いしゅく》して取材に対し応対が冷たくなったということもないようだ。

もしあるとすれば、日経あるいは当該記者は「信じるに足らない奴」という見方をされるようになった可能性は否定できない。さらにいえば、当該検察幹部は今後、記者一般に対しより口が堅くなる、という効果を生む可能性は否定できない。ただし、これを「萎縮」とまでいえるかどうかは別であるし、他社において個々の記者と取材先の厚い信頼関係があれば、こうした可能性は杞憂《きゆう》に終わるともいえる。

【情報源明示のルール】

第三は、裁判で名前を出しても問題がないような相手であったならば、なぜ記事段階で情報源を明示しなかったのかということがある。確かに、取材源の秘匿は大切な職業倫理であるが、一方で情報源の明示も報道の信憑性と責任の明確化という意味で、報道に当たっての大切な基本ルールだ。慣例として、「関係者によると」と報じることを読者・視聴者は納得していると思いがちであるが、その業界内の内輪ルールが正しいとは限らない。むしろ、報道機関の責任回避に使われている感が拭《ぬぐ》えない。

これと関係して第四には、今回のような典型的な有罪視報道をどう考えるかがある。本件刑事事件の被告（名誉毀損では原告）は無罪を主張している事件であるが、それを報道機関が一方的に悪者視することの是非である。もちろん、時系列からすると、逮捕前に本件報道があり、むしろ報道が捜査をリードした面もあるかも知れない。しかしその構図はまさに、厚生労働省の郵便不正疑惑事件で、村木厚子元局長を逮捕に追い詰めたあしき構図そのものでもある。

最後にあらためて確認すべきは、取材源の秘匿は取材上の大原則で、その例外は限定されているということだ。具体的に開示が許されるのは、取材源自身がその開示を承諾した場合に限定されると考えてよかろう。ただし、取材対象が公人であって、それを明かすことでより真実に迫れることが明白な場合において、事例によっては許される場合は皆無とはいえないが（一一年の沖縄防衛局局長発言がこれに当たる）、その場合は、明白な理由付けを紙面上で行うことが条件であろう。なぜなら、市民の知る権利に鑑みて、被取材者（取材源）を守ることよりも大きな社会的利益があると判断したことが、万人に理解される必要があるからだ。

それからすると、今回の取材相手の氏名およびやり取りの開示は、そうした「大義」が示されていない。自社が訴えられた名誉毀損訴訟で負けが続く報道機関の何とかしたい心情は理解するとしても、事件を報じた記事中では情報源を「関係者によると」として実名を伏せ、裁判段階で明らかにするという行為は、自己利益のための開示であるとみられても致し方ない。

［参照：09年1月／11年12月］

人権救済法の意義と課題　*10.13*

先日閉会した国会最終盤の九月、人権救済法案が公表され、次回国会での上程が事実上決まった。同法案は、紆余曲折を経ての再登板法案だ。

もともと、国内の人権侵害事例を解消することに、反対があるはずがない。そのための方策として行政等による教育や啓発活動、差別禁止法といった立法規制、司法等による個別救済の制度が、各国において整備されてきている。日本でも、一九九四年の国連総会決議「人権教育のための国連十年」を受け、九五年に国連十年国内行動を策定、翌九六年には人権施策推進法が時限立法として制定された。これによって、人権教育・啓発に関する施策等を推進すべき国の責務が定められ、法務省に人権擁護推進審議会を設置し、この審議会答申を踏まえ議員立法で二〇〇〇年に「人権啓発法（人権教育及び人権啓発の推進に関する法律）」が制定された経緯がある。

では、どういった人権課題があるかといえば、軍隊・警察・行政などの公権力による人権侵害や、マイノリティーに対する社会的偏見や差別が、先進国か発展途上国かの差なく生じている現実がある。とりわけ社会的差別や身分差別といった歴史的・構造的な人権侵害に対しては、既存の国家制度では十分対応がとれないことから、一九七〇年代後半以降、多くの国で新しい制度としての「国内人権機関」が模索されてきた。人権委員会やオンブズマンといった形の、政府から独立した人権救済システムがいまや百二十を超える国々で構築されてきている。九〇年代以降は国連も同機関の設置を奨励し、九二年には指針としての「国家機関（国内人権機関）の地位に関する原則」（パリ原則）を国連人権委員会が採択、国連作成の『手引書』もできあがっている（総会でも九三年に採択）。

【「報道被害」も対象】

日本においても、刑務所・拘置所や入管施設での職員による入所者への権利侵害事例が見られるほか、被差別部落、在日コリアン・中国人、アイヌ等の先住民への根強い差別が社会的に存在してきている。こうした問題に対処するため、前出審議会の二〇〇一年人権救済答申を踏まえ、〇二年に人権擁護法案（旧法案）が上程された。ただし、この法案は国際基準に照らし、いくつかの点で基本的な欠陥を持っていたこともあり、強い反対を受け廃案となった経緯がある。

その後、当事者団体等との水面下の折衝などを経て、一〇年に法務省政務三役の「新たな人権救済機関の設置について（中間報告）」が出され、一二年九月十九日に人権委員会設置法と人権擁護法の一部を改正する法律案（合わせて人権救済法案）が閣議決定されたことになる。

論点の一つが独立性で、日本における公権力による人権侵害事例は、主に法務省管轄下の施設で起こることが多いとされる。にもかかわらず、新しい機関を法務省の下に設置したのでは実効的な救済が見込めない、という強い意見である。これに対し、今回の法案では、独立性を高めるために「三条委員会」（国家行政組織法三条二項に規定された委員会）とするとし、一定の配慮を見せている。ただし、もう一つの独立性を担保するために重要な委員構成については、パリ原則が当事者団体や人権ＮＧＯ等を入れて、多元性の確保を求めているものの、法案では触れずじまいで現職・経験者の役人で占められる可能性が拭《ぬぐ》えない。

そのほか、対象となる人権の範囲が不明瞭であり、例えば外国人参政権を批判する行為が、外国人の人権侵害と認定されるなど、在日外国人の権利拡大に繋がる可能性があり、法の趣旨に反するといった、いわばためにする批判も一部から強く出されている。

そしてもう一つの大きな問題が、法案が持つ表現規制の側面である。とりわけ旧法案では、救済対象として「メディアによる人権侵害」（報道被害）を挙げ、主として週刊誌による名誉毀損《きそん》記事や、新聞・テレビ等による集中過熱取材によるプライバシー侵害を取り締まりの対象とすると明記した。ちょうど当時、自民党は政治報道に関するメディア監視を強めており、取材・報道による政治家個人あるいは政党への権利侵害を問題視していた経緯がある。いわば、政治家への批判を許さないための制度作りを疑わせるに十分な環境が整っていたということだ。

【差別表現の取り締まり】

こうしたことから、報道機関はこぞって強い反対キャンペーンを展開した。そもそもこの種の人権救済機関の対象として、報道被害を挙げる国は皆無であり、あまりに立法者のご都合主義ともいえる法案作りであるといえる。新法案で同条項が削除されたものの、運用上、報道被害を取り扱うことを排除していないだけに、隠れた狙いとして存在し続けているのではないかとの、根強い危惧《きぐ》が存在する。

さらに厄介な表現の問題が、差別表現をどう扱うかである。日本はこの表現領域について、独特のルールを守ってきた。それは、差別表現を法によって直接・包括的に規制しない、という原則だ。それは例えば、人種差別撤廃条約で差別思想・表現行為の喧伝《けんでん》・流布が全面的に禁止されているが、わざわざ日本政府は「留保」という特別な手続きを踏んで、憲法の表現の自由と抵触する場合は、憲法を優先させることを決めている。もちろん、特定人への名誉毀損に当たる差別表現は法の取り締まり対象だが、集団的名誉毀損と呼ばれるような、特定のグループ（例えば「黒人」）に対する誹謗中傷は名誉毀損とはならない現状がある。

そうしたなかで、ある種の差別表現規制にどこまで行政機関である国内人権機関が関与するのかという問題である。旧法案では、強制力を持った救済が予定されていたが、批判を受けて新法案では任意の調査に限定し、「説得」によって救済にあたることを旨としている。またもう一つが、部落年鑑や差別落書きなどのいわゆる差別助長表現の取り締まりが、差別表現一般に拡大解釈され、広範な表現規制に繋がる危険性を指摘するものだ。この点についても新法案では、「識別情報の摘示」という新しい用語によって、その拡張危険性の除去を試みているが、果たして十分かどうか、さらなる検討が求められている。

新規立法に乗じた表現規制拡大を排除しつつ、いわば弱者救済のための新システムをどういう形で結実させるか、報道機関を含めた市民社会全体で考える必要がある。

［参照：10年1月／13年10月］

屋上裁判の行方　*11.10*

いま官邸や国会前ではさまざまな抗議行動やデモが行われている。十一月十一日は脱原発の大規模行動が行われる予定だ。それに比べると規模は小さいが、オスプレイ配備反対の抗議行動も米国大使館前も含め続いている。そうした市民活動を伝えるメディアとして、新聞やテレビといった既存のいわばメインストリーム・マスメディア以上に時として活躍しているのが、ネット系メディア群である。先の国会包囲行動の際も、カンパでヘリをチャーターして空撮を実施、音声での生中継を行った。しかし航空安全上の理由から、テレビ局が当たり前にやっている空からの映像生中継が、ネットメディアに許可されることは通常ない。そしてこうしたメディア間の「格差」は、地上においても起きている。

その一つは、官邸前抗議活動の全体像を撮影するのに最も適したスポットといわれる、国会記者会館屋上からの撮影をめぐる「事件」だ。オルタナティブ・メディアとして主としてネット上で活動を展開している、アワープラネット・ティービー（ＯｕｒＰｌａｎｅｔ-ＴＶ、代表・白石草）が利用を求めたところ、所有者の衆議院と管理者の記者クラブがそろって拒否、これに対して訴訟を提起したというものである。国会記者会館は一般にはなじみがないが、ちょうど官邸・国会議事堂・議員会館とともに、交差点を囲むように建つ四階建ての建物で、沖縄を含む日本全国の新聞・放送各社が取材拠点として活用している。

【記者会館の使用ルール】

過去経緯としては、一九六九年三月に衆議院事務総長から国会記者会（いわゆる記者クラブ）代表者あての文書「国会記者事務所の使用について」が発信されている。そこでは「条件を付して使用を承認します」として、施工主の建設省から引き渡され、それまで使用していた国会記者会館から退去することが記録に残っている。そして使用条件として、使用料は無料とすること、光熱費や維持修繕費は記者会が負担することなどが定められ、建物と構内の管理は記者会が行うという現行ルールもこの時に定められたことがわかる。その後四十年以上にわたり、特定の報道機関が任意団体としての記者クラブを構成し、施設をいわば独占的に利用してきたわけである。

第一に、報道機関に対する国からの便宜供与がどこまで、どういう場合に許されるかという問題がある。取材の自由を最大限発揮し、国家情報にアクセスするため、特別な法的保障を与える必要があるかという話だ。例えば、個人情報の収集について本人に断りなくこっそり集めることは、普通の企業では絶対許されないが、報道機関であれば通常の取材行為として認められている。あるいは、一般ならストーカーとして問題になるようなつきまといも、追跡取材として許されることになっている。これらは権力犯罪追及のための工夫の一つだ。判例上、法廷において取材源を守るために証言を拒否する行為が記者に認められているのも、同様に取材の自由を保障するための制度保障と説明されてきている。

それと同じような意味合いで、裁判取材の記者に対しては、判決文が配布されたり優先的に傍聴を認める仕組みが、慣習上定着している。こうした特別扱いは、国会取材でも事件取材でも同じだ。報道目的で行われる取材行為に対し、公権力が自らの情報を開示もしくは情報アクセスの環境を整備することは、市民の知る権利に応えることそのものであって、少なくとも合理的な理由なく拒否することは、表現の自由の不当な制約に当たり許されない。

【特別扱いの対象は】

そうすると、第二の問題が、その対象となる記者（あるいはメディア）とは誰かということだ。

この特別扱いの対象こそが、通常、記者クラブと呼ばれる「特権」報道機関が組織する団体に所属する記者であって、それゆえにさまざまな取材局面において、記者クラブに属しているかどうかによって、行政側の対応が変わってくることがあるわけだ。

確かに、市民の知る権利の実質的な充足のため、便宜上、特定の者を特別扱いすることはありうる。情報の発信源としての行政の立場からは、効率性（発表したことが広く国民に伝播される確率の高さ）、一定の信頼感（報道の正確性）や実効性（実際に報道するであろう予測可能性の高さ）が吟味されうるからだ。しかしその選択が、恣意《しい》的であったり、実質的に特定の機関を排除するために利用されたりするのであれば問題である。

だからこそ、その対象の範囲は、記者の側が自主的に決めることが望ましく、現状であれば、既に存在する記者クラブがその判断主体になる場合も否定しえない。ただしその場合の判断基準は、正当な取材行為を行うものを可能な限り広く受け入れることが求められるのであって、既得権益の擁護のためや、競合他社を排斥するための行為は、競争法に抵触する可能性がある。そして何より、知る権利の拡大あるいは実効性の担保という目的から特別な権利が付与されている以上、その目的に反するような行為を自らが選択する余地がないことは明らかだ。

それからすると、国会記者会館屋上の撮影スポットの利用制限も、その趣旨に基づいて考えられるべきである。したがって、管理者である衆議院は、報道目的の正当な取材行為に対しては拒否することに合理的理由がなく許されないのであって、立ち入りの制限は認められないことになるだろう。あわせて記者会側においては、物理的制約から無制約に利用を許可することができないことはあるにせよ、少なくとも所属メディアの取材が著しく不利益を受ける場合を除いては認められる必要があろう。

市民の知る権利に寄与すると考えられるのであれば、むしろ積極的に対象の範囲を拡大することこそが、市民を代表して国になりかわり取材拠点を管理する者の責務であると考えられるからだ。それを恣意的あるいは明示的な理由なく排除する行為は、場合によっては憲法が保障する平等権や表現の自由に抵触する可能性がある。

［参照：09年11月］

誤報に揺れた一年　*12.08*

二〇一二年は報道界が「誤報」に揺れた年として記憶されるだろう。

古くは、昭和新元号幻のスクープ（毎日）や、戦後すぐの伊藤律架空会見記（朝日）、少し前では一九八九年の三大誤報と呼ばれる、グリコ森永事件犯人逮捕（毎日）・宮崎勤アジト発見（読売）・サンゴ落書き（朝日）など、報道に誤報はつきものともいえる。しかし、報道の根幹である「正確さ」にストレートに関わる事項で、全体の信頼性を揺るがす問題だけに、対岸の火事視することなく、報道界全体でそこに伏在する問題を見つめる必要がある。しかも、事案によっては誤報をしてしまった自分も被害者である——との開き直りさえも見られる状況にあり、それは特定社だけの問題と思われないからだ。

【深刻性認識の欠如】

報道機関の宿命として、締め切りがある以上、迅速さとの相克のなかで十分な裏付けなしに記事化し、一定程度、最大目的の正しい事実の伝達を犠牲にする場合もありえる。

確認作業が不足するまま、スクープ狙いで走ってしまったと思われる例が、十月に起きた読売のｉＰＳ細胞報道だ。ちょうどノーベル賞受賞直後だけに大きな話題となったが、後追いした日本テレビのほか、共同通信の配信記事を掲載した多くの地方紙が、後日お詫びをする結果となった。一方で、同じ持ち込みネタを怪しいと見抜いて掲載しなかった社があるものの、そうした社においても過去は同一人物の記事を掲載したことが図らずも明らかになり、検証に追われることになった。

一方、兵庫県尼崎市を中心とする殺人事件の主犯格と目されている女性の顔写真の取り違えでは、十月末の毎日、読売、日経の在京各紙のほか、ここでも共同記事を掲載した多くの地方紙が、別人を容疑者として誤って掲載している。新聞以外も放送局各社や、筆者が確認できた範囲では十月下旬発行号の週刊朝日、サンデー毎日、週刊文春、週刊新潮が誤掲載した。そのほか、夏以降に断続的に続いたパソコン遠隔操作犯罪予告メール事件では、四人の誤認逮捕に合わせて、報道各社はほぼ例外なく実名で犯人視報道を行った（一部、少年については匿名）。

興味深いのは、ｉＰＳ報道では該当社はすべてお詫びをしているが、写真取り違えではお詫びをしたりしなかったりバラバラで、パソコン事件では、筆者の知る限りお詫びした媒体は存在しない。このことは報道界全体として捉えた場合、後二者については、少なくとも深刻な誤りとは捉えていない節があることだ。要するに、やむを得ない「小さなミス」と考えているのではないだろうか。

【問われる報道倫理】

確かに、広義の誤報のなかには、もっとも悪質な無から有を作り出す「捏造《ねつぞう》」に始まり、針小棒大に扱うことで読者を騙《だま》す「虚報」、間違った事実を伝えてしまったいわゆる狭義の「誤報」、そして結果的に誤りではあるが記事化の段階では正しいと判断しえた「結果誤り」といった、グラデーションが考えられている。それからすると、最初の二つ（「捏造」「虚報」）は深刻な誤りでお詫びに値するが、あとの二つ（「（狭義の）誤報」「結果誤り」）は、それほど悪質重大ではないとの判断が各紙誌にあるのだろう。

それに加え、すでにほかが報道している安心感があったに違いない。これは、他紙誌に頼ることによる思考停止にほかならない。みんなで渡れば式の悪しき横並び意識や、他力本願で確認作業を軽んじることは、何気ない写真一葉や記事一行が、被報道者の名誉やプライバシーを傷つけ、人生を変えることすらあるということに対する思い、書くことへの覚悟が欠如していることの表れだ。

捏造や虚報が起きた場合は大騒ぎをするものの、狭義の誤報や結果的な誤りは事件報道にはつきものとして、通り過ごしてしまいがちだ。とりわけ誤認逮捕に関しては、警察捜査のミスであって報道した新聞等には責任はないという態度がはっきりしている。

しかし、むしろ構造的な問題を孕《はら》んでいるのは、こうした日常的に起きる可能性がある誤報群だ。誤報を防ぐには、そもそも警察発表を基にした逮捕時に、報道のピークをもってくる日本的事件報道の「慣習」自体をもう一度考え直してみる余地があるのではないか。あるいは、何がなんでも被疑者の顔写真・実名が必要だというのは、報道機関の「思い込み」にすぎない可能性はないか。少なくとも二十年も前の写真を掲載するのは、どんな顔か見てみたいという覗《のぞ》き見的な「好奇心」の発露であって、それは事件報道の本質であるとともに、人権侵害のきっかけでもあることに思いを馳せる必要がある。

もちろん、さらに遡《さかのぼ》ればこうした一連の犯罪報道の必要性自体も議論の俎上《そじょう》に登る可能性があるが、いずれにせよこれらの日常的な誤りの積み重なりによって、媒体の信頼性が傷つけられていることを、もっと真剣に受け止める必要がある。

［参照：15年1月／15年2月］

2013
年

【2013年】特定秘密保護法成立

アルジェリア人質事件で実名報道課題に（1）

オスプレイ配備撤回の建白書提出（1/28）

テレビ放送開始60年

情報漏洩の犯人探しのため東山梨消防本部が全職員使用携帯電話の通話記録の提出を要請（3/18）

政府が沖縄県に辺野古の公有水面埋立て申請（3/25）

小池百合子議員「戦っている相手は沖縄メディア」発言（3/26）

公職選挙法改正でネット解禁（4/19）

共通番号（マイナンバー）法成立（5/24）16年施行

証拠開示された取調録画映像の放送局提供は目的外使用として懲戒請求（5）

スノーデンファイル暴露（6）

自民党、教科書出版会社社長から意見聴取（6/3）

消費税還元セール禁止特措法成立（6/5）

自民党、選挙対策として Truth Team（T2）発足（6/19）

ＰＣ遠隔操作事件の犯行声明メールにアクセスで朝日、共同記者を書類送検（6/25）地検起訴猶予

自民党が「ＮＥＷＳ23」放映内容を理由にＴＢＳを取材拒否（6/26~）

映画「選挙」上映を千代田区立図書館から中止要請（7/2）区が共催を外れることで上映会は実施

参院選で自民圧勝　一強体制（7/21）

沖縄で米軍ヘリ墜落（8/15）

東京都教委が「国旗国歌法をめぐる記述が不適切」とした実教出版日本史教科書が東京都で採用ゼロ（8/22）

東京五輪決定（9/7）

橋下徹大阪市長、朝日新聞が選挙用政党広告掲載を拒否したため取材拒否（9/29）

千葉県立中央博物館で作品の一部が削除（10）

京都朝鮮学校襲撃事件で地裁判決（10/7）14年12/9最高裁決定

在沖海兵隊員が飲酒運転で重傷負わす（11）

小池百合子議員、沖縄選出議員に「日本語読めるの」発言（11/26）

特定秘密保護法成立(12/6)

猪瀬直樹東京都知事辞任（12/19）

仲井眞知事、埋立て申請を承認（12/27）

安倍政権と報道の自由　*1.12*

一二年末総選挙による自民党復権を受け、安倍晋三新内閣がスタートした。自民党は歴代、明確な文化メディア政策を打ち出してきていないが、少なくとも安倍首相と菅義偉《すがよしひで》官房長官の内閣の要《かなめ》がどのような報道の自由観を持っているかを知っておくことは大切だ。そのためには、第一次安倍内閣の一年間（二〇〇六年九月二十六日～〇七年九月二十六日）を振り返ることが有効だろう。

【メディア規制】

何よりも、憲法改正を具体的に政治日程に乗せた内閣であったことは言うまでもない。第一次内閣で憲法改正手続法を成立させ、第二次内閣の始動に当たって憲法改正を明言する状況にある。自民党が謳《うた》う新憲法において、表現の自由は「公益及び公の秩序」に反しない場合に限り保障されることになる。同党『憲法改正草案Q＆A』によると、「他人に迷惑をかけないのは当然」であって「平穏な社会生活」を乱す「人権（の）主張」は取り締まりの対象になるとされる。これを新聞やテレビに置き換えると、例えば事件報道で何がしかの名誉やプライバシーを侵害することは避けられないが、政治家の行状を報じることが憲法違反として訴えられる可能性を示唆するものである。

さらにはこの憲法改正手続法において、報道規制条項が盛り込まれたことも忘れてはなるまい。放送局は憲法改正に関し投票運動期間中、番組内容について政治的公平や事実報道を順守することが求められるとともに、憲法改正に関する広告が原則禁止される（一方で政党には無料広告が認められる）。国会議員で構成される広報協議会の指示に従って、テレビやラジオは広報を行うことも求められる。こうしたメディア規制は、極めて強力なものであるが、その対象をさらに活字やネットにまで拡大すべきという意見も根強い。また草案段階では、予測報道についても全面禁止とする考え方も示されていた。

そしてもう一つ、この時期に強化されたのがいわゆる有事法制に関する取材・報道規制で、日米軍事情報包括保護協定が締結されたのも〇七年だ。これらによって防衛秘密は大臣の裁量で格段に範囲が拡大することとなり、また罰則適用の範囲も拡大することとなった。これはそのまま、保秘の壁を厚くすることに繋がっているのであって、民主党政権時代の秘密保全法制の検討もこの時期に始まったものである。

【放送の自由への介入】

第一次政権は、放送に関わる内容規制を推し進めた内閣でもあった。〇七年春には放送法の改正案が国会提出され、同年暮れに成立している。

その一つに、NHKが実施している国際放送に関し、政府がその放送内容について指示をする規定の変更があった。文言としては、命令放送から要請放送に変わったわけだが、その実は総務大臣から要請を受けた場合「これに応じるよう努めるものとする」のであって、拒否をする選択肢は事実上ないとされている。

問題は、なぜこうした言葉の言い換えがなされたかであるが、その背景には、〇六年に菅総務大臣が短波ラジオの国際放送で「拉致」放送を命令したことがきっかけである。この種の具体的な政府方針に沿った内容指示がなされたのは初めてのケースである。その意味するところは今後、領土問題等で政府主張に沿った「国益」報道が求められる可能性を考えないわけにはいかない。

さらに同改正案には「再発防止計画の提出の求めに係る制度」の導入が盛り込まれていた。これは、関西テレビの捏造（「発掘！　あるある大事典」事件）が発生し、政府が個別番組内容への介入を可能とする、行政処分に近い強制力を有する制度であった。結果としては、放送界が自主規制機関であるBPOを強化（番組検証委員会の創設）することにより法制化は免れたものの、厳しい行政規制を指向していたことは間違いない。

実際、総務省が放送局に対して実施する行政指導は、記録が残る一九八五年以降、今日まで四半世紀で三十一件あるが、そのうち八件は安倍内閣時代であって、しかも直前の菅大臣（安倍官房長官）時代を含めると、わずか一年半で全体の三分の一という、他の期間に比して突出した番組介入ぶりである。

ちなみに、民主党政権時代には行政指導は一件もなく、その点では表現の自由を尊重した政権運営だったといえる。評価は分かれるが、放送独立行政委員会構想やマスメディア集中排除原則の強化方針も、言論の自由の砦《とりで》を守るためとしていた。

【経営効率の優先】

さらに放送との関わりで思い起こされるのは、NHKが二〇〇一年に放映したETV特集に関わる番組改編問題だ。〇五年の朝日新聞報道で当時の安倍官房副長官の関与が指摘され、政治家への忖度《そんたく》が大きな問題になった事例だ。

そしてもう一つ忘れてならないのは、先にあげた放送法改正は、民主党政権時代に成立した放送法の全面改正の基礎になっているもので、その柱は小泉純一郎内閣の竹中平蔵総務大臣時代に構想された、通信・放送融合路線であった。「なぜ日本にタイム・ワーナーがないのか」として、国際競争力を有したメディアコングロマリットの育成（それはとりもなおさず資本の収斂《しゅうれん》）を目指すものであった。その竹中も、今回の内閣において産業競争力会議の主要メンバーとして復権、あらためて当時の理想型を目指すことになるだろう。それは、言論の多様性や地域性を劣後に置き、専《もっぱ》ら経営効率や競争力を重視した経済戦略にほかならない。

そのほかにも、菅大臣は「義務化と受信料値下げはセット」と経営方針を具体的に指示するほか、政府方針に沿った経営委員長を送り込み、強力に改革を推し進めようとしてNHKを震撼させたことは記憶に新しい。いずれにせよ、放送界にとってはいわば「悪夢」の一年間であったはずだ。

新内閣は、報道界に限らず市民社会における表現の自由一般についても、大きな試練を与える可能性があるだけに注意が必要だ。

［参照：08年5月／12年5月／15年12月］

被害者氏名の公表　*2.09*

一月に発生したアルジェリアの人質事件で、犠牲となった企業の社員名を公表するかどうかで、報道界と政府・企業間で対立があった。二月に入って女子柔道暴力・パワハラ事件では、告発選手の匿名性をめぐって、意見の相違が目立ってきた。これらいわば被害者の氏名等の扱いは、古くて新しい問題だ。

といっても、一九八五年の日航機御巣鷹《おすたか》山墜落事故の際には、企業は乗客名簿を即時公開し、報道機関は乗客乗員全員の氏名・顔写真を報道した。なかでも朝日新聞は、見開き二ページをすべて使い、搭乗の理由まで詳細に記載した特集紙面を作った。一部にはプライバシーの侵害ではとの声が出たものの、大勢は事故の悲惨さと悲しみの共有を実現した報道として評価された経緯がある。

四半世紀経ち、市民一人ひとりの人権意識が高まり、法制度上も個人情報の保護が決まり、プライバシー侵害という言葉が市民権を得るに至っている。とりわけこの間、今では一般化している「報道被害」という新語が誕生し、テレビ・雑誌・新聞といったマスメディアの取材・報道による権利侵害が大きな社会問題として取り上げられるようになった。そうしたなかで、事件・事故の被害者についても、以前は実名・顔写真はもちろんのこと、本人の周辺情報を含めての報道が当たり前だったものが、見直しが議論されるようになってきている。

【被害者報道議論と傾向】

その一つのきっかけが、九七年に発生した電力会社女性社員殺害事件だ（犯人として逮捕・無期懲役となったネパール人が、二〇一二年に再審無罪になったことは記憶に新しい）。週刊誌を中心に、当該被害者のプライバシーを根こそぎ暴く報道が続き、弁護士からの報道自制要請が出されるなど、事件とともに報道のあり方が大きな社会的関心を呼んだ。さらには、〇二年の北朝鮮拉致事件の被害者帰国をめぐり、取材が集中して生活の平穏が保たれないなどの問題が生じ、メディアに対する批判が高まった。

こうした状況などを受け、政府は〇五年に犯罪被害者等基本計画を閣議決定した。ここで初めて、当事者の希望に従い名前を明らかにしない場合があることが正式に決まったわけだ。報道界はこうした政府の新方針に強く反発し、警察は原則として従来どおりの発表方法を踏襲するとしたが、当時の社会的空気は明らかにメディアに対し批判的であった。今回のアルジェリア事件でもネット上では圧倒的に非公表派が多い状況で（例えばヤフーニュース欄のクイックリサーチでは約七割）、この傾向は強まっているといえるだろう。

【公表可否を決めるのは】

当時もそして今も、メディアの「実名発表（報道）」の理由はほぼ同じであると理解でき、それは以下のようにまとめることが可能だ。①報道の原則は5W1Hを正確に伝えることで、氏名を欠かすことはできない、②したがって実名報道が原則で、被害者もその例外ではない、③それは国民の知る権利に応えるという使命を果たすことでもある、④さらに報道の社会的役割として、記録性や検証性の担保があり、そのためにも実名は必要だ、⑤匿名発表だと被害者やその周辺の取材が困難となり、警察や事件・事故を起こした当事者に都合の悪いことが隠される恐れがある、⑥ただし発表＝報道ではなく、被害者の配慮を優先に実名報道か匿名報道かは自律的に判断する、⑦その結果生じる責任は正面から引き受ける――というものだ。

この状況は、この十年でさらに変わり、〇五年に大阪で起きたJR西日本の脱線事故では、報道界の強い要望にもかかわらず、一部の犠牲者の氏名は公表されなかった。裁判員裁判や〇八年から始まった被害者参加制度（被害者本人や遺族が刑事裁判に参加して意見陳述や質問ができる制度）のなかでも、一部被害者の氏名は非公表とされ、報道段階においても匿名となっている。ただし後者の事例は、新しく拡大したのではなく、従来から行われている性犯罪被害者や、報復を受ける恐れがある場合に該当する配慮例に過ぎないとの見方もある。

ここで問題なのは、企業や警察・検察等の行政機関が、自己都合で隠しているのか、本当に当事者の意向なのかがはっきりしない点である。一般の事件の場合、各県警の犯罪被害者支援室がメディア対応のアドバイスを行っているとされるが、最初から報道抑制ありきの対応をしている可能性が拭《ぬぐ》えない。あくまでも、政府や企業の都合に振り回されることなく、氏名の発表は当事者個人の意思が反映されるべきだ。

だからこそ、その仲介・援助は警察ほかの行政組織ではなく、例えば英国のプレスオフィサーのような民間組織が担うべきだろう。公的機関や当該企業が実名発表するかどうかを決めるという構図自体、そもそもおかしなことであるということだ。柔道暴力事件でも、政府関係者が氏名の公表を求めたが、ここでも、お上が仕切ろうとする意識が見え隠れしている。

【日本メディアの現状】

一方でメディアの側については、遺族が正式に死亡を確認する前に実名報道することは控える、という自主ルールが海外では見られる。こうした個人の尊厳を尊重する、成熟した市民社会の制度の中で、初めて知る権利の代理人として、公的機関に対して非公開の問題性を追及することが可能であろう。日本のメディアの現状は、当事者の意向と関係なく、われ先に顔写真を入手し実名を報道することに高い価値を求める傾向が強い。報道する必然性や適切な時期を、冷静客観的に判断する余裕を、通常の事件・事故報道からもつことが求められている。

発表と報道はイコールではないといいつつ、現実的には名前が分かったらすぐ報道をするような実態があり、理屈と現場の状況には明らかな乖離《かいり》があると思えるからだ。このままでは、実名報道原則はいわば身内の身勝手な理屈に過ぎないとの批判に対し、十分な反論ができないのではないか。

［参照：11年10月］

ネット選挙の解禁　3.09

いよいよネット選挙解禁に向けて秒読みが始まった。現行の公職選挙法百四十二条において、「選挙運動のために使用する文書図画は、はがきやビラ以外頒布できない」と規定されており、総務省は、ウェブサイトや電子メールが「文書図画」にあたると解釈を示している。したがって、サイトやメールを使うことは、候補者も第三者もできないというわけだ。

これに対し、いま準備されている改正案骨子は、フェイスブックやツイッター、ブログやホームページ（ウェブサイト）など、全てのインターネット利用を、候補者とともに一般有権者も含め全面解禁するというものだ。一方で、メールについては成りすましや誹謗《ひぼう》中傷の拡大する懸念があるとして、利用を政党と候補者に限定する案が浮上している。

こうした解禁議論は十五年越しのもので、すでに政府の研究会でも原則自由化の報告書が出されてもいる。ただし、日常生活で広く普及しているネットが使えないのはおかしいという、素朴な感情としては理解できるものの、選挙における表現活動全体の基本構造を考える場合、単に自由利用を認めれば問題が解決するものではないことに注意が必要だ。

2013

【選挙中の表現行為】

そもそも、選挙期間中（選挙公示日から投票前日まで）の表現行為は、各国独自の制度が存在しており、日本だけが「遅れている」といった批判はあたらない。その仕組みは、候補者の表現行為としての「選挙活動」と、メディアの表現行為としての「選挙報道」に大きく分かれ、前者は原則禁止とし、後者は原則自由とするのが日本の特徴だ。

そして、選挙活動には候補者本人以外にも、応援する人という位置付けで有権者が含まれ、結果として一般市民の選挙に関する表現活動（特定の候補者を当選もしくは落選させるための言動）は、全面的に規制の網がかかることになっている。したがって、ネット上だけが厳しいのではなく、戸別訪問や事前運動の全面禁止に始まり、ポスターやビラや集会等も原則は禁止で、選挙管理委員会の定める条件の下で限定的に認められているにすぎない（例えば、ポスターは公設掲示板の指定番号にのみ掲出が認められる）。

一方で、こうした厳しい規制の下、有権者に十分な候補者情報が伝わらないため、特定のマスメディアに対し社会的役割を負わせている。その一つが、テレビやラジオの政見放送・経歴放送と、新聞の選挙広告掲載だ。これらは、政府・自治体の負担で、候補者は放送や広告をすることが可能な制度が用意されている。

また、二つ目として新聞・雑誌・テレビ・ラジオは、自由に選挙に関する番組や記事を報道することができる（ただし、公平な報道をすることが法で定められている）。まさに、選挙活動のマイナス分を、選挙報道によって補う構造になっているということだ。

【自由度拡大は表面的】

また近年は、小選挙区制度への移行に合わせて「政党」の比重が高まっており、政党交付金の支給といった財政的な国家助成のほか、表現活動についても破格の特別扱いを受けている。すなわち、選挙期間中も政党だけは「政治活動」という名の下に、なんら制約を受けることなく自由に広告を出したり、論評をしたりすることが可能である。これは、候補者の原則禁止とは真逆であるほか、メディアの報道でさえも一定の制約を受けるのに対し、いわばオールマイティーの自由を得ているようなものである。

このように、日本にはその表現主体によって三つのカテゴリーに分けられ、表現の自由度がまったく異なっているわけだ。

海外の場合はどちらかといえば、候補者の選挙活動は自由を広く認め、メディアの選挙報道をより制限的にしている例が少なくない。例えば、選挙予測報道や直前の世論調査結果の公表禁止などである。これは報道機関の多くが日常的に党派的であったり、当落予測が有権者の投票行動に意図的な影響を与えることが可能であるという理由などが挙げられることが多い。日本の場合は、新聞・テレビに代表されるように客観中立報道を旨としていることなど、メディア特性が異なる結果といえるだろう。

【政党への無謬性信仰】

こうした点からすると、選挙活動の原則禁止を維持したまま、ネットのみを解禁することのアンバランスさが分かるだろう。あるいは、政党を特別扱いする案は、表現領域におけるさらなる政党優位の状況を作り出し、逆に選挙期間中の情報が政党によってコントロールされる恐れさえ生じかねない。この政党に頼る構造は憲法改正時の国民投票においても当てはまり、選挙期間中に該当する投票期間中は市民等が憲法改正関係のテレビＣＭをすることは禁止されているのに、政党だけは自由に行うことができる仕組みになっている。その背景には、有権者は信頼できないが、政党は悪いことはしないという無謬《むびゅう》性信仰があるといえるだろう。

しかし、大きな社会的勢力であり与党の場合はまさに公権力そのものである政党が、重要な政治選択の期間の表現活動を独占あるいは寡占することは明らかに好ましいことではない。むしろ、その自由度はせめて候補者同等にすべきだ。

一方でまた、候補者・市民にネット上で自由な言論を与える一方で、メディアに対してはこれまで同様に公正さを法的に課しては、むしろメディアの自由が市民の自由を下回ることになり、これまた基本構造を歪《ゆが》めるものにほかならない。しかも、ネット解禁によって、新聞やテレビに頼る必要がないとして、政見放送や選挙広告の縮減が次の課題になることだろう。こうした傾向は、一見、自由度を高めるように見えるものの、有権者に対する適切な選挙情報を伝える社会的制度としてふさわしいかどうか大いに疑問である。

現在、各党は夏の参院選からのネット選挙解禁で一致しており、十会派で今後も協議を継続する確認書を交わしているとされる。早ければ、与党案を軸にした法案が来週にも提出され、短時間のうちに可決成立の見込みだといわれる。ネット解禁が一時的に表面上の自由を拡大することは間違いないものの、もっとも大切な、本当に有権者のためになり、適切な政治選択を可能とする自由で闊達《かったつ》な言論の場を確保するものになるのかどうかについて、より慎重な議論が必要だ。

［参照：10年7月／16年7月］

国家とメディアの関係　4.13

政府の沖縄政策への理解を求めて、官房長官が地元メディアを行脚《あんぎゃ》した。師と仰ぐ梶山静六に倣《なら》ったかどうかは、ここでは関係ない。基地移設の行政手続きや主権回復の日の式典実施で「強行」する自民党政府が、取りあえず仁義を切ったものとも、反対色が強い沖縄メディアを牽制《けんせい》・恫喝《どうかつ》したとも、あるいは顔色伺いとも取れるが、真意は知らない。ただし、外形的に政府高官がメディアを訪問し影響力を行使したわけであって、それが今後、どのように発展するかには注意が必要だ。

なぜならすでに、自民党政権に移ってから沖縄メディア、とりわけ新聞二紙に対しては、政府方針に反し国家安全上の危機をもたらすものとして、「国賊」扱いの厳しい批判が続いている。これまではみられなかった、保守論客の県内での講演会開催やデモ行進もその一つだし、小池百合子元防衛相は自民党の国防部会・安全保障調査会で「沖縄の先生方が闘っているのは沖縄のメディア」と批判した。まさに官民一体で言論潰しが始まっているかの印象を持たざるをえない。

政策推進のためのアメとムチは常套手段で、それ自体は琉球・沖縄の歴史そのものでもあるわけだが、実はメディアに対しても通常同じ手法が活用されている。かつての原子力行政（原発推進）でも、最近では共通番号法（個人情報利活用促進法）においても、政府は広報広告費という名のアメを各メディアにばら撒《ま》くことで世論形成を図ってきたといえるだろう。さらに大きな問題を孕《はら》んでいるのが、こうした外形的な政府とメディアの関係が、本来であれば理論的合理的観点から議論されるべき事柄までも、「政治的取引材料」としてみられ正当に評価されない影響をもたらすことだ。

現在そうした対象になりかかっているのが、ＴＰＰと再販、消費税と軽減税率の関係であるといえる。

【民主主義支えるコスト】

再販（再販売価格維持制度）とは、メーカーが小売りに対して「定価」販売をさせることができる制度で、現在の日本では、新聞、書籍、雑誌、音楽用レコード盤・ＣＤ・テープの四つの商品にのみ特別に認められている。ほかの商品はオープン価格とか小売希望価格となっていて、定価という用語は決して使われていないし、価格が統一されている商品はメーカー直販品以外見当たらないはずだ。価格を強制したり、従わない場合に卸しを拒否することは、独占禁止法で厳しく禁止されているからである。さらに新聞の場合、特殊指定というこれまた特別な法規定によって、小売りである販売店が割引販売をすることを禁止し、いわば二重に定価販売が守られている格好だ。こうした販売方法は戦前から広く行われてきたが、戦後すぐに法制化され現在にまで続いている。

この再販を管轄するのは公正競争を監視する役割を担う公正取引委員会で、その委員長にこのほど就任した杉本和行・元財務事務次官が、内定段階の国会での所信聴取（二月十五日）において「新聞の再販制度は現段階で見直す必要があると考えていない」と発言した。これに対し、新聞界は裏で政治取引をしたのではないかとの噂が流れた。そこには、なぜ四品目だけがあまたある商品の中で特別扱いされなければならないのか、契約時に高額な景品をつけるくらいなら、値段を安くしてほしい、都会の読者は僻地《へきち》の読者に比べ割高な配達料を払っていることになるのではないか、といった根強い批判があるからと思われる。

実際、政府・公取委も一貫してこの仕組みに否定的で、幾度となく制度撤廃を提案し新聞・出版・音楽界と激しい攻防を繰り返してきた歴史がある。だからこそ、政権交代とともに早々と制度維持を表明するというのは、「怪しい」というわけだ。強く主張すれば自己の利益擁護と見られ、逆に言わないとあえて隠して水面下交渉を狙っていると怪しまれるといった、負のスパイラルに陥っているともいえる。

しかし今日において再販制度は、読者の知る権利の充足のために大きな意味合いを持っている。定価販売によって、居住地によらずに知識・情報への平等なアクセスを保障しているからだ。あるいは、販売店間の価格競争によって配達にコストがかかる家への宅配が拒否されることになれば、これまた平等アクセスは守られない。もちろんこの前提には、社会の中に皆が簡単にしかも等しく接することができるような言論公共空間が必要だ、という社会的合意が必要だろう。もしかすると、再販によって一部の人が実費以上の負担をしているかもしれないが、それは「民主主義を維持するためのコスト」と考える必要があるということだ。

【アメとムチの危険性】

ＴＰＰが締結されると、市場参入障壁として再販撤廃が米国から要求される可能性がある。実は一九九五年に米国政府は廃止要求をしているからだ。そしていま、当時と同じく国内においても規制緩和の大きなうねりがある。

同じことは消費税軽減税率の問題でも起こっている。新聞界が軽減税率要求をしたとたん、とりわけネット上では批判を超えた罵詈《ばり》雑言《ぞうごん》が飛び交っている。しかし知識・情報への課税は、公権力の言論弾圧手段に利用される可能性があるとして、多くの国では税を減免しているほか、社会において必要不可欠な知識を誰でもが入手しやすくするために、少しでも価格を安くする（税をかけない）ことは、民主主義社会のある種の「常識」でもある。その結果、国家の税収が減るとしても、これまた社会で負担すべきコストであると考えてきているわけだ。

アメにしろムチにしろ、政府・政治家の執拗なメディア圧力は、結果として市民社会におけるこうした議論を封じ込める効果を持ちかねず、極めて危険な兆候だ。こうした圧力に耐えうるだけの強さが、メディアに求められていることは言うまでもない。同時に、報道機関に対するある種の特別扱いが、当該企業の権益擁護のためではなく民主主義社会にとって必要な制度であるという主張に、どれだけの市民が耳を傾けるか、その社会の成熟度が試されてもいる。

［参照：14年11月／16年1月］

第三者機関の意味と意義　*5.11*

不祥事があると、その企業のコンプライアンス体制が問われることが多くなった。同じことはもちろん、メディア企業にも当てはまる。最近の事例でも、週刊誌の少年事件加害者や、アルジェリア人質事件の被害者の実名報道に関し、メディアは身勝手だ、などの厳しい批判が寄せられた。こうした声を反映してか、司法の場でも繰り返し同じような報道を続けることは、社内に構造的な問題があるとして、メディアに対し高額賠償を求める判決が続いている。それでは、記事や番組に問題があった場合、どのような対応をとってきたのか、あるいはとるべきなのか。

【「法令」と「倫理」】

一般企業の場合は会社法によって、社長が音頭をとり社員が違法行為をしないよう、日ごろから社内体制を整備して、しっかり目を光らせることが求められている。内部統制義務と呼ばれるものだ。したがって、収益を上げたいがために、社員に脱法行為をそそのかすなどはもってのほかだし、見て見ぬふりをしたり、商品やサービスに問題が生じていることの指摘があったにもかかわらず、その改善を図らず放置する行為などが、広く処罰の対象となっている。

さらには、こうしたコンプライアンス上の重大なトラブルが発生した場合は、その問題の所在と解決方法を、当該企業の内部努力や自浄作用に求めることは困難だと判断したり、企業としての禊《みそぎ》を対外的に示す方法として、外部の有識者や法律専門家（弁護士）に検証作業を委託することも一般的だ。もちろん一般企業にとどまらず、最近では大津いじめ自殺事件における地方自治体の外部委員会や、まさに原発事故における政府や国会の事故調査委員会においてもみられるようになってきている。

こうした外部検証機関による問題の摘出は、報道機関でも過去になされてきた。有名な例では、講談社の少年供述調書掲載事件や、関西テレビの番組捏造《ねつぞう》事件がそれにあたる（拙著『ジャーナリズムの行方』参照）。ただしそこで問題になるのは、一般企業の場合は「法令遵守」がキーワードであって、それが善し悪しの判断基準になることがはっきりしているのに対し、メディアの場合の基準は必ずしも法律がすべてではないことにある。誤解を恐れずにいえば、法を破ることこそが取材の真髄であるし、報道の常道であるからだ。例えば、隠された政府内の情報を入手するために、公務員に接触して内部情報を入手することは一般的だ。それなしには、沖縄密約や原発事故の真相は闇の中に埋もれてしまうだろう。まさに、公務員法で定められた守秘義務を破って、情報を漏らしてもらうことをそそのかす行為を、記者は日常的にしているわけだ。

あるいは事件・事故を伝える場合も、当事者のプライバシーや名誉をまったく傷つけない記事はまずありえない。その時の基準は、法ではなく報道倫理であって、「倫理の遵守」こそが大命題であるわけだ。

さらには、同じ品質の画一的な商品やサービスを提供するのが一般的なメーカーのありようであるのに対し、記事や番組といった「商品」の中身はそれぞれで大きく異なり、統一的な基準をもって判断をしづらいという問題もある。しかも一方では、報道された当事者にとっては人生が大きく狂うほどの大問題であることも少なくない。

だからこそ、多くの報道機関は以前より二重三重の社内チェック制度を設け、発信情報に誤りや問題が生じないよう努力をしてきたともいえる。さらには二〇〇〇年頃から、例えば新聞であれば社外の有識者で構成された紙面検証機関を新設し、判断の正否を外部の目で確認するようになってきている（琉球新報でいえば、〇一年設置の「読者と新聞」委員会がそれにあたる）。

【社会的責任の発露】

しかし、少なくとも報道界全体でみた場合、こうした制度が十分に機能しているとはいいがたいのが現実だ。新聞でいえば、全国にメジャーな新聞社は約八十あるが、そのうちこうした組織を常設しているのは半数程度で、しかもその多くは年に一～二回の開催で、一般的な紙面への注文をするにとどまっている。個別具体的な記事の改善要求や、読者からの苦情対応をしている社はゼロに近い。そうしたなかで、新聞ではないものの『週刊朝日』の大阪市長を巡る差別表現に関する朝日新聞社の対応は、個別救済を目的とした稀有《けう》な例だ（ただし判断基準や決定過程などの点で疑問は残る。日本編集者学会編『エディターシップ』２号所収の拙稿参照）。

商品に瑕疵《かし》があった場合、あるいは商品のアフターサービスの一環で疑問や質問に応えるのは当然だ。一般企業のサービスセンター（お客様窓口など）同様に、報道機関もいまや組織的に問い合わせや苦情に対応するようになった。しかしその対応が透明性に欠け、結果的に読者の不信や不満を増幅させる結果になっている例も見られる。

あるいは、検証結果の報告を読んでも、先に挙げた倫理という見えづらく分かりづらい基準を丁寧に説明しきれず、自己正当化にとどまっていると思われるものも少なくない。さらにいえばそもそも、外部委員による組織といえども、その委員の選考も含め本当に「第三者性」が担保されているのか疑わしいともいえる。

報道機関が公共的な社会的役割を担う機関として、他のメディアとの差別化を図るのであれば、まさにこうした自らの拠って立つ取材・報道基準を、外部の目で日常的に検証し、個別の苦情に対し「読者代表」である外部委員が対応策を示すことが必要ではないか。それは幾多の重要にして特別な権利を享受してきた報道機関の、社会的責任の発露でもあるだろう。

そうしたなかで、読者の権利救済などの苦情対応を「部外者」に委ねることを、編集権の侵害であるとして、かたくなに拒み続けることは、確かに紙面の外部介入を絶対的に阻止するという点では美しい。しかし、むしろそうした独立性は、国家権力や地元経済界との関係の中で発揮すべきであって、読者との関係で主張するものではないと思う。報道界全体の倫理の向上と、それによる信頼性の回復が、まさに喫緊《きつきん》の課題であって、そのための具体的な対応策をとる必要がある。むしろ国家からの介入を受けないためにも、その危険性に直面しつつある沖縄の活字メディアが共同して、こうした組織を作ることは表現の自由を守る上でも有意義だし、日本の報道界のモデルとなるだろう。

［参照：15年5月］

相次ぐ言論関連立法　6.08

今国会で、次々と表現行為に影響を与える法案が成立、または成立が見込まれている。しかも今後も、すでに順番待ちの状況だ。個々の法案の問題点は、すでに指摘されているものも多いが、広告とインターネットをキーワードに、何が問題なのかを考えてみたい。

①共通番号法（マイナンバー法）＝閣法
②ネット選挙運動解禁法（改正公職選挙法）＝衆法
③消費税還元セール禁止特措法＝閣法
④子どもポルノ禁止法改正案＝衆法（議員立法）
⑤災害対策基本法改正案＝閣法
⑥電波利用料改訂法案（電波法改正案）＝閣法
⑦薬品ネット販売解禁法案（薬事法改正案）＝閣法
⑧秘密保護法案（秘密保全法案）＝閣法
⑨国家安全保障基本法案（関連して、安全保障会議設置法案、自衛隊法改正案、集団自衛事態法案、

【広告は規制可の誤り】

消費税還元セール禁止法の目的は、中小企業イジメを禁止することにある。例えば、大手スーパーが納入業者に対し消費税分を上乗せしない金額の仕入価格を強要することなどがあたるわけだ。

それからすると、消費者向けの一般広告が、下請けイジメとはまるで関係ないのであって、法目的と規制手段の連関性がないことがわかる。しかも「三％値下げ」はよくて、「消費税増税分値下げ」は禁止という理屈は説明不能だ。これは、法規制に合理性や妥当性が欠如しているということで、憲法違反の可能性が高いとすらいえる。さらには、消費税還元セールを掲げることは、いわば広告表現を通じての、政府の政策に対する異議申し立てと見ることも可能である。そうした表現行為を禁止することは、税に関する議論を制約することにも繋がるといえるだろう。

このような安易な表現規制が法制化される理由の一つは、「たかが広告」の意識が強いと想像される。実際、国会でも表現規制の観点の議論はゼロだった。確かに、広告には商業的側面はあるが、表現行為としてみた場合、それが営利的であるかどうかは関係ない。

同じ発想は、憲法改正手続法における、商業広告の禁止にも現れている。改正案を国会が発議し、国民投票をすることが決まった際に、改正の是非を戦わせるべき期間の間、一般市民は一切、テレビ広告を出すことが禁止される。資金力の多寡によって差が出ることを防止するためと説明されている。しかしそのために、一切の、しかも放送媒体に限定した、さらには二週間という期間に限定して、広告のみを規制する合理的理由は見当たらない。まさに、「雰囲気規制」なのである。そして政党は例外であって、しかも無料で広告を出すことができる仕組みになっている。

同じ構図は、今回のネット選挙解禁法に見てとることができる。そこではネット有料広告が政党にのみ許可された。その裏返しは、個人は一切の広告が禁止されたということだが、政党名さえ書いてあれば、候補者名を入れることも可能という、「お手盛り自主規制ガイドライン」を政党間で決めてしまうというおまけ付きである。

このように、広告分野においては、安易に表現規制を認めるとともに、広告主体を区別し、政党のみに特別な自由を与える構図にしていることがわかる。そこには、広告は経済的自由にしかすぎず、政府が自由に規制できるものとの思い違いが感じられるとともに、これを機に政党本位の情報の流れをつくってしまおうとの意図が見てとれるのである。とりわけ政治選択情報の分野において、このような恣意《しい》的な情報の流れを認めることは、大きな問題といわざるをえない。

【ネットも標的】

ここに、インターネット上の規制が重なるため、余計に問題は深刻化している。なぜなら、紙媒体等に比して、ネット規制もまた「安易」な表現規制の標的になっているからだ。先に挙げたネット選挙解禁法は、まさにネット上の一般有権者を含めた候補者の選挙活動の自由を認めたものであるが、一方で、新たな表現規制の先鞭《せんべん》をつけたものとして注意も必要だ。

誹謗中傷防止策として今回認められたのが、プロバイダに削除を申し出れば、二日間の猶予を持って削除するというルールだ。すでにあるプロバイダ責任制限法の七日間ルールの特例として決まったもので、選挙期間中という迅速処理が求められる場合にはやむなしという判断が大勢である。しかし、実際に申し出ができる候補者を想定すると、ネット対策に手を回すことができる有力（資金的余裕がある）者といえ、これは実質的な不平等を生む可能性がある、強力な表現規制手段が導入されたとの見方を可能としている。

子どもポルノ禁止法改正についても、ネット事業者には、子どもポルノの所持を防止するため、捜査機関に協力する努力義務が課されるなど、ネットの拡散力等を前提として、リアル社会より一段厳しい規制を正当化している節がある。もともと現行法で十分対処できている状況に加え、単純所持禁止やマンガ・アニメ規制をすることで、子どもを守るという本来目的とは離れた、メディア規制目的となる可能性が指摘されている。

本来、より自由な市民メディアとして規定されているネットが、より強力な表現規制の対象になるという状況を、なし崩しで受け入れるわけにはいくまい。国会はもちろん市民レベルでも、きちんと深い議論をする必要に迫られている。

［参照：08年12月／13年3月／15年6月］

自民党取材拒否問題　*7.13*

選挙の影で、公権力とメディアの関係において、看過できない出来事が起きた。ＴＢＳの番組内容が公正さに欠けているとして、自民党は党幹部に対する取材や番組出演を拒否したのである。公党が、しかも選挙公示の直前というタイミングで、大手マスメディアに対し取材拒否するという事態が持つ意味を考えてみたい。その後、ＴＢＳの文書提出によって、曖昧なまま幕引きになったが、少なくとも拒否の事実は残るわけで、取材・報道の自由と公的存在である政党の説明責任を考えるうえで、大きな課題を残したからだ。

【番組介入である取材拒否】

新聞報道等によると、おおよその経緯は以下の通りである。自民党が問題視したのは、ＴＢＳ自身が制作し放送する報道番組「ＮＥＷＳ23」の六月二十六日放映分である。国会会期末の与野党攻防の末に、電力システム改革を盛り込んだ電気事業法改正案などが廃案になったことを、ねじれ国会の象徴事例として報じた。

ネット等にあげられている当日の発言内容を見る限り、約七分の企画特集の中で一分ほど、改正案の成立を望んでいた関係者のコメントがＶＴＲで紹介され、「（与党が）もしかしたらシステム改革の法案を通す気がなかったのかも。非常に残念ですね」と話す箇所がある。この発言の前後を含め、廃案の責任が与党自民党にあると視聴者が受け取りかねない報道をしたのは、「民主党など片方の主張のみに与《くみ》したもの」で、番組構成が著しく公正を欠くものであるとして、自民党は同二十七日にＴＢＳに対し文書で抗議した。

これに対しＴＢＳは二十八日に、「発言に関して指摘を受けたことはまことに遺憾」と回答、これを受けて自民党はすぐさま、当該番組内での謝罪と訂正を重ねて求めている。しかしＴＢＳは七月三日、番組キャスターが国会空転の責任は野党を含めたすべての党にある等と発言をしていることなどから、「番組全体はバランスが取れている。謝罪、訂正はしない」と再回答したため、自民党は四日、冒頭の取材拒否を発表した。報道によると、取材拒否は報道内容に強い不快感を示した安倍晋三首相の意向を踏まえたものとされている。

翌五日、ＴＢＳは報道局長名で「『説明が足りず、民間の方のコメントが野党の立場の代弁と受け止められかねないものであった』等と指摘を受けたことについて重く受け止める」「今後一層、事実に即して、公平公正に報道していく」との文書を提出。これを自民党は同日夜、謝罪であると解釈し、取材拒否を解除するに至った。

発表文書によると要旨、「報道現場関係者の来訪と説明を誠意と認め、これを謝罪と受け止める」とあり、安倍晋三首相（党総裁）は他局のテレビ番組の中で、「今後はしっかりと公正な報道をするという事実上の謝罪をしてもらったので問題は決着した」と述べたとされる。なお、ＴＢＳは政治部長名で「放送内容について、訂正・謝罪はしていない」とのコメントを発表している。

これらが、自分たちの気に食わない情報流通を認めない、という強い意思に基づくものであることは言うを俟《ま》たない。そうした介入が、単に政治家としての道義的問題にとどまらず、公権力としての公党の説明義務を放棄するものであり、将来の番組内容に影響を与えることを意図するのは明らかであって、いわば擬似的な検閲行為に該当するものだといってよかろう。

しかし実際は、これまでもたびたび同じような事態が起きてきている。とりわけ安倍首相には番組内容介入の「前歴」がある。官房副長官時代の二〇〇一年には、慰安婦問題を取り上げたNHK特集番組に関し、報道幹部に対し放送前に「公平公正にするよう」伝えた。さらに幹事長時代の〇三年、衆院選に際し党幹部にテレビ朝日への出演拒否を指示している。そして第一次政権時代の〇六年には大臣名で、北朝鮮拉致問題を積極的に取り上げるようNHKに命令を発している。

【黙認するメディア】

もう一つの大きな問題は、TBSが事実上の謝罪と受け取られるような対応をせざるを得なかった環境を、他のメディアが作ったことだ。今回の報道内容について、さらに工夫や配慮をすべき余地があったかどうかはまったく別の問題であって、いわば「批判報道をしただけ」で取材拒否される事態を、他のメディアは重大視せず、少なくとも自分の問題として受け止めようとはしなかった。

もし記者クラブなる報道機関の取材拠点が、本当の意味で権力に対峙して情報を開示させるための機能を持つものであり、だからこそ市民の知る権利の代行者として特別な優遇措置が認められているとするならば、当然にそして即座に、取材相手である自民党に抗議をすべき事案であることは疑いようがない。公権力の取材拒否事例として最も深刻な事件は、一九八四〜八五年に起きた日刊新愛媛に対する愛媛県の取材拒否であるが、この時も他のメディアはその事態を事実上、黙認した経緯がある。

取材拒否解除の四日後にあたる九日に、同番組の党首討論に出演した安倍首相は、この問題には一切触れず「大人の対応」を見せ、結果として視聴者には「何ごともなかった」こととして決着したかに見える。もちろん「この程度のこと」で、放送局が報道姿勢を変えるとは思えないし、むしろ反骨精神を発揮してより充実した番組を作ってくれることだろう。しかし、放送免許の更新を目前としたこの時期に、政権与党の機嫌を損なうことがどのような結果をもたらすかは過去の事例から明らかだ。

九三年にテレビ朝日の報道局長が、放送関係者による内輪の勉強会において選挙報道を巡って行った発言をきっかけに、本人は国会に喚問され、免許は極めて異例の短縮期限付きとなった。公権力は、なりふり構わずやってくるのである。そしてこの時も、他のメディアはテレビ朝日を見捨てるどころか、公権力の介入を後押ししたのである。

この時、最も毅然とした対応を示したのは、その勉強会の座長役を務めていた故・清水英夫青山学院大学名誉教授である（詳しくは拙稿「民間放送」二〇一三年七月十三日付所収）。同氏は、沖縄在住の岡留安則氏が発行していた『噂の真相』名誉毀損《きそん》訴訟や、沖縄密約情報公開訴訟の弁護団長でもあった。先月十九日に亡くなられたばかりだが、この状況を悔しく思っているに違いない。

［参照：15年12月／16年8月］

後世に伝える　*8.10*

今年もまた八月ジャーナリズムの季節がやってきた。多くのメディアが「戦争」を語り継ぐために、特別な紙誌面や番組を作ることになる。その多くは、敗戦であったり、原爆投下といった「あの日」を思い起こす、いわゆる節目報道だ。これらによって戦争の風化を防ぎ、将来への教訓を得ようとしているといえるだろう。

あるいは、犠牲者を悼むとともに、命の大切さを伝える機会ともいえる。もちろん同様に伝える機能を持つものとして、書籍や各種アーカイブが存在するし、記念館や博物館も重要な意味を持っている。沖縄戦でいえば、ひめゆり平和祈念資料館や沖縄県平和祈念資料館がそれに当たるし、佐喜眞《さきま》美術館もその一つに数えることができるだろう。あるいは、県公文書館や運動としては先日一つの区切りを迎えた沖縄戦記録フィルム1フィート運動の会も、過去を知るための貴重な社会的資源である。

しかし、こうした施設や資料と同時に、もう一つ平和を学ぶための重要なきっかけを与えてくれているのが、語り部と呼ばれる実体験者の経験談や、ガマに代表される遺構であることは間違いない。文字や映像ではどうしても私たちの想像力には限界があるし、その衝撃度は実際のものに勝るものはないからだ。その最たるは、まさに基地問題そのものであって、沖縄と本土の意識の決定的落差は、まさにその現実的体験を共有できていないことに尽きるともいえよう。ヘリ墜落事故やオスプレイ配備を、わがこととして捉え切れないのは、残念ながらまさに基地との距離感であると思わざるを得ない現実がある。

【震災遺構の是非】

内と外の認識の差はいま、東日本大震災の被災地でも起きている。地震や津波の被害を受けた建造物などの「震災遺構」を、残すかどうかの議論もその一つである。当初はそのいくつかが、まさに「手付かず」で存置されていたが、この一年で土地の整備が進む段階に入り、一気に取り壊しが進んでいる。宮城県内でいえば雄勝《おがつ》地区の小学校や港湾施設しかり、岩手県内では陸前高田市の体育館などがそれに当たる。ちょうど八月五日には、気仙沼市鹿折《ししおり》地区で陸に打ち上げられた大型漁船（第十八共徳丸）の解体も決まったばかりだ。

地元住民からすると、それらの遺構を見るたびにつらい思いがよみがえるので耐えられないという感情が当然にあるわけで、こうした地元の意見や気持ちを最優先に考える必要があることはいうまでもなかろう。また行政側にしても、土地を区画整理し新たな町作りをする上で障壁になる場合も少なくない。気仙沼の場合、市は当時市内に居住していた十六歳以上の全市民アンケートを実施、その中で保存の賛否を尋ねていた。その結果、七割近くは必要ないとした結果を受け、船主の意向通り解体作業が進むことになっている（保存が望ましいが一六％、代替物で保存が一五％）。

県境を挟んだ陸前高田では「一人でも犠牲者が出た建物は残さない」との方針のもと、いわゆる公物解体が実行されている。その結果、気仙中学校や雇用促進住宅の一部保存が決まる一方で、体育文化施設や市役所はすでに解体された。他方、市民からの意見ではなく「メディアが大騒ぎした」（市長記者会見）ために、中央公民館の壁の一部を切り取って残すこととするなどの対応もしてきている。有名になった旧松原の一本松モニュメントもそうであるが、国営のメモリアル公園誘致とも将来的にはつながっていくのであろう。

現在はまだ建物が残っている、石巻市でもっとも大きな被害を出した南浜・門脇《かどのわき》地区に建つ門脇小学校も、近隣の中学校がグラウンドを使用する際の配慮から、建物全体に目隠しのカバーをかけた状態だ。女川《おながわ》の横倒しになったコンクリート建物（銀行など三棟）も地元住民意向としては解体を望む声が圧倒的だといわれている。南三陸町の防災庁舎や、石巻市の大川小学校が弔意を表す場所となっているものの、このまま時間が経過すれば、これらもいずれ解体されることになるであろう（注：一六年現在、防災庁舎は当面存置、大川小は残す方向で検討）。

【議題設定責任】

全体として地元意向が保存に反対である中、地元メディアは積極的に是非を問う報道はしづらい状況があるように見受けられる。その一方で、もし何も残さないとして、どうやって後世に伝えるのかその具体的な形を提示できないでいるのではないか。写真や映像があるといっても、津波映像や犠牲者の映り込みについては、強い「配慮」によってオブラートに包んだ表現方法をとらざるを得ない状況にある。翻って、八月の戦争・平和報道が、どれだけの効果や成果を現しているのかを思うと心もとなく思う側面も否定できない。確かに各種世論調査によると、戦争は嫌と答える比率は高い。しかし一方で、中国や北朝鮮が日本の領土に攻め入ってくるとの恐怖が伝えられ、結果として、戦争のための軍備の強化にも少なからぬ比率の賛意が示されているからだ。

広島では原爆資料館の等身大人形の撤去が決定した。同様の議論は沖縄の資料館でもあった。レプリカではなくむしろ遺品等の「現物」中心の展示の方がふさわしいというものである。不幸にも災難を引き受けた世代として、可能な限り「ありのまま」を「わかりやすく」、そして「生々しく」伝えていく努力をする必要があるのだろう。その際、視覚的によりわかりやすい展示と、第三者の解釈を加えずに資料をそのまま展示することを、いかに矛盾なく実現するかが問われているともいえる。日本は戦争について先に挙げたガマや原爆ドームを除き、あえてこうした伝承方法をとってこなかった。しかし被災地にこの二年間通い、遺構が消えていくさまに接するに当たり、想像によって当時を理解することには限界があると思うからだ。

その意味でも、伝承の難しさを日々の報道活動で実感しているメディアこそが、地震国として津波の教訓や、一般市民の多くの命を奪った戦争の悲惨さ、日常的な危険と隣り合わせの基地の実態を、自らの番組や紙面以外に社会としてどう伝承し、より多くの人に理解してもらうのかについて、世論形成をしていくことが必要ではないだろうか。

［参照：11年5月］

秘密保護法案　*9.14*

九月三日、政府から「特定秘密の保護に関する法律」（秘密保護法）案の概要が示され、一般向けのパブリックコメント（意見聴取）が開始された（十七日まで、内閣官房ウェブサイト）。自民党内で検討チームが初会合を開いてからわずか一週間、政権与党の公明党にいたっては、事前に連絡さえなかったという。

しかしその拙速ぶりよりも、これまでの検討手続きや法案内容にはさらに大きな問題がある。

秘密保護法策定は政府の強い願望で、一九六〇年代に始まり、その後十年ごとに刑法改正や特別法の制定を目論《もくろ》んできた歴史がある。そして今回の法案に直接つながる動きは、まさに第一次安倍晋三内閣の二〇〇六年に設置された情報機能強化検討会議で、さらに行政内部の組織として内閣官房、警察庁、公安調査庁、外務省、防衛省の役人だけで構成された「秘密保全法制の在り方に関する検討チーム」で基本方針が決まったとされる。法案の中身は、その時の検討結果に基づいたものと推察される。

しかし、いかんせん会議の議事録はおろか、その検討結果の報告書まで政府は秘密にしており、一体どういう経緯でどのような法律を作ろうとしているのかが分からないまま、人権を大幅に制限する新しい法律ができようとしている。この法案の最大の特徴がここにある。〇九年には民主党に政権が移ったが、その間も途切れることなく法制定の検討は続き、一三年の総選挙で復帰した自公政権は、十月召集予定の臨時国会での成立をめざすという。

【情報公開の抜け道】

秘密の対象となりうる情報は、①防衛、②外交、③外国の利益を図る目的の安全脅威活動（いわゆるスパイ活動）の防止、④テロ活動の防止――の四分野だ。そして「公になっていない情報のうち、漏らすことで国家の安全保障に著しく支障を与えるおそれがある情報」を「特定秘密」に指定することになった。この指定には「特に秘匿《ひとく》することが必要であるもの」とされているが、「行政機関の長」が秘密指定できることになっている。

○一年の自衛隊法改正によって、防衛秘密の指定権者が首相から大臣に変更された後、格段と秘密の件数が増えたとされることを勘案すると、特定秘密が野放図に拡張されていく可能性を否定できない。しかも、これまでの防衛秘密の実態からすると、どのような手続きで秘密指定されるか、どのくらいの文書が指定を受け、解除されたのか、全ては秘密である。その上、いったん特定秘密を受けた文書は、行政文書から除外され、勝手に廃棄することも自由となる。政府は都合の悪い情報を秘密指定しこっそり破棄することができるという、とんでもない仕組みが防衛秘密の分野ですでに動いており、今回の法案は、この仕組みをそのまま法律で追認しようとするものだ。

どの国でも秘密保護法がある、とよく言われる。しかしその前提は、きちんとした情報公開の仕組みがあることだ。日本は、この情報公開制度が他国より遅れており、法の施行も二十一世紀にはいってからだ。政府がこっそり文書を秘密指定し、それをこっそり廃棄できる国は民主主義国家ではない、というあまりにも「当たり前」の大原則がいまだに常識になっておらず、しかもようやくその抜け道を防ぐための公文書管理法を一一年に施行したばかりなのに、さっそく秘密保護法を作って、法律上、その抜け道を作ろうとしている。「普通の国」は、政府機関の機密指定が適切かどうかを監督する独立した行政機関が存在し、歴史的に重要な文書は長期的に保存することを求め、しかも指定とともに解除について審査する仕組みが整備されている。

【危うい取材・報道の自由】

もう一つのポイントは取材・報道の自由への影響だ。法案では、罪となる情報漏洩《ろうえい》や取得は、①故意・過失による漏洩、②人を騙《だま》したり、暴行を加えたり、脅迫したり、窃盗、施設への侵入、不正アクセス行為などにより特定秘密を取得する行為、③故意の漏洩、上記②の行為の未遂、共謀、教唆、扇動、と定めている。その上で、「本法の適用に当たっては、これを拡張して解釈して、国民の基本的人権を不当に侵害することがあってはならない旨を定める」として、報道の自由を含む表現の自由への配慮を図っているとする。

しかし、どんなにリップサービスをしたところで、取材者が②や③に該当する可能性があることはまったく除外されていない。記者が公務員に接触し、公務員が職務上知りえた秘密を聞きだす行為は、まさに通常の「取材」そのものである。今までも、それが「正当な業務行為」としてなされていた場合、それは「違法性が阻却される」として、形式的には犯罪行為だが法律違反は問わない、ということが裁判上で認められ、これが知る権利に基づく取材・報道の自由の具現化であるとされてきた。ならば、秘密保護法ができようと同じであって、新たな問題が起きないというのが政府の考え方である。

しかしここに落とし穴がある。「正当な業務行為」を決めるのは裁判所であって、しかもその判断基準は専《もっぱ》ら検察（政府）に委ねられているという現実だ。政府が報道の自由が守られた実例として示す沖縄密約漏洩事件で、最高裁は報道の自由を謳《うた》い、「正当な業務行為」である限り取材の自由が守られるとしたが、実際、記者は倫理違反を理由として有罪判決を受けた。すなわち、「正当」かどうかは、検察あるいは裁判官が考える報道倫理に該当するかどうかによって決まるとされている。

【戦後法体系の大転換】

これは、取材行為で政府にとって重要な秘密を漏らした場合、「教唆」犯として罰することを図らずも示している。しかも罰則を現在の倍以上に厳しいものにすることによって、心理的なプレッシャーを与え、記者に「伝えること」を妨げようとしている。こうした行為は職業記者だけではなく、市民運動でも適用されることになるだろう。

さらにこれまでは「そそのかし」が罪であったのが、法案では「騙して取得」すること自体が罪となったことから、漏らした側が「騙されました」と証言することで、その取材方法が正当か否かによることなく自動的に罪となる可能性が生じる。これまた、格段に取材者に対して大きな障害となるだろう。

こうした情報へのアクセスを直接罰する条項を入れることは、これまでの戦後の法体系では、戦前・戦中の苦い経験から「あえて」避けてきたことである。どうしても変えなければならない切迫した実例もないまま、それほどの大転換を実行することは看過できない。冒頭のパブコメを通じ、情報隠しのための秘密保護法は必要ないとの声を、政府に届けることが必要だ。

［参照：11年9月／13年9月／13年11・12月／14年8月／15年7月］

ヘイトスピーチ規制　*10.12*

十月はじめ、ヘイトスピーチ（憎悪表現）をめぐる民事裁判で、損害賠償や行動の制限が認められる判決があった。これを受け、これらの聞くに堪えない言動を、法によって規制すべきだという声が高まっている。

【差別の歴史と対応】

これまでも日本国内で、差別表現が問題になってこなかったわけではない。法の下の平等が保障された現憲法下に限定しても、被差別部落に対する言動は日本社会の根深い差別構造と結びつき、過去も現在も大きな問題を抱えている。外国人、とりわけ韓国・朝鮮人や中国人に対しては、過去の植民地意識の影響や政治的敵対関係の情勢のなかで、新たな差別意識が助長され、絶え間ない差別表現の対象となってきた。

そしてこうした差別言動は、日常の生活レベルでも、そして政治家の公的な場においても、繰り返しなされ、当事者や人権団体等によってその解決が求められてきた経緯がある。もちろんそれ以外にも、女性や障害者など、いわば社会のマイノリティーは常に差別にさらされ、そして差別表現を浴びてきた。

では、なぜ「いま」新たに法によって表現を規制する必要があるのだろうか。一つには、インターネットによって心ない表現が広範にしかも瞬時に拡散することを止めるには、強力な「法」という力を借りる必要があるとされる。二つには、一部の民族主義的市民グループが、一般市民を巻き込む形で市中において自由に堂々と差別的街宣活動を行うことで、当事者に恐怖を与え続けており、こうした行動を止めるためには既存の「法」では対応できないとされる。さらに三つ目としては、国際社会から人権後進国との烙印《らくいん》を押されないためにも、人種差別撤廃条約の締結国として、いち早く国際標準に沿った「法」制度を整備すべきだとされる。

もちろん、これまでも政府はこうした差別言動に対し無策であったわけではない。被差別部落に対する差別構造の解消のためには、各種の特別法をもって対応してきたわけで、その流れは現在の人権啓発法に引き継がれている。また、法務省の人権擁護制度は、行政による個別の人権侵害救済を実施してきた。その延長線上に、人権擁護法（人権救済法）構想が存在するといえるだろう。女性差別や障害者差別に対しては、男女雇用機会均等法や障害者差別解消法によって、分野別に差別の禁止に伴う形ではあるが、その言動も部分的に制約をかけてきた。

【法規制回避の理由】

一方で、意図的に表現の自由を優先させてきた背景を、いま一度考えておきたい。一つには、現憲法における表現の自由の絶対性である。国連人権規約や欧州人権条約にも見られるが、多くの国では表現の自由は絶対ではなく、例外が定められている。例えばそれは、「公の利益に反しない限り」といった但《ただ》し書きである。そしてこの具体的な領域として、人種差別表現や子どもポルノは、最初から憲法の保障外、すなわち表現の自由の土俵からはずしている。

表現物の発表は認められ、それが事後的に司法の場で是非が審査されるのではなく、はじめから社会に存在することが許されない表現行為であるということだ。だからこそ、ナチズムはその思想自体が許されないのであるし、子どもポルノは単純所持と呼ばれ、持っていること自体が罪となるのである。

日本は戦後、こうした法による例外を認めることを許さない憲法体系にした。それはまさに戦争の反省によるものだ。「法律ノ範囲」という言葉によって、憲法よりも治安維持法等の言論立法が優先され、表現の自由がことごとく踏みにじられたからである。

そして二つには、これとの関係から日本は表現の自由モデルとして「対抗言論」(思想の自由市場理論)を採用してきている。もちろん、こうした考え方が楽観的に過ぎるという批判はあるにせよ、少なくとも戦後六十年間において、破綻なく表現の自由市場が維持されてきたという事実は重いだろう。もちろん、この間、部落差別言動については、当事者団体による監視と責任追及によって、少しずつではあるが減少してきたという歴史がある。しかも日本の場合、こうした対抗言論によって表現の淘汰《とうた》がなされてきた背景には、社会における主たる表現の自由の担い手であった、マスメディアによる強力な自主規制が一定程度正常に機能してきたということが挙げられるであろう。

【憎悪表現への対処法】

以上の経緯からすると、なぜいま、一足飛びに法規制をしなくてはいけないか、について十分説得的であるとは思えない。むしろ、これまでの日本の表現の自由モデルを壊すことで、表現規制の口実を公権力に与えるものといえるのではないか。例えば「差別」や「公の利益」に反する表現を誰が判断するのかを考えると、そうした表現規制の危険性は想像に難くない。

あるいはまた、新大久保における在日コリアンに対するヘイトスピーチに対しては、それに反対するグループによる対抗的抗議行動が実行され、「お散歩」と称されるヘイトスピーチを繰り返しながら路地を練り歩く行為は中止に追い込まれている。いわば、ある種の対抗言論によって、実態は変わっているといえるだろう。さらには、こうした差別的言動を、法によって押さえつけたとしても、その根本的な差別構造や差別意識は残り、むしろ押さえ込まれることで内心においてより確信的になる可能性すらある。そうであるならば、原点に戻り、さらなる教育や啓発にまず、力を入れるべきではないか。

その第一歩は、公的な場で繰り返される政治家の心のない差別発言を、社会がより厳しく糾弾することの必要性である。こうした政治家の歴史認識や差別意識を改めさせることこそが先決であって、彼らのもとで新たな規制法を作り、彼らの意思のもとで法を運用するなど、まさに本末転倒というほかはない。

あるいはなんらかの一歩進んだ制度整備をするのであれば、まずは政府から真に独立した人権救済機構の整備に努めるべきであろう。こうした努力をすることなしに、「集団的名誉毀損《きそん》罪」等の新設や、公安目的にデモ規制を強化するといった、安易な法規制に走ることは許されまい。
［参照：12年10月／16年6月］

秘密保護法と情報公開　*11.09/12.14*

政府は開会中の第一八五回臨時国会に、特定秘密の保護に関する法律（特定秘密保護法）案を提出、七日に衆議院本会議で審議入りした。一方で野党・民主党は情報公開法改正案を提出、両法案は衆議院国家安全保障特別委員会で実質審議される予定である。同委員会は、国家安全保障会議（日本版ＮＳＣ）設置法案をわずか二十一時間の審議時間で通過させており、秘密法案も同様のペースでいけば今月中旬には参院に送られ、月内には成立することになる。

【秘密法案の特徴】

同法の問題点についてはすでにくり返し述べているが、ここでは情報公開の視点から問題点をあらためて指摘しておきたい。

他国との軍事的な連携のためには、同程度の秘密保護制度が求められていると言われる。いわば「普通の国」としての体裁をとるための法整備であるということだ。しかし、民主主義的な社会制度の下では「国家情報をきちんと監理する法制度」が存在していて、その上に秘密を守る法が載っている。日本はその土台が「ない」のが、まさに特徴である。したがっていま示されている秘密法の本質は、秘密を簡単かつ無制限に作り出すことを法的に認める「秘密製造法」であり、隠したい情報を恣《し》意的に囲い込み秘密裏に捨ててしまうことを承認する「情報隠蔽法」に他ならない。

本来まず必要なことは、国家情報をきちんと監理する「情報マネジメント権」の保障であり、きちんと保管・整理されている公的情報の開示を求める「情報アクセス権」の完備でなければならない。それなしでは、すでにある漠然とした「国の秘密」が無尽蔵に拡大することになる。現法案は、秘密を保護することには異常に熱心であるが、秘密を管理することについてはまったく無頓着で、その結果、政府は秘密情報に関する説明責任を完全放棄しているのである。

実はすでに日本には、自衛隊法や日米安全保障条約に基づく特別法に基づき、防衛秘密と特別防衛秘密の存在が認められている。しかもこれらとは別に、省秘や特別管理秘密と呼ばれる「カウンターインテリジェンス機能の強化に関する基本方針」に基づき設けられた政府統一基準によって秘密指定された「国家秘密」がある。防衛省は五年間で五万五千件の秘密を指定し、三万五千件弱が指定解除されないまま廃棄されていた事実が明らかになった。しかしより重要なのは、実はそれらをはるかに凌ぐであろう数の、しかも法の根拠を持たない「ヒミツ」が政府にはすでに存在し、これらがそのまま「特定秘密」に横滑りし、法によって守られることになる点である。

それはとりもなおさず、より厚い秘密のベールに政府情報が隠されることを意味する。そしてこの主たる範囲こそが、今回の法案で新たに対象として追加された「外交・テロ行為・スパイ行為」に関する分野で、これには経済・社会・公安に関する情報がなんでも入る可能性がある。そしてこれらスパイやテロに関する情報は、言うまでもなく人を監視するものであって、人権との抵触が極めて起こりやすい分野である。

こうした国の恣意的な秘密指定の実態はほとんど何も分かっておらず、かつ秘密指定のルールさえも明らかにされていない。

【知る権利の侵害】

今回の立法化のきっかけになったとされるのが、二〇一〇年に明らかになった警視庁からのテロ情報の漏洩《ろうえい》だ。その中身はイスラム教徒に対する過剰な監視活動の記録であり、まさに人権侵害そのものであることが裁判を通じて明らかになりつつある。

したがって、法ができればこうした不当な公安捜査が、まさに秘密裏に実行され、しかも誤った収集情報に基づき、より深刻な人権侵害が継続拡大する可能性があるということになる。あるいは、自衛隊情報保全隊による個人情報の収集による国民監視などについても、すでに問題性が指摘されている通りである。そしてこうした問題の指摘のための事実の適示、すなわち一方的に秘密とされてきた政府保有情報の暴露が、今後は刑事罰を課されることになるのである。

なぜなら、これまでは国家情報の「取得」はそれ自体罪ではなかったものの、今後は、洩らした行為だけではなく、取得する行為が罪とされるからである。これは、従来の秘密の守り方のルールを一八〇度変えるものであり、憲法が保障する表現の自由規定に抵触する可能性もあるといえる。日本は、表現行為の例外なき絶対保障を定めている世界でも稀有《けう》な国である。その意味するところは、他国のように「公共の利害に反する」といった理由で、特定の表現行為を排除しないということである。

より具体的に言えば、住居侵入といった違法な手段を用いて情報にアクセスした場合、結果的にその取材行為が罰せられるにすぎないのがルールである。それを今後は、政府の判断で許される取材行為を決めるとしている。かつて新聞記者が沖縄密約を入手した行為を、秘密法の適用かどうかの基準にすると繰り返す政府の態度から推し量るならば、違法ではない取材手法を社会常識に反するとして恣意的に罰することが許されることになるだろう。これは、情報へのアクセスを取り締まることが政府の恣意的な言論の弾圧につながり、それがひいては民主的な社会を崩壊させていった、過去の歴史的教訓を無にするものであることは言を俟《ま》たない。

しかもようやく定着してきた情報公開制度に基づいて、非公開理由の線引きが積み上げられてきたものを一気に崩し、政府の定めをすべてに優先させ、将来的な検証の機会を失わせる可能性も包含している。なぜなら、特定秘密の指定は、「対象となる秘密そのものの存在が秘密」のため、非公開判断基準である「公開することによる支障の『おそれ』」を、裁判所が判断する術を失うことになると想定されるからである。これは、主権者である私たちが勝ち取ってきた知る権利を根こそぎ奪うものであって許されない。

実質的な担保がない文字通りのリップサービスである、知る権利や報道の自由への配慮条項によって、この法案の性格は変わるものではない。

＊

十二月十三日、特定秘密保護法が公布され、一年以内の施行に向け、「第三者的機関」の設置や具体的な秘密指定・管理・解除等の手続きの詰めが始まる。逆にいえば、法はできてもその運用基準作りはいまからで、それ次第では成立段階で穴だらけの情報隠蔽法が、さらに悪質なものに変わる可能性もありうる。だからこそ、むしろこれまで以上に目を凝らして動向を監視し、勝手なものを作らせないことが必要だ。

【石破発言の意味】

実際、国会審議中にブログで「絶叫デモはテロ行為と変わらない」と書いた石破茂自民党幹事長が、法成立後には「開示する行為は抑制が利いてしかるべきだ」と、情報を入手はしても報道すべきではないとの発言をし、その日のうちに撤回した。しかし翌日には「国の安全に大きな影響があると分かっているが報道する。それはどうだろう」と語ったと伝えられる。石破氏は小泉純一郎内閣の防衛庁長官時代に、有事法制を成立させ、自衛隊のイラク派遣を実現させた立役者だ。その後、防衛大臣を経て党総裁選挙では党員票で一位を獲得した経験十分な政治家である。

その有事法制の代表格である国民保護法では、沖縄を含めた全国の放送メディアを対象とする指定公共機関制度を盛り込み、有事になれば報道機関は政府に事前に報道内容を報告したり、政府の発表通りの報道をすることを求めている。あるいは、取材で得た情報を政府に提供することや、広報担当として記者等を派遣することも求められる。さらに自衛隊イラク派遣の際には、報道機関との間で報道協定を結ぶことを求め、「派遣部隊および隊員の安全にかかわる情報を入手した場合にも、報道を差し控える」ことを条件に同行取材を認めた。

まさに、今回の一連の報道とピタリと重なるものである。要するにこれら発言は「うっかり」ではなく、運用における「当然」のことを言ったにすぎないのであって、本人にすればなぜ問題になるのか分からないといったところだろう。ただし、より大きな問題なのは、これまでは努力義務であったり紳士協定であったものが、秘密保護法の禁止規定として定められたことで、記者が懲役刑を含む重罰に処せられるということだ。

こうしてみると同法が有事法制の一つであることがよく分かるが、提出段階で急遽《きゅうきょ》盛り込まれた報道の自由に対する「配慮条項」も、まさにそうした性格を裏付ける証拠でもある。なぜなら、同様な規定を持つ法律は、治安維持法や無差別大量殺人行為を行った団体に関する法律、あるいは犯罪捜査規範といった典型的な治安立法に特徴的な特別規定だからだ。ほかには、日米相互防衛援助協定等に伴う秘密保護法にもある。まさに、「危ない法律」であることを自ら名乗り出ているようなものといえるだろう。

報道の自由は政府に配慮されることによって恩恵的に与えられるものではなく、権利として当然に有するものであるはずだ。しかしそうした認識はなく、与野党を通じて「国の安全に優先する知る権利はない」との認識を示すに至っている。まさに今回の法案審議を通して分かったのが、表現の自由の軽視である。

【政府意向を忖度】

そしてこうした状況は国会にとどまらず、今年一年間のさまざまな表現の自由をめぐる社会事象からも現れている。例えば、同じ「国家の利益」と表現の自由との衝突がみられたのは、教育分野であった。従来は教科書の検定が行政による事前検閲ではないかと大きな問題になっていたが、沖縄戦や慰安婦等の記述をめぐって、いまなお政府の厳しい内容統制が進む中で、さらなる徹底の手段として、「採択」の段階においても政府の意向を強く押し付ける事態が進んだ。

もちろんこれは、まさに中教審で進む、中央集権的な指向のもとでの教育委員会改革とも軌を一にするものだ。地元の住民の代表である教育委員が、その地域の特性等を加味して自由に教科書を選択する、というこれまでの制度趣旨が否定され、教科書を通じての思想の統一が図られつつあるといえるだろう。それは今後、道徳の教科化によって、現在は副教材にすぎない「心のノート」で目指された内容がいずれ教科書として実現し、そしてまた政府の意向にそった採択がなされていく構図が想像される。

教育委員会絡みで一三年の大きなニュースは、「はだしのゲン」をめぐる閲覧制限だ。松江市教育委員会が、小学校校長あてに閉架措置を要請し、のちに手続きに瑕疵《かし》があったとしてこの指示を撤回した事件である。行政機関である教育委員会（もしくは教育庁）が、生徒が読んでよい本を選定することが問題であることは多くの論者によって指摘されてきた。今回の一件で見えてきたのは、教育の場で、政府方針（あるいは一部政治家の歴史観）が忖度《そんたく》される傾向にあるということだろう。それはまさに前記の教科書の採択問題に通じるところである。

一方、校長がきちんと判断することを求める声が多く聞かれ、それは学校の独立性からすればある意味正論とも言える。しかし、図書の選定を学校長に任せようとの空気自体が、すでに図書館の自由、ひいては表現の自由が変わってきていることの証左ではないか。さらには、閉架による読むことに対する心理的圧迫や、閲覧制限が表現規制であるとの認識も、むしろ子どもの発達段階に応じた配慮を優先させるべきとの声を前にして消えんばかりであった。

さらに書物の内容に立ち入って言えば、原爆の悲惨さをどう伝えるかという際に、直截的な表現を避ける傾向が強まっているのではないかと思われる。生々しさを回避することが、歴史を直視するより忘却につながる可能性を危惧《きぐ》せざるをえない。また、こうした表現を社会から意識的に減少させる結果、自由の大切さもまた社会から消え去りつつあるのではないか。いま日本では表現の自由の本質が、まさに変えられつつある重大な局面に来ていると思う。

［参照：11年9月／13年9月／14年1月／14年8月／15年7月］

2014年

【２０１４年】国益毀損でメディアバッシング

特定秘密保護法に向けた情報保全諮問会議が決定・座長に渡邊恒雄読売新聞グループ（1/14）

オウム事件でＮＨＫ番組を証拠採用、法廷で上映（1/16）

籾井勝人ＮＨＫ会長に就任「政府が右というのを左とは」発言（1/25）経営委員の百田尚樹・長谷川三千代の発言も問題に

ＳＴＡＰ細胞騒動（1/30~）

日本維新の会党大会で朝日記者を取材拒否（2/1）

秋田県政記者会主催の会を県職員が無断録音（2/5）

北海道警がケーブルＴＶから映像を差し押さえ押収（2/18）

ソチ冬季五輪（2）羽生結弦

東京都美術館で作品撤去要請、一部削除（2/16）

琉球新報の石垣自衛隊配備報道で防衛省が新聞協会に抗議（2/23）

熊本地裁、熊本放送番組を無断で証拠採用し判決に引用（2/28）

憲法テーマの市民集会で千曲市が政治的中立性を理由に後援拒否（3）

憲法テーマの市民集会で神戸市が後援拒否（3）

山梨市が新聞コラム内容を理由に講演会を中止（3/12）

文科省が竹富町教育委が選定の教科書に対し是正要求（3/14）５月に県教委が竹富町の八重山地区からの独立を決定

泉佐野市教委が「はだしのゲン」を学校図書館から回収（3/19）

光文社「ＶＥＲＹ」に内閣広報室から秘密保護法の取材要請（3/20）

テレビ朝日の放射線健康被害番組に環境省が反論（3）

「笑っていいとも！」放送終了（3/31）先立ち首相が生出演

白井市が世論を二分するテーマの集会後援をしない方針（4）

閣議・閣僚懇談会の議事録公開開始（4）

日本テレビ「明日、ママがいない」で全スポンサーが引き揚げ（4~）

ラジコ有料放送開始（4/1）

消費税８％（4/1）

高知市の土佐電鉄が護憲メッセージ掲載の車両「憲法9条号」運行を中止（4/17）
『ビックコミックスピリッツ』連載の「美味しんぼ」表現が問題に（4/28）
NHK会長が理事会で個別番組で公平性を保持すべきと発言（4/30）
東京都が新基準に基づき「不健全図書」を指定（5/12）
サッカーW杯ブラジル大会（6~7）
4K試験放送開始（6/2）
国民投票を改正し選挙権を18歳に引き下げ（6/13）
子どもポルノ禁止法改正し単純所持罪追加（6/18）
放送法改正でNHKネット解禁（6/20）
国会法改正し秘密保護法監視機関を国会に常設（6/20）
さいたま市公民館だよりで9条俳句掲載拒否（6/25）
国会法改正し秘密保護法監視機関設置（6/27）
集団的自衛権行使容認、閣議決定（7/1）
辺野古取材の妨害続く（8~）
朝日新聞が慰安婦報道を取消し（8/5）社長謝罪会見ののち辞任
愛知県立美術館で警察による作品撤去指導（8/12）
平和遺族会の講座を国立市教委が後援拒否（8/13）
自民党「ヘイトスピーチ対策等に関する検討プロジェクトチーム」初会合（8/28）
朝日新聞が東電原発報道を取消し（9/3）
御嶽山噴火（9/27）
産経新聞ソウル支局長が韓国大統領名誉毀損で起訴（10/8）翌15年に無罪判決
過去の慰安婦記事理由に植村隆への脅迫続く（10/31ほか）
安倍首相、国会で朝日報道を「捏造」と非難（10/31）
自民党　選挙報道巡り放送各局に文書で要請（11/20）
沖縄県知事に翁長雄志（11/6）
テレビ朝日「報道ステーション」のアベノミクス報道に対し、自民党から公正中立報道の要請（11/26）
衆院選で自民圧勝　沖縄では全敗（12/14）
中国人　爆買い

教科書検定の基準変更　*1.11*

いま、教科書（教科用図書）をめぐってパブリックコメント（意見募集）が行われている。文科省初等中等教育局教科書課が行政手続法にのっとって行うもので、「義務教育諸学校教科用図書検定基準及び高等学校教科用図書検定基準」の改訂についてである（一月十四日まで）。教科書執筆の新基準として、政府見解に合わない記述の削除を求めることなどを定める内容だ。

教科書をめぐってはこの間、検定内容にはじまり採択の問題、さらには教育委員会の制度そのものや、道徳の教科化に伴う教材のありようまで立て続けに大きな問題が提起された。さらには、「はだしのゲン」をめぐる騒動もこれらの問題と無縁ではなく「第二の教科書問題」と呼ばれてもいる。直近では、日本史の必修化なども話題に上がっている。

【教育と表現の自由】

そもそも教育と表現の自由は切っても切れない関係だ。憲法で保障されている「学問の自由」

という側面で見た場合、外向きの自由としての教授の自由があり、学校で教師は公権力から制限を受けることなく自由に自説を教えることができる。一方で何人も学習の自由を有し、自分の好きなことを好きな方法で好きな時に学ぶことができる。

ただし日本では、教育水準の維持・向上のため教育の平準化を求めて、政府が許可した教科書（文部科学省検定済教科書）ほかによって小中高校の授業を行うこととしている。また、同時に詳細な教育指導要領を定めて、教師の力量に拠《よ》ることなく最低限の教育の実施を担保する仕組みを整えている。そこで、政府（文科省）の担当官が実施する内容チェックが、公権力による表現規制にあたる可能性が生じることになる。いわば「国の利益」のために表現の自由を部分的に制約する事例の一つということだ。

国益を理由とした表現規制は、昨今話題になっている秘密保護法制も国の安全を理由としたものだし、迅速で公平な裁判や公正な選挙の実現など、いくつかの局面で顔を出すものだ。ただし教科書検定は、憲法で絶対的に禁止されている検閲に該当するのではないかと、長く裁判で争われてきた経緯がある。

最高裁は、教科書以外での出版の機会が存在することなどを理由に、違憲の主張を退けた。ただし文科省は、検定基準の運用が厳しすぎるとの批判に呼応して、弾力運用を進めてきたとの見方もある。実際、各地で採択が進んでいる「新しい歴史教科書を作る会」の一連の教科書は、そうした中で生まれたものとの側面もあるのだろう。そうした一方、沖縄戦集団自決の記述にみられるように、時の政府の意向に教科書が翻弄され、その結果、かえって歴史的事実が不明確となり、学校現場で生徒にきちんと伝わらないという事態が起きてもいる。

【恣意的運用の懸念】

そうした中での今回の判断基準の変更だが、社会科固有の条件（高等学校検定基準にあっては地理歴史科および公民科）について、以下の改訂を行うこととしている。

①未確定な時事的事象について記述する場合に、特定の事柄を強調し過ぎていたりするところはないことを明確化する。

②近現代の歴史的事象のうち、通説的な見解がない数字などの事項について記述する場合には、通説的な見解がないことが明示され、児童生徒が誤解しないようにすることを定める。

③閣議決定その他の方法により示された政府の統一的な見解や最高裁判所の判例がある場合には、それらに基づいた記述がされていることを定める。

とりわけ、「特定の事柄」が何をさし、「強調し過ぎ」とはどういうことかは解釈の余地があり恣《し》意《い》的な運用が懸念される点だ。検定制度が思想の統一ではなく教育水準の下支えであり平準化であるとすれば、これを超えた学校教育現場に対する〈お節介〉が好ましくないことは明白であろう。それは教師の自由な教育を奪うものであるし、生徒の学ぶ自由をも侵害する。

もちろん、検定制度が行政権の事前内容チェックである限り、検閲的な色彩を帯びていることは疑いようがない事実であり、そうした「危うい制度」であることを前提に、抑制的な仕組みを作らなくてはならない。にもかかわらず、政府の意向を反映しやすい制度に衣替えするかのような改訂には、大きな問題があるといえる。

【教委制度の解体】

しかも今回の改訂がより大きなうねりを作りかねないのは、教科書採択における上意下達の状況である。戦前は、文部省を頂点とする中央集権的な制度であって、各都道府県知事が直轄する学事課が政府方針を受けて教育行政を実行していた。これが軍国主義教育を招いたとの反省から、戦後、地方分権や教育の中立性の原理に基づいた、独立した教育委員会制度を作り上げてきた経緯がある。

最初は文部省と教育委員会は対等な関係であったものの、その後、教育委員を首長が任命するようになってバランスは多少崩れたとはいえ、その精神は辛うじて残っているといえる。しかし、現政権のもとで中央教育審議会は、一三年十二月に「今後の地方教育行政の在り方について」の答申案をまとめた(すでに一三年十一月にパブリックコメントも実施済み)。この制度を事実上解体し、従来は教育委員会の事務局であった教育長に権限を集中させ、政府の意向を直接反映できるように変更するものである。

いじめや体罰の問題で、問題の隠蔽《いんぺい》をはかりかねない教育委員会の形骸化があることは事実である。しかしその解決策が、文科省の直轄方式なのかは疑問であろう。しかもこうした「改革」は、公教育の中立性を間違いなく失わせるものであるとともに、地域の特徴を認めず国全体を一色に染める政策そのものであるからである。

表現の自由の基本要素は、独立性、多様性、地域性である。そのいずれもが教育の場からなくなっていくことを強く危惧《きぐ》する。

［参照：11年6月／16年5月］

メディアと政治の関係　*2.17*

「言論の危機」の内実としては、表現の自由を脅かす法制度上の問題、ジャーナリズムの変節による公権力監視の弱体化、言論報道機関の商業的衰退という、制度・ジャーナリズム・経営の側面がある。そしていままさに、その三つのいずれもが重大な岐路に直面していると言わざるを得ない。このうち、特定秘密保護法に象徴される法制度上の問題は、一三年秋以降たびたび取り上げてきたので、ここでは二つ目の言論報道機関の姿勢について絞ってみていきたい。

【逆手に取られる制度】

すでに一部の紙誌面で繰り返し報道されているように、NHKの新しい籾井《もみい》勝人《かつと》会長や百田尚樹《ひやくたなおき》・長谷川三千子両経営委員の発言が問題視されている。公的な立場と自身の思想信条や感情を切り分けることは、その職にふさわしいかどうかの重要な要素であろう。と同時に、彼らがNHKという法で定められた特別な地位にある〈公共〉放送をどう認識しているかは、直接的にジャーナリズムに関わる重大問題である。

ＮＨＫは国営ではなく公共であるからこそ、視聴者たる国民との関係においてはじめて存在しうる。そしてその経営方針や放送内容については、視聴者に対して説明責任を負うことになっている。その果たし方の一つとして、視聴者の代表としての役割を担う経営委員会が、ＮＨＫの業務をチェックする権能を持つ。

同様に国民の代表たる国会に、ＮＨＫ予算の承認や受信料を決定する権限を持たせることで、経営方針の確認を行っている。ほかにも業務報告書や決算を国会提出しなくていけないし、経営委員会委員の任命権を総理大臣に与えているのも国会関与の工夫の一つだ。

こうした法制度の上の仕組みによって、放送に行政が直接的規制をかけることを最小限に抑えようとしているわけだ。その結果、放送法に定められた「視聴者に対する約束」を、ＮＨＫがきちんと果たしているかを、私たちは知ることができるのである。さらに日本の場合、戦後すぐに出された編集権声明によって、番組の編集・編成権が経営者にあることになっており、放送内容の最高責任者は少なくとも形式上会長ということになる。

だからこそ、その地位にある者が、政府の意向を忖度《そんたく》したかのような姿勢を示すことは、報道機関の長としてあってはならないことだ。あるいは、見守り隊のはずの経営委員が特定の選挙立候補者の政策を支持する行為は、個別の番組編集には触れてはいけないと定めている法規定に、直接違反はしなくても影響を与えうる可能性がある。

さらに言えばＮＨＫ自身が、工夫の結果の仕組みを逆手にとって、予算の事前説明と称した議員回りを行っていた事実も、過去には明らかになった。まさに民主主義の発展に資するために作られた制度の趣旨を捻《ね》じ曲げ、ジャーナリズムの本旨に反する行為が、会長以下組織の内部から起こることに「危機」を感じざるをえない。

【首相と経営陣の会食】

こうしたメディアと政治の関係の象徴的な事例が、首相と経営・編集幹部との会合の多さだ。安倍晋三首相は政権発足から一年間で、延べ五十人を超えるメディア関係者と、主として夜に高級レストランで会食を重ねている。最も頻繁に会っている読売から始まり、産経がそれに続き、以下は朝日、毎日、中日、日経、共同、時事などが並ぶ。テレビ局も新聞系列に符丁を合わせ、フジテレビと日本テレビが回数としては多い。しかし多少の凹凸はあっても、総じて満遍なく各社の経営陣が会っていることがわかる。

こうした首相と経営陣の会合は、過去にも政権によっては行われてきたことだ。多少性格は異なるものの、行政の各種会合体に新聞社の編集委員クラスが構成員として参加することも、古くて新しい問題だ。より良き政策の実現のために、見識がいかされるという見方もあれば、結局は取り込まれているだけとの厳しい批判もある。実際、積極的に参加する社と、委員派遣は一切しない社に分かれている現実が存在する。それに比べると、首相と経営・編集幹部との会合は、実際に会食でどういう話がされたかは別として、一般読者・視聴者からみて関係性が疑われる可能性があることは否定しえない。

例えば、渡邊恒雄読売新聞グループ会長は秘密保護法が参議院で強行採決される前後に和食をともにし、その後、同氏は法制定に関連して設置された「第三者的機関」の一つである情報保全諮問会議の座長に就任した。百田経営委員も首相と会った後、委員に任命されている。記者が政治家に会って酒を酌み交わすことがあるように、首相と社長が会って何が問題かという声もある。こうしたことが直接、紙誌面や番組に影響があるとは思えない、食事代は折半しているし、わざわざ首相から会おうというのをむげに断るのは大人げない、とも言われている。

しかし、なぜこれだけ頻繁にメディア関係者が首相と、内容が表に出ない接触を重ねる必要があるのかの道義的説明責任は、メディアの側にあるといえる。これらに比して、沖縄メディアは官房長官と社長との懇談を、オープンで行い記事化していることを、単に青臭いとして切り捨てることはできないはずだ。むしろ、沖縄県知事の辺野古《へのこ》埋め立て承認会見の翌日、在京紙は県庁内での抗議行動を、セクト系運動家が県職員の規制を振り切って雪崩込み、ロビーを占領したと報じるなどした。沖縄において「良識的な市民」は辺野古移設を望んでいて、「一部の過激派」が反対活動を行っているのであって、それを地元紙が煽《あお》っているという構図が作られようとしているわけだ。同様なことは、原発再稼働問題でも起きているといえるだろう。

結果としてみられる、こうした政権との符合は、時に「争点隠し」としても表れ、それは健全なジャーナリズムとはかけ離れたものになる危険性がある。そして、そうした声が大きくならないこと自体が、まさにジャーナリズムの危機であるといえる。

［参照：13年1月／14年11月／15年1月］

NHKはどこに行く　3.08

会長発言で揺れるNHKであるが、その裏で放送制度の重要な変更がなされようとしている。来週中にも閣議決定が予定されている放送法・電波法改正に伴う業務変更だ。二〇〇七年末に改正された放送法では、その付則で法施行五年後の検討・見直しが求められていた。そこで放送の所轄官庁である総務省が「放送政策に関する調査研究会」（座長＝長谷部恭男・東京大教授、一二年十一月から開催）を立ち上げて検討していたもので、今国会への法案上程が予定されている。

【ローカル放送の行方】

改正の趣旨としては「近年における放送をめぐる社会情勢の変化等を踏まえ、経営基盤強化計画の認定に係る制度を創設し、認定放送持株会社の認定の要件を緩和するとともに、日本放送協会（NHK）による国際放送の番組の国内提供やインターネット活用業務についても規制緩和を行う」としている。前段は民放に関わる変更で、とりわけ地方ラジオ局の経営状況の悪化に対処するため、局再編を進める狙いを持つとされる。

日本の放送制度は、圏域放送と呼ばれる都道府県ごとに異なる放送局が存在し、地方色豊かな独自の番組を放送することを原則としている。それにあわせて放送免許も、県をカバーする出力に合わせているのが実態だ。さらに、都道府県ごとに、民放が何局存在するのが望ましいかを行政の調整によって決め、その実現に努めてきた（大臣告示の基幹放送普及計画によって決められている）。

しかしこれは、法の定めによるものではなく、あくまで地元の要望などを勘案した行政裁量だ。そこで、経営状況の悪化によって地方の放送局数が減少することを防ぐため、前述の計画を変更することなく、新たに別途の基準を設けることによって、実質的な救済を図ろうとするものだ。

具体的には、県をまたいで異なった放送局が、一日を通して同じ番組を流すことでコストカットし、「地域住民の生活に必要な基幹メディアとして存続できるようにするための制度」と説明されている。このため、放送局自らが「経営基盤強化計画」を作成し、総務省のお墨付きをもらうことによって一波複数局が実現することになる。

その際には、「地域性確保のための代替措置」をとることが求められることになろうが、その中身が災害時における当該地域向けの放送だけでよいのかどうかは疑問だ。例えば同一番組になることによって、隣県ニュースが恒常的に見聞きできるようになる一方、「おらが町」の放送局という意識は確実に薄れるだろう。その時、東日本大震災時に見られたような、ローカル放送による安心感の醸成や、住民サポートによる情報の収集を的確迅速に行うことができるかは、まさに放送局と住民の距離に大きく依存しているからである。

放送局存続のための工夫としては認められようが、局自身が自らにどのようなハードルを課すかがむしろ、将来にわたる存在意義に大きな意味合いを持たせることになるだろう。

【NHK業務拡大】

そしてもう一方の改正の目玉が、NHKに関する二つの変更だ。一つは、「国際放送の番組の国内放送事業者への提供業務の恒常化」で、海外の外国人向け英語放送であるNHKワールドTVを、国内に在住・滞在する外国人が聞けるようにしようとの発想である。そのこと自体、一見「悪くない話」ではある。だが、受信料を払っていない旅行者向けの放送を制作・提供するということが、厳格に受信料支払者への受益者還元を旨としてきた制度にどのような影響を与えるかは不透明だ。

日本在住の外国人に対し、日本語以外の放送を行うことはむしろ公共放送として求められていることであって、それは受益者負担の原則からも、震災時等の緊急対応の側面からも必要と考える。しかし、それは「国際放送」に求められていることではなく、「多言語放送」として別途きちんと位置づけて実行すべきものである。元来の趣旨に合わないかたちで業務を変更し、しかも政府の考え方が反映されやすい放送領域を拡大することが、安易に行われることは好ましくなかろう。

そしてもう一つが、「NHKのインターネット活用業務の拡大」である。政府は〈拡大〉と表現するが、実質上の全面解禁に近い変更になる。NHKの業務は法によって厳しく規制されていて、これまでネット上で許されていたのは、ラジオの同時配信（らじる★らじる）やオリンピック時の放送対象外競技のライブ配信、さらにはNHKオンデマンドの有料サービスと、NHKウェブサイト上の放送されたニュース素材をまとめるなどしたＮＨＫオンライン、そして大規模災害時の緊急災害放送の同時配信程度であった。

それを一気に、「何でもあり」にしようということで、ほぼ唯一の例外として地上波放送の同時再送信だけは認められない見込みである。これは、テレビ受像機を対象とした受信料収入に支えられている限り、論理的に当然の帰結ともいえるが、事実上、ネット解禁することがＮＨＫにどのようなインパクトを与えるかについては不安が大きい。

なぜなら、ネット事業の拡大が地方局の取材記者や番組減につながる可能性を否定できないからである。あるいは、ネット上の「公共放送」が必要なのかの議論も不十分なままである。それは放送の地域性や公共性より、経営効率や行政の都合を優先するものにほかなるまい。こうした放送法の「業法化」は、必ずや最後は視聴者にしっぺ返しがくるものだ。

ＮＨＫが誰のものであるのか、そしてその役割が何なのか、そうした真摯《しんし》な議論がいま国会には求められているのであって、ＮＨＫの個別番組をつるし上げて自己の宣伝の場に貶《おとし》めるような、低俗な国会議論は不幸だ。こうした政治家の意思に報道機関を従わせようとの意識は、石垣市の陸自配備報道における防衛省抗議にも通じる。こうした一連の動きは、民主主義社会における報道の自由を確保する上で看過できない問題で、断じて許されない。

［参照：10年12月］

2014

政府批判の自由　4.12

それぞれの事象に関連性はないかもしれない。しかしその「一連」の出来事に、ある種の気持ち悪さを感じる人がいるとすれば、それは今の世の中の表現の自由をめぐる「空気」を表すとも言えるだろう。

【環境省の「反論」】

三月十一日は、新聞やテレビで多くの東日本大震災特集報道がなされた。その一つに、テレビ朝日の「報道ステーション」があった。約四十分の特集企画で、福島県内の子ども（事故当時十八歳未満）の甲状腺がんを扱った番組だった。福島県が行った「県民健康管理調査」の実態を検証し、委託先の県立医大が発表した「（現在までに分かっているがん患者三十三人について）被曝の影響とは考えにくい」との結論に疑問を呈した。

ここで問題とするのは、その番組後の政府の対応である。一週間以上が経過し、突然ウェブサイト上で環境省の「反論」が公表されたからだ。今回の原発事故をめぐる健康被害については「公害」として扱うことで環境省の管轄となっているが、同省総合環境政策局環境保健部は三月二十日ごろからウェブ上で「最近の甲状腺検査をめぐる報道について」を掲出している（日付が入っていないので日時の特定はできない)。また伝えられるところでは、環境省は同文を該当社にファクスと手紙で届けたほか、環境省担当の記者を通じて直接手渡してもいるようだ。

文書の冒頭で、番組名を特定したうえで「事実関係に誤解を生ずるおそれもあるので、環境省としての見解を以下のようにお示しいたします」とし、甲状腺がんの発症と福島原発事故との因果関係や事故後の被曝線量についての環境省の考え方を説明するものとなっている。本文中には「お示しした理由のいくつかについては、本報道でも何人かの識者のコメントとして取り上げられており、報道内容全体をご覧いただけるとご理解いただけると思います」とも記されている。

確かに明らかな事実誤認があった場合などに、当事者としての政府機関が訂正を求める申し入れを行うことはあり得るだろう。それが意図的な悪意をもって故意でなされた可能性があると明白に判断できる場合や、事前に誤りを指摘しているにもかかわらず繰り返し報道がなされた際には、抗議をすることがあってもよいと思われる。しかし、見解が異なるとしてわざわざ個別番組に対して事実上の抗議を行うことが許されるかは別問題だ。

番組では様々な専門家の見解を紹介し、現時点では因果関係が「わからない」ことを伝えることで、政府が強く「ない」ことを方向づけることにくぎを刺す内容となっている。そういう意味で政府の政策批判であることには違いないが、その批判が意図的に一方に偏ったものではないことは、先にふれたとおり同省の文面からも明らかで「報道全体からわかること」である。にもかかわらず番組を問題視するということは、一切の政府批判は許されないと言うに等しいことにならないか。

もともと放射能汚染や被曝健康被害の問題は、当該地域や住民へ大きな心理的物理的影響を与えかねないことから、報道機関も細心の注意を払って報道している領域である。時としてそうした対応は、真実を伝えていないとして、メディア批判の対象にすらなってきた（もちろん、そうした批判が当てはまる事例があることもまた事実である）。そうしたなかで、公権力が被曝問題については政府見解以外の見方を報道するなと言わんばかりの態度を示すことは、報道機関全体に大きな影を落とすことになるであろう。

とりわけ放送局は放送法上の規定で、事実報道や政治的公平さが義務付けされ、紙メディアに比してより強い心理的圧力を受けることになりかねない。こうした影響の可能性を考えず、行政機関が見解を発表したとなれば、あまりに現行法制度や原発をめぐる報道状況に無頓着に過ぎ、行政機関としても目配りが決定的に欠けていると言わざるを得ない。一方でもし、すべてを理解したうえで行った行為であるとすれば、まさに政府の強い「意思」があると判断せざるを得ないことになる。

【本旨は公権力監視】

それは、政府の最重要課題については一歩も譲らない、批判は許さず徹底的に制約するとの強い意思である。そして今回の事例はまさに原発政策の根幹にかかわる問題であり、原発再稼働方針を是《ぜ》とした場合、原発被害が広範に発生する可能性があることはどうしても認めたくない「不都合な真実」ということになるのであろう。その意味で、報道ステーションは「虎の尾を踏んだ」

ことになる。

こうした政府の究極の弱点に触れた場合、なりふり構わずその報道を抑え込むさまは、沖縄密約をめぐる外務省公電を報じた毎日新聞記者を裁判を通じて報道界から追放し、その後の沖縄返還、今に続く在日米軍基地への手厚いサポートを実現した四十五年前の状況と全く変わらないと言える。まさに政府とりわけ自民党政権にとって日米同盟関係や原発政策は、政権の根幹をなす中核的事項と言えるのであって、だからこそ死守する必要がある報道対象と言えるのであろう。

そうした視点で考えるならば、自衛隊配備問題をめぐる琉球新報（二月二十三日付朝刊）の報道に対し「過剰」に反応した防衛省の行動もまったく同じであることが分かる。政府の批判のポイントは、沖縄メディアが政府の辺野古移設方針に反対し「偏向」しているということであって、その内実は政府に批判的な言説が報道や意見の大半を占める新聞は問題である、ということに尽きるからである。

こうした傾向は自民党が政権復帰し、普天間県内移設・辺野古新基地建設を具体的に推進させようとしてきたここ一年あまり強まっている。元首相や大臣経験者を含む複数の政治家が名指しで媒体を批判したり、保守系論客がたびたび沖縄で講演会を開催し不買運動を呼びかける動きがみられる。これらに呼応するかのように、一部の民族系市民団体が政府方針に反対する政治家や市民に罵詈《ばり》雑言《ぞうごん》を浴びせ、ネット上の嫌がらせをするに及んでいる。

メディアの報道原則として「客観報道」が謳《うた》われることがあり、日本でも戦後米国の影響を受け、報道原則の一つとしてその趣旨が新聞倫理綱領の一項目に採用されてきた。しかし注意が必要なのは、ジャーナリズムの本旨は公権力監視であり、その存在自体が常に政府の言動に批判的な立場をとることを当然に求められているほか、記者や編集者が主観的にニュースを取捨選択し、紙面や番組を作ることもまた当たり前のことである。

その点からすればある事項に関し、政府の政策が誤っていると判断した場合、それに対し批判的な番組や紙面を制作することは批判の対象とならないばかりか、メディアとして当然の行為と言える。もし形式的な客観報道批判が成立するとすれば、オスプレイ配備や基地移設に反対する県民大会、度重なる米軍犯罪・事故を取り上げない在京の新聞紙面に対してこそ、問題ありと言ってしかるべきである。しかし、政府方針に抗う立場の媒体のみを批判するところに、政府が公正中立を理由として政府批判に対する圧力をかけたいという意思が表れていると言わざるを得ない。

本来であればむしろ選挙の結果とともに、県民の声を伝える地元メディアの紙面や番組を十分に政策に反映させることが求められているのであって、中央の意向に与《くみ》しない意見を抑え込もうとする対応は、民主主義のありようにも反する。琉球新報の記事に対し、異例の抗議を行った防衛省の対応は、こうした政府の行為を如実に示したものであるとともに、より一段と報道規制色を強めた措置であって看過できない。こうした動きが重なることで、まずは在京のメディアが批判を躊躇《ちゅうちょ》するようになり、いまより一段と沖縄メディアの孤立化が進む可能性がある。また、放送メディアは放送法の規定を足がかりに、より厳しい制約を受けることになりかねない。そうした状況は、日本全体の言論報道の自由の幅を狭め、自由で闊達《かったつ》な言論公共空間を失わせることになるだろう。

［参照：13年1月／13年4月／14年6月／14年12月］

閣議公開の意味　*5.10*

四月から政府の閣議および閣僚懇談会の議事録公開が始まった。実施後約二週間で「首相官邸」ウェブサイト上で公表するという約束通り、五月の連休明け段階で四月十五日までの五回分の議事録が掲載されている。これまで、政府の最高意思決定機関の記録がまったく残されてこなかったことを思うと、半歩前進と思いたいところではある。しかしその実態を見ると、「悪《あ》しき前例」を作ってしまったのではないか、との思いが拭《ぬぐ》えない。それはまた、秘密法を作った政府の「文書管理」に関する認識の欠如がそのまま現れたものでもある。

【「非公開」原則】

民主党政権の置き土産ともいえる閣議・閣僚懇談会の議事録公開であるが、当初は文書管理規程を変更するなど、何らかの法令上のルールにのっとり行われると思われていた。しかし結果は、あくまでも政府の行政サービスの一つとして、「特別に見せてあげる」という形での公開となっている。

その象徴的な「公開」ルールが、「閣議等の議事録には、公表時点で情報公開法第五条の定める不開示事由に該当する内容については記録しない取扱いであること」という「非公開」原則だ。

自民党政権が壊れ細川護熙連立内閣が成立したことを受け、ようやく日の目を見た日本の情報公開法（行政機関の保有する情報の公開に関する法律）であるが、その五条には「不開示情報」と呼ばれる情報公開法の適用除外となる「例外」が列挙されている。この中身はおよそ世界共通で、個人情報、企業情報、意思決定過程情報、そして国家安全情報に公安情報の五カテゴリーだ（このほか、人事や検査などの行政事務遂行に支障がある場合も不開示の定めがある）。

したがって、五条に該当するものは記録しないの意味は、政府が重要だと思う防衛情報や公安情報は、そもそもどのような話をしたのか（あるいはしなかったのか）、未来永劫《えいごう》、政府として開示する意思はないので、記録としても残さないということだ。この、政府が国民に見せるつもりがない文書は、最初から記録を取らないし、当然、議事録には掲載しない、という姿勢は秘密保護法立法過程でも出てきた話でもある。知る権利より国家安全保障が常に優先する、というかたくなな思い込みという形としてである。

公的情報は国民のものである大原則を確認するまでもなく、行政機関の正式な会議は少なくとも、たとえ不開示文書になる可能性があってもすべて記録を作成するというのは、文書管理のイロハであるはずだ。にもかかわらず、その基本原則をまったく無視し、それをルール化してしまうことに、政府の情報秘匿《ひとく》体質が露呈しているということになる。情報公開請求があれば、裁判所が個別に開示するかどうかを判断する、というのが情報公開制度のルールである。それをまったく無視し、自分の都合に合わせてルール化するという態度は、その他の政府所有の情報の扱いを推し量るヒントになるともいえるだろう。

【「残さない」選択】

そして実は、その伏線がすでに検討段階からあった。ここまで「議事録」と呼んできたが、正確には今回公表されているのは「議事要旨」に過ぎない。その記録は、出席者である内閣官房副長官や内閣法制局長官などのメモをもとに作成するとされている。しかし、その作成の根拠となったメモの取り扱いなどについてはまったく不明であるし、そもそも録音をしているのか否かもはっきりしない（官房長官記者会見等によると、録音はしていないということになっている）。国家の最高意思決定機関で、国家の機微に触れるような重要な話は記録に残さないのが当たり前、という説明も一部でなされているようであるが、これは明らかに正しくない。

アメリカで大統領の会話も電子メールもすべて記録されているのは有名な話であるし、ある意味で日本以上に行政秘密の壁が厚いイギリスでも、閣議の議事録作成に使用されたメモは、その議事録とともに保存・保管されることがルール化されている。そしてこのことを、政府は知っているうえであえて「残さない」という選択肢をとったのである。民主党時代にできた「閣議議事録等作成・公開制度検討チーム」における検討経過で、各国の閣議等の記録作成について海外調査が実施され、その報告がなされているからである。

なお、二〇一二年十一月二十九日付の「閣僚会議等に関する調査結果の概要」では、百七十四の閣僚会議等が存在し、その多くが議事録作成が可能と報告されている。実際、行政機関の会議のほとんどは、速記者が入るか録音をしつつ事務担当者が詳細発言メモを取っている実態がある。

また、前述検討チームの報告書「閣僚会議等の議事録等の作成・公開について」では、すべての閣僚会議等に対し原則議事録の作成を求め、議事録を作成しないとする閣僚会議等に対しても議事要旨は作成するよう求めているのである。

にもかかわらず、その種の会議体の中でも最重要と政府自身が位置付けている新組織「国家安全保障会議（日本版ＮＳＣ）」は、一三年の発足前から早々と記録を取らないし、いわんや議事録を作成・公表することもない、と断言し実行している。同会議は、設置法に基づきおかれているものであるにもかかわらず、そこで話し合われた内容は、未来永劫、国民の前に明らかになる可能性はゼロであるということになる。

そしてこうした政府の振る舞いは、前述のように情報公開法の精神や趣旨に反するだけでなく、より明確に公文書管理法に違反するものであるといえる。なぜなら同法は、意思決定過程情報を合理的に跡付けるための文書を作成することや、相互に密接な関連を有する行政文書をまとめて保存することを、明確に条文で定めているからである。今回見られたような恣意的な政府の文書管理、あえて言えば秘匿のためのルール作りを認めさせないためには、早急に公文書管理法や行政文書管理ガイドラインを改正し、最低限、会議の記録が保管され、情報公開請求の対象となるようにすることが求められている。それは同時に、政府の隠蔽体質や恣意《しい》的な秘密指定を監視するため必要最低限の条件整備である。

［参照：08年11月／10年4月／13年11・12月］

日本型表現の自由　*6.14*

いま東京・上野の森美術館ではバルテュス展が開催中で、多くの観客を集めている。そのちょうど同じ時期、国会では改正子どもポルノ禁止法案が審議され、来週にも成立の見込みと伝えられている。巨匠と呼ばれた同氏は少女画が有名で、描いたワインラベルが子どもポルノとして騒動になったことがあるだけに、そのめぐりあわせは不思議なものだ。

【単純所持も禁止】

規制対象を、実写から漫画・アニメといった創造物に拡張する変更点は最終的に外され、「単純所持」を罰することが目玉の改正となる。しかしながら、いわゆる漫画規制は「一歩前進」をめざしていったん取り下げただけともいえ、実際、同様の規定を持つ東京都青少年条例では、法案審議に合わせるかのように、今国会中に大手出版社角川書店のコミックスを「不健全（有害）図書」と初指定している。いつでも、また再強化の話が出る素地があるということだ。

単純所持禁止は、世の中から子どもポルノの存在をなくすことを求めるもので、これまでのように流通・販売目的で持っている場合に限らず、親が子の写真を撮った場合や、セルフヌードや未成年夫婦間で撮影した水着動画も、場合によっては摘発の対象となる。あるいは、国会審議でも問題になったように、高校生の下着風の水着写真集が問題とされるわけである。ことほどさように、子どもポルノの定義は芸術作品も含めて、極めて曖昧なものであることを、あらためて確認しておく必要があるだろう。なぜなら、この曖昧さこそが恣意《しい》的な取り締まりを可能にしているからである。しかも今後は、それらを販売目的ではなく、買った側も罰するということにしたわけで、これは出版する側にも、そして一般市民の側にも大きな萎縮《いしゅく》効果をもたらすことになる。

【蟻の一穴の懸念】

こうした曖昧さ以上に、国会では全く議論された形跡がないものの、より大きな懸念が、単純所持禁止が日本の表現の自由モデル原則を変えてしまう点だ。この「表現物を持っているだけで罰する」という法規制は、特定の表現行為を社会の中で一切認めないということを意味する。これで、確かにいまより捕まえやすくはなるだろう（ちなみに、現行法でも厳しい摘発は十分に可能である）。しかし、子どもポルノが「蟻の一穴」となって、「例外」が増えていくことを強く懸念せざるをえない。

たとえば、いま問題になっているヘイトスピーチも、社会的に存在させるべきではないという考えから絶対的な法による禁止を求める声が強い。社会全体として秩序維持のために公権力による規制を求める空気が広まっているだけに、結果として表現の自由が劣後におかれる可能性が高まっているからである。確かに、反基地デモに罵詈《ばり》雑言《ぞうごん》を浴びせる者を取り締まりたい欲求はあるだろう。しかしいったん法ができれば逆に、公権力に反基地運動を取り締まる法的根拠を与えることになりかねないことを覚えておく必要がある。

これまで、箍《たが》を外してこなかったのは、戦前戦中の警察による恣意的な取り締まりに、「例外」が活用された苦い経験があるからだ。欧州諸国のように、一部の表現行為の存在を認めないという選択肢はもちろんありうるが、形式的な「国際基準」にそろえることで、日本の表現の自由の基本構造を変えてしまいかねないことは、もっと議論されなければならない。

【必要な政府の説明責任】

表現の自由をめぐるもう一つの問題が、相変わらず続く政府からの物言いである。『ビックコミック・スピリッツ』連載の「美味《おい》しんぼ」をめぐる騒動のさなか、政府閣僚等はこぞって「事実に反する」として遺憾表明や批判を行った。新聞報道されただけでも、安倍首相（十七日）「根拠ない風評に国として対応」、菅官房長官（十二日）「正確な知識を」、根元復興相（十三日）「非常に残念で遺憾」、森消費者相（十三日）「根拠ない差別を助長」、石原環境相（九日）「被曝と鼻血に因果関係ない」、太田国土交通相（十三日）「心情をよく理解する必要ある」、下村文科相（十二日）「よく勉強して描く必要ある」、環境省政務官（八日）「とても残念で悲しい」と続いたことがわかる。このほか、自民党福島県連や福島県議会民主・県民連合が抗議している（ほかに、大阪府、大阪市や福島県、双葉町の抗議がある）。

しかも気になるのは、会見記録を見る限り、記者の側から「言わせている」節が強いことだ。さらには、こうした政治家発言を受ける形で、各社が社説等で論陣を張るが、むしろその多くは漫画表現を否定し、議論を認めないという状況を認めている。具体的には、「これは『表現の自由』

の問題ではない」（十三日、産経）、「復興に使うべき貴重な時間と労力を抗議や反論のために浪費させて何が議論か」（十四日、福島民報）などの全否定や、「一つの作品を取り上げて過剰に反応したり、大学の学長が教職員の言動を制限するような発言をしたりすることには、賛成できない」（十四日、朝日）といった冷静な議論を求めるものが多数派であった。「自由に議論すること自体をためらう風潮が起きることを懸念する」（十五日、毎日）は少数派であったといえるだろう。

間違ったことをしたら抗議するのが当然、と一般に言われているが、政府が公式の場でこれだけの批判を集中させることは、極めて珍しいことだ。本来、政府は一方的に抗議するのではなく、あくまでも説明責任を果たす役割を負っているのであって、もし風評被害が起こる可能性があると思えば、より詳細で十分なデータを明らかにすることが求められているのではないか。むしろその不足こそが、いま問われていることそのものでもある。

原発や沖縄問題に関する神経質なまでの政府の対応は、こうしたところにも表れるのであって、それは表現の自由を覆う重たい雲となって私たちを覆いつつある。

［参照：08年5月／08年12月／12年8月／14年4月／16年6月］

デジタル時代の多様性　*7.12*

ほとんど知られていないが、日本には「定価」という表記が許されている商品が四つだけ存在する。新聞、雑誌、書籍、音楽用レコード盤・テープ・ＣＤで、そのほかの商品・サービスには、値段はあっても、定まった販売価格は存在しない。例えば、本のカバーにはしっかりと金額が印刷されていて、その意味するところは出版社が販売価格を決め、書店は変更できないということだ。その結果、沖縄本島でも離島でも一年中、二十四時間まったく同じ値段で販売されている、という事実に気づいてもらえると思う。これを再販維持契約（略して再販）と呼び、自由競争が徹底している経済取引の中で、極めて珍しい特別な取り扱いとして、独占禁止法のなかで定められている。

もちろん、まったく例外がないわけではなく、新聞社の中には学生や学校向けに割引価格を設定したり、書籍の場合には刊行から時間が経った本を安売りする場合もあるし、最初から自由定価本として販売しているものも存在する。これは「弾力運用」と呼ばれ、ここ十五年くらい一般化してきた光景だ。あるいは、大学構内にある購買会（大学生協など）では、一割引きで売ってよいことが、法で明記されてもいる。

そうした状況の中で、オンライン書店の最大手アマゾンが「Amazon Student（アマゾン・ステューデント）」と称する、学生向けの会員制プログラム・サービスを開始した。はじめの六カ月は無料、その後は年会費千九百円が必要だが、書籍の価格の一〇％分を次回購入時に使用できるポイントとして還元するもので、実質一割引きで購入できる制度だ。対象は、国内にある大学、大学院、短期大学、専門学校、高等専門学校の学生とされている。

学生対象であるから、購買会と同じであるとか、リアル書店でも、蔦谷《つたや》書店（TSUTAYA）のTポイントに始まり、他の書店でもポイントカードやクレジットカードとの連動で、一〜三％

程度のポイントが付くことが一般的ななか、何が問題なのかとの声もあるようだ。また、そもそも再販自体の弾力運用が決まっているのだから、一律に割り引く制度は許容されるべきだし、消費者メリットが大きく、反対は「議論のためにする議論」だとの厳しい声も聞こえてくる。しかし「なし崩し」で再販の実質を骨抜きするのではなく、その趣旨に鑑みて諾否《だくひ》を見ていく必要があるだろう。

【民主主義のコスト】

書籍の定価販売が定められているのには大きく二つの意味があるといえる。

第一は、読者のアクセス平等性である。通常は、生産者から販売地が遠くなるほど、配達コストから販売価格が高くなる場合が少なくない。あるいは、大量に売れる人口密集地のほうが価格が下がる傾向もある。それからすると、本や雑誌も市街地のほうが安く売れる可能性が高まるが、それでは国内で満遍《まんべん》なく知識や情報が行き渡ることが阻害されかねない。その前提としては、日本においては新聞があまねく普及していることや、書店が相当程度全国にくまなく存在し、再販対象の商品がまさに「マスメディア」として実質的に存在していることが重要だ。こうしたマスメディアを通じて、自己の人格形成に資する豊かで多彩な情報に接することができることは、社会にとって大変重要であるといえるだろう。

また、選挙等を通じ政治的・社会的選択をする上でも、十分な情報が容易に入手できる環境は確保される必要がある。すなわち、民主主義社会のための必要条件として、みんなが等しく情報に接することができることが大切になる。したがって、もし「高め」の本を買わされる人がいたとしても、それは民主主義のコストとして市民全員で負担していこうという考え方でもある。

第二には、多様性の確保がある。小売店の競争は一般に、価格競争が中心である。そうなると当然であるが弱肉強食の世界が生まれるわけで、一般に小規模の売り手は淘汰《とうた》される傾向にある。それは大規模スーパーに押される地方商店街の状況を見ても明らかだ。これは書店の世界にも当然通じる話で、価格競争が起きれば一気に書店の数は減ってくことが想定される。しかも、リアル書店同士の闘いというよりは、ネットvs.リアルの争いとなり、その結果、店舗コストが圧倒的に小さいオンライン書店に分があることははっきりしている。その結果、三つのことがいえるだろう。

【棚の貧困】

まず、リアル書店は一気にその数を減らしかねない。それは、私たちが実際に本を手にして購入するという「愉しみ」を奪うことになる。しかもそれは単なる感傷的なものではなく、本を能動的にのみ購入するという傾向を強めさせ、まさに今のネット社会の自分と近い考えの心地よい情報にのみアクセスする傾向を、雑誌や書籍にも一気に拡大させることになる。それは多様な言論の世界を狭めるということに他ならない。

次に、現在の委託販売制度にも大きな影響を及ぼすであろう。現在の日本では、書店は取次を通じて本を取り寄せ、陳列し、売れ残った本は返本できる制度を採用している。その結果、小規模の本屋でも、売れ筋以外のさまざまな本を書店に並べることができるのである。こうした、価格競争ではなく品ぞろえで勝負するという、独特の競争方法が書店の棚の多様性を生んでいたわけであり、価格の自由化は買取制を促進させ、その結果、委託販売制度の崩壊は売れ筋中心の品ぞろえを招き、棚の貧困を呼ぶことになるだろう。

そして最後に、自由競争の結果、書店の数が少なくなり、現実的にはアマゾンに象徴される大手オンライン書店の独り勝ちを認めることで、流通の単線化を生むことになる問題である。それは、書籍マーケットを寡占した書店が扱わない本は、市場には流通しないということを意味する。もちろん、書店がある程度、取り扱い本を選別することは許される。それはまた、書店の特徴につながる場合も少なくない。しかし、オンライン書店は世界を相手に商売しているだけに、さまざまな国の違った事情による販売制限が幾重にも重なり、必要以上の厳しい制約を課す場合も少なくない。実際、日本国内で販売中の本が、アマゾンでは取り扱われていない事例が既に報告されている。すなわち、アマゾン基準（一般にはアメリカ基準）で、日本国内の本の流通・販売がなされる可能性があるということであって、これは出版文化の多様性を大きく損なうことになる。出版にかかわる事業者は、出版の自由の担い手であるという認識のもと、多様性の維持やアクセス平等性の確保を行動基準にもつことが求められている。

［参照：09年3月／09年4月／13年4月／16年1月］

施行近づく特定秘密保護法　*8.09*

一三年末に成立した特定秘密保護法（以下、法）に基づく制度の全貌が、ようやく明らかになりつつある。立法後、内閣官房のもと施行細則の検討がされてきたが、秘密の判断基準等を「第三者」の目で検討するとして設けられた情報保全諮問会議によって、政令等の政府原案が了承、公表されたからだ。

この成案を受け現在、パブリックコメントが実施されていて、八月二十四日の締め切り後、秋には閣議決定され、年内には法が施行される予定である。パブコメは、行政手続法に則《のっと》って行われる施行令案のほか、行政機関の組織変更など全部で三つからなる。以下では、これらの内容を念頭に、残された課題を確認しておきたい。

【秘密保護法制の構造】

制度の善し悪しを考える視点は、政府本位の情報隠蔽《いんぺい》法の性格を、どこまで国民本位で秘密を管理する法制度に修正できたかである。そうした面から、明らかになった秘密保護法制の構造上の問題は以下の通りである。

第一は、制度の中心である秘密の指定と解除の仕組みだ。ポイントは、誰がどのような基準で「秘」指定し、それがどのような期間、どこで保管されるか、ということになる。一般に、秘密指定権者が多いと秘密が量産される可能性が高まるといえ、一定程度の制約をかけるわけだが、同法では十九省庁の長に限定した。一見、組織のトップに限定することで、秘密指定も制約されると考えがちだが、秘密管理の責任者がおおよそ内閣の構成メンバーと重なることによって、違法不当な秘密指定についても政府内で責任追及がされない可能性が高い。

そうなると、ますますルールで縛ることが求められ、今回示された「特定秘密の指定及びその解除並びに適性評価の実施に関し統一的な運用を図るための基準」（運用基準）が大きな意味を持つことになる。法では、秘密の対象は別表の形で示されたが、「その他」とか「等」という用語がつくことで、防衛・外交・テロ活動・スパイ活動の四カテゴリーについて、結果的にすべての情報が対象となっていると批判されていた。今回の運用基準でこの別表に「細則」がつけられ、言葉からすると詳細が決まったような感覚になるが、その実は法で使用された単語を分解して説明したにすぎず、具体的な対象が示されたということにはなっていない。

法では、その絞り込みのための要件として、「非公知」と「特段の秘匿《ひとく》性」が明記されており、運用基準によってどこまで具体的にその言葉の意味を規定し、絞りがかけられるかが、まさに秘密増殖の歯止めがかかるかどうかの肝であった。しかしこの点についても、「重大な支障をきたす」といった言葉の言い換えなどにとどまり、官僚が秘密にしたいと思った情報を、きちんと選別する機能は持ち合わせていない。

そして何より、この秘密指定における大きな問題点は、政府の説明責任が明確でないことである。あくまでも原則は、公的な情報は国民のものであるという点で、そのためにすべての公的情報は開示されなければならない。そしてもしすぐに見せることができない場合は、なぜ不開示なのかを説明する責任が政府にはある。これは情報公開法の最初にも明記されている大原則だ。それからすると、法は秘密指定の立証責任が政府にあることを明記する必要がある。これがないと、七月に示された沖縄密約文書公開請求訴訟の最高裁判決に見られるように、政府が見せたくない文書は秘密指定し、それを捨てたと言い張れば、政府はその文書を未来永劫《えいごう》、国民の目から隠し通せることになるからだ。

秘密を限定化する一つの方法は、秘密にしてはならない枠を定めることであるが、こうした方法は今回の運用基準でも示されることはなかった。また、最長六十年まで政府が延長し続けることを止める特段の仕組みも作られなかった。要するに、指定したのと同じ人が同じ基準で、延長してよいか否かを判断するという仕組みであって、その時点で指定を解除するという発想が生まれ難いことは容易に想像がつくからである。

これと関連するが、秘密を解除する仕組みが事実上ないことも大きな問題だ。法で作られなかっただけでなく、チェック制度との関係で設けることも可能であったが、ゼロ回答であった。とりわけ一般市民からの請求を受け付ける道が全くないことは問題である。

【チェック制度の欠陥】

そして第二が、秘密の管理の適性さをチェックする仕組みだ。大きくは、第三者による監視制度と、内部告発を保障することで不正を防止する制度となっている。政府は、重層的な監視機関と呼ぶが、そのいずれについても不合格な状況だ。示された「内閣保全監視委員会」と「独立公文書管理監（情報保全監察室）」の二つの機関は、行政内部の内輪の追認機関になる可能性が大であるからだ。

監視機関の条件は、独立性、網羅性、拘束性であるが、この政府機関はそのいずれの条件をも具備していない。あくまでも政府組織の中で上部機関に従属しているほか、人的にも出向人事が予定されているからだ。秘密指定権者の部下、もしくは出向元に帰ったのち、事実上、秘密指定をする立場に着く可能性が高い者がチェックをするという、外形的にも監視機関とは言い得ないものである。

さらには、せっかくチェックの仕組みの一つとして設けられた内部通報制度であるが、内部告発者を守る制度が事実上存在しない。まず、窓口が所属する当該官庁の窓口であって、その窓口には通報の中身を話すことができないという矛盾を抱える。秘密の中身を話しては、その時点で秘密が漏れてしまうという理由からとみられるが、そのような形式的な受付窓口に言いに行こうと思うかどうかは明らかだろう。しかも、人事報復等の防止策も示されなかった。

このように、拙速《せっそく》で作ってしまった法の致命的な欠陥は、ほとんど修正されることなく運用基準が決まろうとしていることになる。ここでは取り上げる余裕がなかったが、適性評価と呼ばれる秘密を扱う人の管理方法も問題が山積したままだ。さらには、取材・報道の自由についても、「情報の漏洩《ろうえい》の働きかけを受けた場合」は上司への報告を義務付けられている。これは取材行為を厳しく制約することになるだろう。こうした点についての議論も生煮えのまま、ヒミツという言葉ですべてが許される体制ができることは、あまりに大きな問題といえる。

〔参照：11年9月／13年9月／13年11・12月／14年8月／15年7月〕

デモ・集会の自由　*9.13*

いま、あらためて「デモの自由」が問われている。自民党は八月二十八日、政調会のもとに設置したヘイトスピーチと呼ばれる人種差別的な街宣活動への対策を検討するプロジェクトチーム（座長＝平沢勝栄）の初会合を開催、国会周辺での大音量の街宣やデモに対する規制も合わせて議論する方針を確認したとされる。同会合で高市早苗政調会長（当時）は、「（大音量のデモによって）仕事にならない状況にある。仕事ができる環境を確保しなければならない。批判を恐れず、議論を進める」と発言したと伝えられており、当人は九月の内閣改造で、表現活動と密接な関係を有する総務大臣に就任した。

また他の議員からは、「左右を問わず、騒音を規制すべきだ」との意見が出された模様だ。国会周辺のデモと言えば、東日本大震災以降続いている、脱原発やその後の特定秘密保護法、集団的自衛権に関する抗議活動が想起され、これらを封じ込める意図が容易に感じられる。一方で沖縄においても、辺野古新基地建設に伴う「海上」デモにおいて、海上保安庁による参加者の身柄の拘束が相次いでおり、逮捕も辞さない方針が示されているという。

ではいったい、日本において政治的意見表明の手段としての示威行動である〈デモ〉は、なぜ許されないのか。

【原始的な表現の大切さ】

デモ行進や集会といった示威行動や、ビラ・チラシや立て看板といった表現行為は、従来、原始的《プリミティブ》な表現行為と呼ばれてきた。その意味するところは、媒体を持たない一般市民が最も身近な表現手段で、不特定多数に対し、自らの意思を表明する手段であったからだ。一方で為政者は、こうした大衆行動を畏怖し、その影響をいかに押しとどめるかに力を注いできたともいえるだろう。

戦後の日本でも、さまざまな理由をつけてこうした言動を制限してきた歴史がある。その根拠は主に五つで、美観の維持、スムーズな交通往来の確保、騒音の防止のほか、社会秩序の維持、買売春の禁止である。これら法益を守るため、刑法、軽犯罪法、屋外広告物法、屋外広告物条例、道路交通法、公安条例、暴騒音規制条例、環境条例、暴力団排除条例、売買春禁止法、風営法、子どもポルノ禁止法、出会い系サイト規制法、迷惑メール対策法、破壊活動防止法、成田空港緊急措置法といった多くの法令を駆使して、表現行為の制限を行ってきたといえる。

さらにより直接的に集会やデモを規制するものとして、国会・官邸や大使館の周辺での拡声器を使った抗議活動を禁止するための「国会議事堂等周辺地域及び外国公館等周辺地域の静穏の保持に関する法律」がある。これによって、請願デモのようにいわゆる「静かなデモ（集団行進）」は認められても、旗を持ったりマイクを使ってのシュプレヒコールを上げるような喧噪的な要素を含む「騒々しいデモ（集団示威行進）」は一切認められないことになる（現在、官邸前で行われている抗議行動は、デモではないという位置づけでなされている）。

こうした規制に対し、制定直後から憲法の表現の自由に抵触するとして違憲訴訟が起こされてきたが、裁判所は一貫して規制を合憲と判断してきた。ただし、戦後すぐの「公共の福祉」を理由とした一般的包括的な規制はその後、比較衡量論といわれる、規制する場合としなかった場合の法益を個別具体的に比較して、どちらが優先するかは判断するという方法に変わってきた経緯がある。もちろんそれでも、団地やマンションの郵便受けに、政治的ビラ（政党機関紙など）を投げ込む行為に対し、住民の平穏が侵害されたとして有罪判決を受ける現実がある。

【パブリックフォーラム】

ここであらためて確認しておかなければならないことがある。その一つは、一般市民が最も安価、簡便な方法で自己の主張を表現する方法として、デモや集会は「自由」であって、しかもそれは「権利」として認められているということだ。世界の憲法ともいえる国連自由権規約の二十一条は「平和的な集会の権利は認められる」とし、「他の者の権利及び自由の保護のための民主的社会において必要なもの以外のいかなる制限も課すことができない」——と定めている。だからこそ、もし規制する場合は、過度の広範な規制の危険性がある一律禁止になっていないか、事前規制に該当しないか、取り締まりは必要にして最小限度かといった、表現規制の厳格性・明確性の観点での吟味が必要となる。

それゆえ、陸海を問わず示威行為を制限する場合には、取り締まり基準の定義、対象、根拠などの明確性とともに、法手続きは十分か、救済措置はとられているか、が厳しく問われることになる。それは、えてして広範な取り締まりを期待しがちであって、また恣《し》意的な取り締まりによって公権力の介入を生みやすい表現類型だからだ。

もう一つの重要な点が、こうした示威行為を、政府を含め社会全体で許容することが、民主主義社会の成熟を示すものであるという点だ。確かに、デモや集会、ビラの配布が、道路の往来や町の美観に全く影響がないということはあり得ない。しかし、公的な公園や道路あるいは海上は、いわば「公共の表現の場（パブリック・フォーラム）」として確保されることが、社会の意見交流の機会を確保するためには必要であるという考え方だ。

最高裁判決でも何度か登場している考え方で、延長線上には公民館や図書館・博物館といった公的施設における表現発表の活動も当てはまる。これは、駅前でビラを配布したり、電柱に立看板を貼る行為にも拡張され、所有者の経済的利益の一時的部分的侵害や美観よりも、市民の利用に供する公共的利益が重視されてしかるべきケースといえる。できる限り表現の自由について許容幅を広げて比較衡量することが、意見発表の場としての言論公共空間を維持すること、すなわち市民のための市民による市民の表現行為の場の確保につながるからだ。

こうした民主主義の根幹を支える自由を安易に取り締まりの対象とすることが、自らの社会を窒息させるということを、為政者は十分に理解し行動する必要がある。

［参照：12年7月／15年3月／16年5月］

電子出版権　*10.11*

デジタル時代に即した著作者（作家）と出版社の関係について、一五年一月から新しいルールでの運用が始まる予定だ。先の国会で著作権法が改正されて「電子出版権」が誕生、これまで紙のメディアを前提として設定されていた、出版社の権利がインターネットの世界にも拡大されることになった。そもそも出版権とは、本を複製（印刷）する権利を作家から一定期間譲り受け、その間は他人から邪魔されることなく、いわば独占排他的に出版事業を行うことができる権利である。

知的創造物である作品を生み出した著作者の、まさにわが子を愛おしく思う気持ちを権利化したのが著作権であるとすれば、その中核的な権利が「著作者人格権」で、他人が作品を勝手に改変したり、発表したりすることを絶対的に禁止している。一身性といって、他人には譲渡することができない権利だ。一方でビジネス的側面に着目し、複製《コピー》する権利としての「著作財産権」があり、自由に売り買いすることができるようになっている。技術の革新とともに、放送、カラオケなど新しいメディアが誕生するたびに、新しい複製権が作り出されてきた。

そしてインターネットに対応して生まれたのが公衆送信権で、本来、あるパソコンから別のパソコンにデータを送る際には、技術的には幾多の複製を繰り返すことになるのを、一回の権利処理で済むよう便宜的に定められた、ネット上の複製権ということになる。そして、出版活動が紙からネットにと拡張する中で、旧来の複製権に対応させていた出版権を、あわせて公衆送信権にも対応できるようにするため、有形の出版物（紙の書籍やCD－ROMといったパッケージメディア）に追加して、ネットで配信されるような無形の出版物（電子書籍）についても電子出版権を認めることにしたわけである。

【現状改善の一助】

著作権法は、もともと著作権者を守るためにルールを定めたものであるが、今回の法改正は専《もっぱ》ら出版社側の意向をもとに進められた経緯がある。それは、出版社が育てた作家の作品が、規定がないがために簡単にネット配信されたのでは、初期投資が回収できず出版活動の循環が成立しなくなる、という危惧《きぐ》である。これはいわばマネージャー権とでも言い得るもので、著作権そのものではないがそれに密接にかかわる「著作隣接権」として重要なものであるといえる。実際、レコード会社はすでに類似の権利を有することで、いわばプロデュースすることによって得る利益を守ってきたといえる。

さらに直接的な権利化の引き金になったのは、自炊と呼ばれるように、だれもが簡単に印刷物をスキャンしデジタル化できるようになったこともあって、紙の出版物がネット上に無断で転載され、本の売り上げが影響を受け出版社が不利益を被《こうむ》るといった状況が発生したことにある。こうした違法行為に、出版社が権利者として迅速に対応することで、少しでも遺失利益を少なくしたいということだ。もちろんそれは、著作者の利益を守ることにもつながる。

大切なのは、こうした権利化が表現活動の幅を広げ、出版・出版流通の多様性を守ることにつながるかである。単なる出版社の権利囲い込みに終わったのでは意味がないからだ。その点からさしあたり三つのことを確認しておく必要があるだろう。

第一は、著作者（作家）と出版社の関係の整理である。日本の場合は旧来、口頭契約と呼ばれるように編集者と作家の間で信頼関係に基づいた出版請負が実行されており、事前にきちんとした契約書を締結することはほとんどなかったといわれてきた。むしろ、お金のことは気にしない（ふりをする）ことが美徳とされていたことも関係あるのだろう。また同時に、一般的には出版社が圧倒的に強い地位にあり、作家は黙って判を押すしかない現実も多いとされる。そうした現状を「改善」するための一助に、権利関係の明確化が効果を発揮することが求められる。そうではなく、従来の関係そのままに、単に出版社の権利が強化されたのでは、作家はますます窮屈な立場に追い込まれることになるからだ。

第二は、法の適用範囲の明確化である。契約書で書き加えられることになるであろう「電子出版権」が及ぶメディア、あるいは配信サービスとは一体何を指すのか、明確なようで実ははっきりしていない。「電子出版」は極めて幅広いが、デジタル出版物として一般にイメージされる「電子書籍」はそのほんの一部にしか過ぎないからだ。ケータイ小説やブログを含め、包括的に電子出版権を特定出版社に帰属させることで、多様な出版形態の可能性を狭める可能性があることに注意が必要である。

2014

【読む自由】

そして第三は、出版流通の多様性の確保である。日本の出版社が恐れていたのは外資系のＩＴ企業が、資本力に物を言わせて根こそぎ有力コンテンツである出版物の電子化権を持っていくことであった。そのために、紙の出版段階でネット上の権利を抑えておくことを求めたともいえる。そうした一方で、本気で出版社が出版流通の多様性を守る気があるか、あるいは作家の権利を守ろうとしているかは疑問を抱かせる現実も垣間見える。たとえば、アマゾンが開始した定価割引制度は、明らかに再販の趣旨に反するものであるが、大手出版社はアマゾンでの自社の売り上げなどを勘案してか黙認の構えだ。それは結果として、リアル書店の経営を圧迫することで出版流通の単線化を加速化させ、読者の読む自由を狭めることにつながりかねないだろう。あるいは電子海賊版に文句をつけるのは有名作家の場合だけで、その他大勢の著作権者は結局放っておかれるのではないかという声が消えない。

出版界とともに電子出版事業に参入するＩＴ関連企業には、こうした疑問に応えつつ、（短期的な利益を求めるよりも）長期的な視野に立って新たなルールを確立していくことを求めたい。

［参照：10年8月／11年2月］

「国益損ねた朝日、反省なし」「国益害した慰安婦報道」――これらはいずれも在京紙の九月十二日付朝刊の一面や社説の見出しである。前日の朝日新聞の一連の記事に関する社長謝罪会見を受け、多くの新聞は大きなスペースを割いて、慰安婦報道、原発事故報道、連載不掲載問題について紙面展開をした。同様に総合月刊誌でも、「国益とメディア」「さよなら朝日」といった特集タイトルが背表紙を飾っている。同時期の週刊誌も含め、記事の中では保守系論客が朝日新聞の廃刊を求めるものも目に付く。こうした言説は、新基地建設に反対する沖縄メディアに対する批判とまさにうり二つであることに気付く。「国益」に反する報道は許されない、という考え方である。

【誤報とは何か】

もちろん、ジャーナリズムにとって「誤報」は命取りだ。それは最も高位の報道倫理である「真実報道」に反するからに他ならない。そして一般に、なぜ誤報が問題になるかを考える場合、その記事や番組が報道倫理に反することが一つの基準とされてきた。

今回の朝日新聞の場合も、吉田調書（原発事故報道）の場合は、記者が調書の中から自分の主張に合う形で、いいとこ取りをしたことで、〈公正さ〉に反しているのではないか、が問われていると考えられるし、吉田証言（慰安婦報道）の方は、社自らが〈正確性〉に欠けると判断したことになる。さらに、訂正の遅れが多く指摘されており、これは〈誠実さ〉に反するものと言えるだろう。

その結果としてかつての松本サリン事件のように、犯人視報道によって大きな権利侵害を及ぼすこともあり、これも誤報が問題だとされる理由の一つである。ほかにも〈真実追及努力の不足〉や〈表現の不適切さ〉、さらには〈意見と事実の分離〉も報道倫理上で問題になることもある。

とりわけ報道倫理が強く求められる今日において、読者・視聴者の誤報に対する批判もこれまで以上に厳しくなっているともいえる。たとえば戦争証言に代表される当事者インタビューは、裏取りが事実上不可能な場合も多く、内容の不正確性はある程度織り込み済みという場合も少なくなかろうし、怪しいと思っても逆に絶対間違いを証明することも難しく、「使わない」あるいは別の証言を報道することによって、事実上の訂正を行うという手法もこれまでは一般に活用されてきたと思われる。

厳格性を求めることで、沖縄の集団自決も含め、体験者の証言は今後、報道が困難を極めることが想定され、戦後七十年を迎え生の声を紹介する「最後」の機会といわれるなかで、報道の自粛が起きかねない状況を強く危惧《きぐ》する。実際、すでに慰安婦報道は証言の紹介が事実上ストップしている、との現場の声を聞く事態が生じている。

ついでにいえば、いわゆる広義の誤報にはいくつかの段階が存在し、無から有を作り出す〈捏造《ねつぞう》〉にはじまり、針小棒大の作り話である〈虚報〉、ミスによって事実を誤って伝えた〈誤報〉、その時は事実と信じる相当の理由があったが後に誤りがわかった〈結果誤り〉、などがあろう。そして一般には、このどの段階に当てはまるかで、社の対応も変わってくるのが一般的だ。通常は捏造になると、記事を取り消し、社長ほか責任者が辞任するという対応をとることが多く、逆に冤罪《えんざい》事件や人事の観測記事に代表される最後のカテゴリーでは、メディアは誤りも訂正もしないという場合がむしろ一般的である。そのほか、取材上の瑕疵《かし》なのか、報道上の誤りなのかという分け方や、記者やディレクターといったメディア側に責任があるのか、取材源や投稿主がうそをつくなど一義的に問題がある場合にも分けることが可能だ。

【国益を守るのは責務か】

そうしたなかで、今回の朝日・慰安婦報道は、〈国益毀損《きそん》〉という新たな理由づけによって批判されているという点で、注意が必要だ。これが報道倫理に反するのか、あるいは国益に反することがジャーナリズムにとってどのような問題があるのか、についてである。今回の場合で言えば、国際社会に誤った情報を伝え、それによって国のイメージを著しく傷つけた、ということが言われ、朝日自身も、その点を重くみて、検証委員会の主要テーマに設定している。確かに、報道がどのような影響を与えたかは大きなポイントではある。たとえば、風評被害を及ぼすなどの報道による社会的影響によって、当該関係者に大きな被害や迷惑をかけることがあれば、これは批判の対象にも、場合によっては損害賠償の対象にもなりえるだろう。さらには、こうした報道によって読者の信頼を失うとなれば、報道機関にとって最大の損失である。

政府が報道の事実誤認に抗議し、場合によっては国益に反するとの批判をすることはありうるとしても、同じ理屈をメディアの相互批判に適用できるのか、ましてや国益を守ることをメディア自身が自らに課す行為が好ましいかには強い疑問がある。ジャーナリズムの本旨は権力監視であり、時の政権を厳しく批判することで、少なくとも短期的には国家イメージを損なう、あるいは政権の信用を失墜させることはままあるからである。しかも、憲法で検閲や盗聴を明文で禁止しているのは、国家による表現行為の強制を認めていないことにほかならず、それは言論が国益とは一線を画すことの裏返しである。それは同時に「お国のためジャーナリズム」を敗戦を機に拒否するという報道界の誓いだったはずである。

翻って沖縄では今、県知事選の真っただ中である。そこでの大きな焦点は、まぎれもなく辺野古新基地建設であるが、それはいうまでもなく「国益」とは何かを問うものに他ならない。国は県民の日々の生活を超えて、米国の意向あるいは政府の都合を優先させることを国益と呼び、それを県民が受け入れることを求めているわけであるが、地元メディアはそうした国益は県民の利益にならないのではないか、との問題提起を続けてきた。

これは政府が言うところの「国家安全保障は知る権利に常に優先する」との原則に反する可能性がある。日米安保に基づく安全保障体制下の米軍基地による抑止力という、政府の主張する「国益」の誤りを指摘してきたこととの関係からである。今回の一連の辺野古報道は、まさにその象徴であり、選挙はその見えやすいかたちであるという点で、県民は重い選択を負うことになったといえる。来週、国益対言論の一つの区切りを示す歴史的瞬間に立ち会うことにしたい。

［参照：12年12月／13年4月］

言論の自由を妨げるもの　*12.13*

「出版又は報道の業務に従事する者の取材行為については、専《もっぱ》ら公益を図る目的を有し、かつ、法令違反又は著しく不当な方法によるものと認められない限りは、これを正当な業務による行為とするものとする」。これは十二月十日に施行された特定秘密保護法の条文で、表現の自由への「配慮条項」と呼ばれている。確かに肯定文で、一見、正当な業務を定めたことで取材の自由を守っているように見えるかもしれない。しかし実のところは「不当な方法で行った取材は捕まえることができる」と読むのが正解だ。そして何が不当かを判断するのは政府だ。

【一罰百戒】

もちろん最終的には司法の場で争われることになるが、この種の「治安立法」は捕まえることが目的で、裁判で有罪にすることが目的でない場合が少なくない。表現者を一時的に拘束することで、発表の機会を奪い表現の自由を制約することと、そうした一罰百戒的な雰囲気を世の中に知らしめ、「萎縮《いしゅく》」効果を生じさせることで十分に意味があるからだ。それは結果として、政府に都合の悪い情報を、法で定めた以上により広範にしかも恣《し》意的に制約することが可能になるという仕組みである。

現実に猥褻《わいせつ》表現物などでは、警察がその出版物を在庫を含め差し押さえ押収するだけで、裁判以上の大きな効果がある。なぜなら、書店が販売を自粛することと相俟《あいま》って、当該出版物は市場の流通を全面的にストップされることになり、出版社は財政的に大きなダメージを負うことになる。場合によっては雑誌を廃刊したり、出版社の経営がこれが理由で傾いてしまうこともあるという。もちろん同業他社もその様子を見て、将来的な表現の仕方を変更せざるをえないことになる。こうして司法の力を借りることなく、行政の判断で表現の自由の可動域は容易に変えられてしまう危険性が、常に存在していることを知っておく必要がある。

だからこそ、そうした取り締まりのための根拠を新しく作ることには慎重のうえにも慎重でなければならないのだ。しかも今回はその基準さえもが「不当」という曖昧な言葉で、その判断は「社会的常識」であると立法者が説明している。これは、いかようにも取り締まり基準は変更可能であることを、いみじくも言い表しているものだ。

にもかかわらず法施行の翌日の紙面を見ると、最も影響を受けるはずのメディアの側に緊張感が感じられないものが目につく。例えば産経新聞は二面の小さな扱いで、しかも見出しは「『知る権利』保障」だ。社会面でも、これまでスパイ天国だった日本においてようやく「諸外国並みの態勢整う」としたうえで、取材・報道の自由に対する懸念はない、と断言した。一方で同紙は、執筆記事がもとで元ソウル支局長が韓国国内で訴訟沙汰になっていることに関し、十一月二十八日の紙面では一面トップはじめ五つの面を割いて、知る権利の侵害であることを訴えている。

あるいは読売新聞は一面で扱ったもののやはり小さな扱いで、記事の中で「報道・取材の自由について、『十分に配慮しなければならない』」と明記したものの、「記者などが通常の取材で特定秘密を入手しても処罰されない」と危険性がないことを強調した。さらに内面の特集ページでも、政府がこれまでに正当な取材行為として認めた具体例を挙げ「正当な取材妨げず」とした。

【「萎縮」効果】

こうしたメディアが示すいわば安心感は、政府がオーバーランは決してしない、という信頼感に裏打ちされたものであろう。しかし実際には、ちょうど時を同じくして出された一通の文書が、そうした淡い期待を打ち崩すに十分なものであった。自民党が十一月二十日に在京キー局あてに出した「選挙時期における報道の公平中立ならびに公正の確保についてのお願い」というタイトルが付いた要請書である。同様の文書はＮＨＫにも届けられているようだ。そこでは「これから選挙が行われるまでの期間におきましては、さらに一層の公平中立、公正な報道姿勢にご留意いただきたくお願い申し上げます」としたうえで、具体的に出演者の発言回数や時間、ゲスト出演者の選定、街頭インタビューや資料映像の使い方と、こと細かく「指示」をした内容だ。

内容の問題性もさることながら、こうした行為は、表現の自由の領域では殊更許されない行為である、という認識が出し手に全くないことが最大の問題である。なぜなら表現の自由は「自主規制」が起こりやすい性格を持っており、自由を目いっぱい謳歌《おうか》する表現は、一般的にしないことに起因する。友達同士にしろマスメディアにしろ、言いたいことを少し抑えて、法が定める限界の一歩手前の表現内容・手法をとるからだ。だからこそ逆に、名誉毀損《きそん》などでは免責要件と呼

2014

ばれる特別ルールをわざわざ作り、限界を意図的に緩めることで批判する自由を保障しているのである。公共性などが認められれば、名誉を毀損するような表現であっても罰しないという規定だ。

こうして結果として社会が目指す表現の自由の領域を十分に活用できるように、初めから自主規制が起きることを織り込んだ仕組みを構築してきた。その逆に、だからこそ法が定める限界をより厳しく解釈することや、より強力な自主規制を促す行為（これを一般に「萎縮」効果と呼ぶわけであるが）を、公権力がすることは絶対に許されないのである。

こうした基本的な法の理解や、これまで社会が構築してきた工夫を、いとも簡単に無視することで壊すような行為は、為政者としての条件に欠けると言わざるをえない。それと同時に、このような認識や姿勢のもとで、秘密保護法が運用されるという「危機」を、表現の自由の担い手であるメディア自身が十分に認識しなくてはならない。

［参照：13年7月／13年11・12月／14年4月／16年8月］

2015年

【2015年】進む報道二極固定化

著作権法改正で電子出版権施行（1/1）

IS（イスラム国）による日本人拘束・殺害（1~2）

外務省が新聞協会にシリア渡航自粛要請（1/21）

戦地取材予定者に旅券返納命令（2/7）7月に訴訟提起

キャンプ・シュワブ前テントの撤去要請（2/27）

新座市が慰安婦パネル展への施設貸出を拒否（3）のちに別施設開催を許可

沖縄・北部県道の情報公開決定取り消し（3/4）

北陸新幹線開業（3/14）

テレビ朝日「報道ステーション」で官邸圧力めぐり言い争い（3/27）

パートタイム労働法施行（4/1）

ろくでなし子の女性器3D作品を猥褻罪で初公判（4/15）14年に逮捕

自民党情報通信戦略調査会がNHKとテレビ朝日の幹部を呼び出し事情聴取（4/17）

デジアナ変換サービス終了（4/30）

辺野古新基地建設反対の県民大会（5）

ドワンゴが在特会の公式動画チャンネルを閉鎖（5/19）

神戸連続児童殺傷事件加害少年が『絶歌』刊行（6/10）被害者遺族は出版法規制を法務省に要望

18歳選挙権成立（6/17）

自民党・文化芸術懇話会で参加議員や講師の百田尚樹から言論弾圧発言（6/25）

自民党がTBSのアンケートに回答しないよう国会議員に指示（7）

姫路市で労組主催の駅前文化祭を政権批判理由に途中で中止（7）

東京都現代美術館で作品撤去要請（7/25）のちに撤回

長崎市内商店街で安保批判の七夕飾りを撤去（7/27）

沖縄で自衛隊員同乗の米陸軍ヘリが墜落（8/12）

自民党　教科書採択用パンフレット作成（8）

高野連がTBSに大会取材用ID没収（8/17）

日本テレビ「セクシー★ラグビールール」動画を批判受け削除（8/23）

福岡市が戦争展の後援を拒否（8）14年に百田講演は後援

インターネット動画配信サービス大手ネットフリック上陸（9/2）

ＭＡＲＵＺＥＮ＆ジュンク堂書店渋谷店で民主主義本ブックフェア中止（9）11月に内容を変更し再開

高知県立坂本竜馬記念館職員の新聞寄稿を県から注意（8/28）

改正個人情報保護法成立（9/3）

改正マイナンバー（共通番号）法成立（9/3）

安保法案国会審議中に安倍首相テレビ出演（9/4）

安保関連法成立（9/19）

文科省は高校生の政治活動全面禁止を変更（10）

ラグビーワールドカップで日本活躍（10）五郎丸

在沖海兵隊員が男性に暴行（10）

辺野古の公有水面埋立て承認取消（10）

政府が取消しの執行停止し工事再開（10）

政府が知事の承認取消は違法として代執行訴訟（11）

警察庁が春画を扱った週刊誌4誌に口頭指導（10）

ＳＥＡＬＤｓと学者の会共催の安保法案反対集会に対し立教大学が教室使用不許可（10）

労組作成の政権批判クリアファイルが職員室にあったことから北海道教育委が職員調査実施（10）

民放キー局が無料インターネット番組配信サイトＴＶｅｒ（ティーバー）開始（10/26）

東電が新潟限定で原発ＣＭを再開（11）

ＢＰＯ倫理委が意見書で政府の放送介入に苦言（11/6）12月には人権委も

市民団体がＴＢＳを偏向報道として糾弾する意見広告（11/14～）翌16年2月にも

ドローン規制の省令（11/17）

ヤフー検索をめぐり忘れられる権利で司法判断（12/8）

特定秘密保護法完全施行（12/1）

法務省は在特会のヘイトスピーチに人権侵害の勧告（12/22）

辺野古新基地建設めぐり国地方係争処理委員会が審査申出を却下（12/24）

沖縄県知事が執行停止決定を違法として抗告訴訟（12/25）

消費税軽減税率の対象として宅配新聞と出版物（12）

ブラウン管ＴＶ生産終了

スマートフォン普及率5割超え

編集と経営の分離　*1.10*

朝日新聞をめぐる「誤報」騒動は、年末から年明けにかけていくつかの報告書とそれに対する社の見解が発表され、取りあえず一段落がついた形になった。表向きは、吉田証言と吉田調書という慰安婦や福島原発事故をめぐる報道における、朝日新聞の紙面や対応が問題とされたわけであるが、その裏にはジャーナリズムの根源的な問題が伏在していた。その一つが、「編集と経営の分離」という報道機関が抱える、古くて新しい難問である。

【独立性】

言論報道機関が「社会の木鐸《ぼくたく》」として、読者・市民の知る権利の代行者であるには、可能な限り完全な報道の自由が確保されている必要がある。その要件として外せないものが「独立性」で、強き者におもねらず権力監視を継続するためには、いかに時の為政者から独立しているかが問われることになる。

そのためには財務的な自立が必要で、継続的安定的な経営が、自由な報道を行うことができる強靭な足腰を支えることになる。しかし同時に、その財務・経営上の足かせが、報道の自由を縛る場合も起きうる。たとえば、広告主の顔色をうかがい、記事や番組に手心を加えることもないとは言えないし、社のオーナーや株主が報道内容に口出しをしたのでは、報道内容の独立性は簡単に吹っ飛んでしまう。

そこでできた基本原則が「編集と経営の分離」で、経営者は日々の紙面や番組には口出しをしないという約束事である。こうした外部からの圧力に対する独立と、内部的な干渉からの独立を合わせて「編集権の独立」とし、報道の自由を支える重要な柱と考えられてきた。

ただし現実はそう簡単ではなく、常に時代や社会状況、あるいは歴史的文化的背景の中で、この原則は翻弄されることになる。もちろんもっとも大きな危機は、為政者が牙をむいて編集に介入してきた場合であり、戦争に代表される国益の押しつけによって、新聞社や放送局は簡単に国家のための広報機関になってしまう。それはもちろん、露骨な強制を伴う場合ばかりではなく、政府が有する人事権を介したり、国家助成を取引材料にしたりとさまざまだ。

過去のそうした経験があるからこそ、昨今のＮＨＫ会長人事や消費税の税率引き上げに伴う新聞や出版物に対する軽減税率の導入に際しては、「疑い」をもたれないような公権力側の謙抑性とともに、権力介入のきっかけにならないための周到な準備や気構えが、報道機関側には求められることになる。

あるいはそういうことがあってもなお、報道の自由が微塵も影響を受けないためには、むしろ内部的な独立としての「編集と経営の分離」が求められることになるといえるだろう。

【編集権声明の足かせ】

しかし現実には、こうした分離を守ることは日本において大変難しい現実がある。

その一つには、報道機関自らが定めた「編集権声明」と呼ばれる歴史的取り決めがあるからだ。戦後すぐの段階で報道機関の共産化を防ぐため、GHQの影響下にあった報道界は、紙面内容の最終的な責任者は経営者にあることを宣言し、労働組合争議などの延長線上で編集権を従業員が有することにならないための「歯止め」を作った。今回の十二月二十六日付の「第三者委員会の報告書に対する朝日新聞社の見解と取り組み」（以下、社見解）でも引用されている「新聞企業が法人組織の場合には取締役会、理事会などが経営管理者として編集権行使の主体となる」という一文だ。

その結果、経営的観点から問題があると思えば、事実上、経営者は報道内容に口出しができることになる。実際、NHKの慰安婦を扱った番組をめぐって政治家の介入があったとして争われた事案で、裁判所は事実上、編集権を対外的な独立を守るものとして位置づけ、経営陣の現場に対する番組変更の指示を問題なしとした。

前述の社見解で「経営陣は編集の独立を尊重し、原則として記事や論説の内容に介入することはしません」としているのは、まさにその延長線上にあるといえるだろう（一月五日「『ともに考え、ともにつくるメディアへ』信頼回復と再生のための行動計画」（以下、計画）で社方針として同趣旨を発表）。

社見解では続けて、関与の責任の明確性や介入の場合のルール化などを掲げているが、従来の大原則に変更はないといえ、その限りにおいて「分離」は中途半端なものにならざるを得ない心配が残る。むしろ、編集権声明の抜本的見直しこそが求められているのではなかろうか。また、社見解を受けて計画では「パブリックエディター制度」や「社外の複数の有識者で構成する常設機関」といった、さらに新しい組織を作ることを明らかにした。ここで「さらに」としたのは、すでに朝日新聞社は「紙面審議会」と「報道と人権委員会」という二つの常設機関を有しているからだ。

今回、新設を決めた二つの制度・機関はいずれも外部委員を含むもので、これらは意思決定の公正性や透明性に資するであろう。一方で、外部からの意見や助言を複数ルートで取り入れることで、権能の切り分けがどうなるのかも含め、一番の眼目である「独立性」を守るものになりうるのかは不透明である。

【報道評議会の可能性】

ほかにも、日本の場合は経営者がほぼイコール編集現場の経験者であって、しかも編集責任者の元上司であるという人的関係に縛られる場合が少なくない。影響を排除するということが、極めて難しいということである。

さらには、「主筆」という名の紙面統括者が置かれている場合も少なくなく、一般には役員であることが多いことから取締役会メンバーであって、経営陣の一角を占めるなど、整理が必要なことが少なくない。同様の問題は、編集責任者（たとえば報道局長や編集局長）が役員（取締役や執行役員）である場合にも生じる。

一方で、事後的であっても外部の意見で紙面内容の成否が判断されることは編集権の侵害になる、として頑なに拒んできた組織・権能の存在を認めたことは注目される。海外では表現の自由擁護や報道倫理の向上、あるいは苦情処理に一役買っている、プレスカウンシル（報道評議会）やオンブズマンと呼ばれる第三者機関の設置に、今回の見解や行動計画が弾みになる可能性があるからだ。少なくとも、新設されるパブリックエディターは、読者の立場に立った紙面チェックや苦情対応が求められているのであって、これらはまさにカウンシルの仕事そのものであるともいえる。

すでに訂正記事の書き方は朝日新聞以外の社も含め見直しが始まっているが、そうした意味でも今回の問題は、報道界全体で議論すべきテーマを明らかにしてくれたものといえるだろう。

［参照：13年5月／15年5月／16年4月］

ジャーナリズムの任務　*2.14*

「どんなに優しくて使命感が高かったとしても、真の勇気でなく『蛮勇』というべきものだった」。これは、高村正彦自民党副総裁が後藤健二さん殺害を受けて二月四日に語ったとされる言葉だ。それ以前一月二十一日には、外務省から日本の主たる新聞・放送・通信社が加盟する日本新聞協会あてに、シリア渡航自粛要請が出され大手メディアがそれに従っている事態も明らかになった。そして二月七日には、渡航を予定していたフリージャーナリストから旅券を返納させ、物理的に出国ができない措置をとった。

【「現場」が鉄則】

ここから、取材活動に対する政府やメディア等の姿勢がよくわかる。それは、①一般的な退避勧告を超え、特定地域への取材禁止要請を報道界全体に行っていること、②それを無視して行った報道機関（取材者）が事件・事故にあった場合は無責任な行為とみなされること、③さらには生命保護を理由として旅券を返納させ、事実上の出国禁止措置までとっていること、④こうした政府の要請を当然として、取材を続ける他社を批判する大手新聞社があること、⑤ネット上ではいわゆる自己責任論と合わせ、政府の姿勢を支持する意見が相当程度強いこと――である。さらに同時期、外務省はテレビ朝日「報道ステーション」の報道内容が、「国民に無用の誤解を与えるのみならず、テロリストを利することにもつながりかねないものであり、極めて遺憾と言わざるを得ません。当該報道に関し強く抗議するとともに、本日の番組の中で速やかに訂正されるよう強く求めます」との申し入れを二月三日に行っている。

ジャーナリズムの最大の役割は事実の伝達であり、そのためには「現場」を直接取材することが鉄則だ。その現場は時に危険でもあるし、一般人が立ち入りを制限されている区域であることも往々にしてありうる。場合によっては取材行為が法に反する場合もないとは言えないが、その場合は自らの責任と覚悟で、取材の可否を判断することになる。それこそが高い経験と職業意識に裏付けられた報道倫理というものだ。念のために付け加えるならば、ここでいう責任とは、いま巷間《こうかん》で言われる自己責任とは全く異なるもので、ジャーナリズムに課された役割を果たすという意味での社会的「責任」である。

実際、東日本大震災でも放射線量が高い地域に多くの取材陣が入ったし、そもそも政府が決めた「危険地域」が、のちに間違っていたこともわかった。当時、大多数の新聞・放送局は政府の決め事に従い、取材を自粛したわけであるが、少なくとも建前上は、政府にいわれたからではなく、自らの判断として記者の健康に影響があると考えたからであった。それでも多くの一般市民は、取材をしない大手メディアを厳しく糾弾をした。それにもかかわらず今回は、政府が渡航自粛を要請したことを根拠に取材しないことを正当化するメディアがあり、それをむしろ支持するネット世論があるというのが、大きな違いだ。そこには、目に見えない「国益」という魔物がいるのではないか。

これと同じことはまさに沖縄で日常的に起きている。辺野古新基地建設をめぐる住民の反対運動取材に関してだ。ここでも政府は、海上の安全保持を旗印に、そして法に基づき立ち入りを禁止していることを理由として、記者の取材を当初から一貫して妨害してきている。しかも年明け以後の工事再開にあたっては、実際に記者に手をかけるなど、実力を行使して取材を妨害する事態も発生している。形式的には取材行為自体が違法であり、また違法な住民活動を伝えることが好ましくないという論理であるが、ここで政府は「国益」を守るため、都合の悪い事実を隠そうとしている可能性が高い。

【民主主義支える】

このように、政府が見せたくないもの、見たくないもの、知らせてほしくないもの、そして何かが起きた場合、責任をとりたくないことについて、それを阻害しようとする力が強く働いていることがみえてくる。それはたとえば、一年前の二月に琉球新報が報じた自衛隊基地建設の記事に関し、防衛省が当該社とともに新聞協会に抗議を行ったことでもよくわかる。

こと戦争に関しては、ジャーナリストが現場の事実を伝えなければ、当事者国の都合の良い情報だけが「事実」として喧伝《けんでん》されることになる。とりわけ自称「イスラム国」はインターネットを使って直接世界中に自己PRする術に長《た》けており、実際、今回の事件でも専《もっぱ》ら私たちは、相手方からの一方的情報に右往左往することになった。だからこそ、多くの国では戦争報道はジャーナリズムの重要な任務であり義務であり、それは民主主義を支える活動であると理解されてきている。

もちろん、自由な報道が政府の利益を損ねると時の政権が考えることも一方の現実で、ベトナム戦争の「反省」からその後、米国でも自国の戦争に関しては強い取材・報道制限をかけている。それでも、湾岸戦争で米軍がバクダッドを空爆するさまを、現地で生中継したのは紛れもなく米国の放送局CNNやABCであった。そして米国政府もそして市民もそれを当然のこととして受け止めてきた。実際、今回の事件に際しオバマ大統領は、後藤氏の過去の戦地報道を賞賛するコメントを発表している。一方で日本政府や社会の態度は、明らかにそれとは異なるもので、戦地・紛争地を取材すること自体を批判している。

さらに言えるのが、国家の手が届かない活動をするＮＧＯ活動やジャーナリズム活動に対する、日本社会全体の決定的なリスペクトのなさである。政府がいう人道支援の具体的な形として、紛争地の食糧・医療支援の多くは民間の国際ＮＧＯによって支えられている。こうしたＮＧＯの活動、その前提の現地の状況をきちんと伝えることも、政府にはできない部分を埋めるいわば「パブリック」な活動だ。こうした公共的な仕事は、政府が社会の先頭に立って尊重し、支える必要があるにもかかわらず、そのまったく逆の状況を作っている。それは、日本の安全保障政策の貧困とともに、ジャーナリズムへの無理解を露呈し、いわば民主主義の基礎を否定したことになるわけであって、一連の政府・政権党の姿勢には極めて強い憤りを感じる。

［参照：14年11月／16年8月］

表現としての抗議活動　*3.14*

原発と基地――いずれも国論を二分する大きな問題だ。その政府の施策については、当然のことながら異を唱える人たちがいる。しかし一方で行政あるいは関係機関は、既定方針を滞りなく進めたいがために、時に情報を出し渋り、異論を封じ込めようとする。例えば東電は、事故を起こした福島原発の放射能汚染水の情報を意図的に隠蔽《いんぺい》したことが、幾度となく明らかになっている。あるいは経済産業省前に事故半年後から設置され続けてきたテント（テントひろば）について国が提訴し、立ち退きと地代支払いを求める地裁判決が先月末にあったばかりだ。

これとそっくりな状況がいま、沖縄でも起きているといえるだろう。その一つが、県が情報公開条例に基づき開示決定した公文書について、米軍からの要望を受けて国が、決定取り消しを求める訴訟を三月四日に提起した件である。そしてもう一つは、キャンプ・シュワブのゲート前国道脇に設置された仮設テントや看板などの撤去を、沖縄防衛局と内閣府沖縄総合事務局北部国道事務所が二月二十七日に求めたことである。

この二つはそれぞれ、情報の収集過程における「受け求める権利」と発表過程における「表現し伝える権利」を制約しようとしている点で、紛れもなく表現の自由の問題である。ここでは、抗議活動は、参政権の一形態であり、同時にまた表現の自由の行使であることを確認しておきたい。

【多様な民意の表し方】

参政権は、各種選挙や憲法改正国民投票、最高裁裁判官審査、さらには与那国島で行われたような住民投票を指すことが一般的であるが、それ以外にも行政手続法によってパブリックコメントが制度化されている。実際、国や地方自治体を問わず、行政機関が新たな政策を実行する前には、特定秘密保護法の時もそうであったように、法では義務化されていなくても類似の方法によって意見聴取を行うのが一般的だ。さらには、原発などでは公聴会という形で住民の意思を確認したり、意見を吸い上げる制度もある。あるいは、公務員就任権という形で、自らが行政の一員となることで、国・自治体の意思決定に参加するという方法もある。

しかしこれらのほかにもう一つ、重要な意思表示の方法がある。それが請願権である。これも通常は、議会あるいは行政の長等に提出する署名や請願書の類いを指すが、伝えたい相手に対し自らの意思を表示するための直接的な表現活動も、重要な請願行為ということができよう。具体的には、官邸前や国会議事堂周辺、経産省前の原発や集団的自衛権といった政府方針に対する抗議活動がそれにあたる。同様に、沖縄の高江《たかえ》や辺野古における米軍基地建設にかかる反対（抗議）活動も、このカテゴリーに含めることができるだろう。

この抗議活動には、当然にシュプレヒコールなどの口頭による意思表示行為のほか、立て看板やのぼり旗といった視覚的な形態も一般的であるし、そうした活動の象徴的な存在としてテントなどが設営されることもありうるということになる。こうした意味で、沖縄の北部訓練場やキャンプ・シュワブのゲート前で行われている仮設テントをベースとした抗議活動は、ある種の政治的意思表示のための請願活動の一種と捉えることができる。とりわけ辺野古の活動が、選挙での民意の結果が現場に反映されないという政治状況を前に、緊急的かつ必然的な住民の意思の確認作業であり、異議申し立ての政治手法であるという点においても、重要な意味があるとみることができよう。

表現行為としての抗議活動という点では、典型的なプリミティブな大衆表現行為としてとらえることができる。ビラやチラシ、そして集会やデモ行進が具体的な形態として表れるもので、憲法二十一条は、「集会、結社及び言論、出版その他一切の表現の自由」と、最初に集会の自由を挙げ集団示威行為を市民的権利として保障している。民意の表し方にはいろいろな方法があってよいのであって、とりわけ一般市民の抗議活動の類いは、社会に存する痛みを訴えるために、誰もが有する表現の発露として社会全体として大切に守る必要がある。

【テントは集会の自由】

もう一つの論点が、道路脇を一時的に占有するテントの設営が、ここでいう集会の自由に含まれ、抗議活動の一形態として憲法上の保障の範囲か、ということである。基本はまず、いかなる形態であろうとも集会が成立するためには何らかのスペースが必要であり、通常、公園や広場といった屋外の公開空地もしくは、公民館や公会堂といった主として公営の屋内施設が想定されている。もちろん、民営や私人の所有物であっても、公共性が高いと判断されれば、同じ位置づけがされる場合もある。例えばホテルや学校などがその一例として挙げられよう。

そして公共道路や公的施設前の空地も「動く集会」と形容される抗議行動を含む集会を実現するための重要な空間として、日本を含む多くの国で歴史的社会的に認知をされてきている。そして本来であれば、政府は批判を含めさまざまな意見表明を積極的に受け入れることが求められているのであり、そのための機会と場を提供しなくてはならないといえるだろう。しかしそれが叶《かな》わない場合は少なくとも、「すべての人に対し開かれた公共的な集会の場」を提供している場合、それを妨げることはあってはならないのであって、辺野古テントはこの類いのものであるとみることができよう。
それはまた従来から主張されている「道路を利用する権利」としてのパブリックフォーラムの考え方とも合致するものだ。その場所の所有者や管理者の一時的な権利を上回る、意見表明行為の公共性がある場合には、表現の自由が保障されるための公共的言論公共空間が保障されることが、成熟した民主主義社会のかたちである。そうした表現行為を力で排除しようとすることは許されまい。

［参照：12年7月／14年9月／16年5月］

公権力とテレビ　*4.11*

いま、沖縄で「時の人」の菅義偉《すがよしひで》官房長官は、東京でも強面《こわもて》ぶりを発揮している。三月二十七日のテレビ朝日系「報道ステーション」の番組内での発言に対し、わざわざ「放送法」を持ち出し、放送局を牽制《けんせい》したからだ。

【官邸念頭の謝罪】

番組のコメンテーターとして出演した元経済産業相官僚の古賀茂明氏は、①官邸が放送局に対し特定人を出演させないよう圧力をかけた、②テレビ朝日もしくは古舘《ふるたち》プロダクションの上層部が番組内容に介入した、③キャスターの古舘伊知郎《いちろう》氏もこうした動きを認めていた旨の発言を行い、それを否定する古舘氏と口論になる場面が流れた。これに関しては、編集権（編集・編成の独立）や報道番組あるいはコメンテーターのあり方など、ジャーナリズム上の問題が存在する。しかしもっとも重要なポイントは、週明けの三十日に、菅官房長官が午前中の記者会見で発した一言にある。

そこでは、番組中でコメンテーターが自身の名前を挙げて「バッシングを受けた」としたことに関し、「全く事実無根であって、言論の自由、表現の自由は極めて大事だと思っているが、事実に全く反するコメントをまさに公共の電波を使った報道として、極めて不適切だと思っている」とし、「放送法という法律があるので、まずテレビ局がどう対応されるか、しばらく見守りたい」と述べたのである。

これに対し、番組や局がすぐに謝罪をする事態となった。当日晩の番組では古舘氏が、「古賀さんがニュースと関係ない部分でコメントしたことに関しては、残念だと思っています。テレビ朝日といたしましては、そういった事態を防げなかった、この一点におきましても、テレビをご覧の皆様方に重ねてお詫びしなければいけないと考えております」とした。さらに重ねて翌三十一日のテレビ朝日定例記者会見においても早河洋会長が、形の上では視聴者向けの謝罪ではあるが、実際には官邸を念頭においたようにみえる対応をした。

「ニュースの解説・伝達が役割の番組で、そのニュースに関する意見や感想のやり取りではなく、出演をめぐる私的なやり取りみたいなものが番組内で行われたということは、あってはならない件だった。番組進行上あのような事態に至ったことについては反省しており、視聴者の皆さまにお詫びしたいという気持ち」「制作体制を総点検するよう去年暮れに指示したが、固有名詞を挙げて議論したことはない」「（官邸からのバッシングについては）内容は承知していない。私のところにも吉田社長（吉田慎一代表取締役社長・元朝日新聞社編集局長）のところにも圧力めいたものは一切ありません」

【事件の「肝」】

ではなぜ官邸は、新聞や週刊誌で同じ内容の発言があっても文句一ついわないのに、放送には厳しい態度に出るのか。あるいは放送局は過剰と思えるまでに、謝罪を繰り返さざるをえないのか。ここに、今回の「事件」の肝がある。端的にいえば、官房長官発言には放送は国がコントロールするべきものという、「信念」が滲《し》み出ている。それは、ＮＨＫについても民放についても同じだ。もちろんその表れ方は異なり、前者の場合は会長等の人事や、国際放送に関する放送内容の「要請」に顕著だ。そして後者の場合は、行政指導という名の下での法の解釈の押しつけによる、個別番組への「介入」という形で現れる。

　そしてその背景には、単に官房長官が発言したということ以上に、安倍晋三首相の下での菅官房長官の発言であるということに重みがあることを知っておく必要がある。なぜなら、両者は放送界にとって、最強のコンビともいえる存在だからだ。形の上では自民党からではあるものの、先の衆議院選挙の公示直前に、各放送局あてに「政治的公平」を求める文書を発信、街頭インタビューの仕方にまで踏み込んだ具体的要求は、番組の自主性を奪う以外の何ものでもない。その文書の中で、わざわざかつての選挙報道で政治的公平さが国会でも議論になったテレビ朝日事件を引いている。ただし付言しておくならば、番組は公平さを欠くものではなかったという局の報告書を政府は了承した経緯がある。

なにより、放送法に定められた「事実報道」「政治的公平」「多角的論点の提示」といった番組基準は、放送局の自律的努力によって守られるべき基準であるとされてきた。それが一九九三年を境に、一方的に政府は法解釈を変更し、これら基準に個別の番組が合致しているかどうかを政府が判断するとし、反した場合は事実上の業務改善命令である行政指導を行う方針に変更してきた。その具体的な運用を積極的に推し進めた時期が二〇〇四年からの四年間で、この時期は安倍自民党幹事長・官房長官・首相の時期であるとともに、放送事業の免許権限を有する総務大臣が菅義偉であったのである。

【違憲の疑い】

改めて確認しておくべきは、放送法の法的性格を、倫理的規定から法的拘束力を有するものに勝手に変更することは、事業者の自律を強調していた放送法の趣旨に合致しないということだ。それどころか、憲法で保障されている表現の自由に矛盾することになる。むしろ放送法は、その法目的条項ではっきりと、政府に放送の自由を保障することを求めている。こうした違憲の疑いが濃厚な解釈をもとに、その運用を強引に推し進めることができるのは、それを一方的に押し付けられる側の放送局が、免許事業であるという点で所轄官庁＝政府に逆らえない構造があるからだ。

こうした一連の状況をすべて知り尽くした現在の政権が、いまテレビ朝日やＮＨＫに限らず放送全般に対して積極的な態度をとり続けているということこそが、大きな問題である。こうした状況を断ち切るためには、戦後すぐに民主主義的な放送法体系の一つとして存在していた、放送免許の交付権限を含む放送行政を担当する独立行政委員会を、改めて再構築すべき時期なのかもしれない。行政権がより巨大化し、しかも謙抑性が微塵も感じられない状況が、各領域で頻発しているからだ。同時にどのような制度下においても、上から目線の「粛々」も許されないが、当事者が恫喝《どうかつ》に受け取りかねない無遠慮な物言いは、公権力は絶対に避けねばなるまい。

〔参照：13年1月／13年4月／15年4月／15年11月／15年12月〕

報道の外部検証　*5.09*

新聞やテレビで、報道内容を外部の識者が検証するという事案が続いている。しかしこれらに対しては、秘密保護法の監視制度が官僚の秘密指定の追随にしか過ぎないと批判するメディア自身が、社の結論に「お墨付き」を与えるような外部機関の運用をしてよいのか、という批判がある。


【朝日とＮＨＫの迷走】

あらためて、朝日「誤報」問題を振り返ってみよう。ただし、記事の是非ではなく、自らの記事を検証し改善するために作った「組織」についてである。社は事案の収束を企図し、原発「吉田調書」記事の取り消し・社長謝罪ののち、既存の組織（報道と人権委員会）に検証を委ねた。ただし、すでに社の結論が出ている中、それを補強するものでしかなりえない宿命を背負っていたといえる。

そして慰安婦「吉田証言」記事については、統一的見解の困難が予想できる委員からなる「慰安婦報道検証　第三者委員会」を設置。これとほぼ同時に、同じく外部委員を含む「信頼回復と再生のための委員会」を立ち上げ、慰安婦報道や池上コラム不掲載の検証を同時進行で行うことになった。ここでも、両委員会で別の結論が出るということは、初めから想定しなかったということになるのだろうか。少なくとも朝日は、当事者による検証を放棄し、外部にその判断を委ねてしまったとの批判を、引き受けざるを得ない状況を自ら作り出したということになる。

そしてこれらの提言や報告を受け、現在の朝日新聞社組織図には、ライン系統から独立して、いずれも外部委員からなる「編集権に関する審議会」「紙面審議会」「報道と人権委員会」の三つの組織が存在する。一方で新しく設置された「パブリックエディター」は社員と外部識者の混合体で、「統括・担当・代表」の管轄下におかれ、組織上の地位は「記者規範監事」や「ジャーナリスト学校」と同列である。こうして外部の意見を多方面に受け入れ、社の意思決定過程に関与させる手法は、紙面化過程の透明化として斬新ではある。しかし一方で、検証・検討組織が多すぎて責任の所在をかえって不明確にする危険とも隣り合わせであるといえるのではないか。

翻っていま、ＮＨＫは看板報道番組「クローズアップ現代」のやらせ疑惑に直面している。そして外部委員を含む検証委員会は、調査報告書の中で「過剰な演出」や「視聴者に誤解を与える編集」はあったものの、「やらせ」はなかったと結論付けた。それを受けて番組ではキャスターが涙を浮かべて謝罪をしたものの、事態は一向に収拾しない。むしろ当該報告書を逆手に取って政府は、放送法違反の番組であったとして行政指導を行い、「企画や試写等でのチェック」体制についてまで踏み込み、事実上の事業改善命令を出すに至っている。

一方、当事者の出演者も対応を不満としてBPO＝放送倫理・番組向上機構に訴える事態となった。さらにそのBPOについて政権党は、官僚を委員に含めるなど国の関与を含む改革を具体的に示しているのである。個々の委員の意思は別にあったとしても結果として、報告書は当該者の権利救済にもつながらず、政府の介入を防ぐ手だてにもならなかった。NHKの文法ともいわれる番組制作手法や、制作現場の物理的限界を超えていたのではないかといった構造的な問題に踏み込まなかったことから、放送倫理の向上にもつながらない可能性が高いだろう。

【迷走からの脱却】

こうした外部検証・監視機能を持つ組織が報道界に生まれたのは、四半世紀前の一九九〇年代である。それはまさに権力と市民の挟撃にあって、やむにやまれず誕生したものといえるだろう。具体的には、八〇年代の事件・事故報道に関する被疑者報道が、犯人視をするあまり紙上裁判になっていないかとの批判が高まったこと、これを機に取材・報道規制を進めようとする政府・自民党の強い立法圧力があったことがあげられる。

そうした中で、新聞界は苦情中立機関や紙面検証組織を矢継ぎ早に設置した。時期を同じくして放送界では、より完全な独立性を求め、ＢＲＣ（現在のＢＰＯの前身）をＮＨＫと民放の共同で設立したのであった。同機構の役割は、当初の「権利侵害の救済」に加え、「報道倫理の向上」と「表現の自由擁護」があり、これらは諸外国の報道評議会（プレスカウンシル）と呼ばれる同様の組織と同じ目的を有するものだ。

最近は、企業に不祥事があると弁護士を招いた外部組織を設置し、企業としての禊《みそ》ぎを行うことが一般化している。こうした一般企業の検証組織や、日常的なコンプライアンス業務と、メディアのそれらはどう違うというのか。言論・表現の自由を標榜《ひょうぼう》する報道機関は、その行き過ぎや過ちを「内在的に自省」することが報道倫理として求められているが、それに反する可能性はないのか。そもそも、自らの過ちの検証を他者に外部化することで、そうした自律性は守れるのか。しかもその検証が社の意向を忖度《そんたく》するような状況があるとすれば、検閲の内面化とすら言えるのではないか、という厳しい非難を受けざるを得ない局面にある。

すべての場面に適用可能な明示的で具体的な報道倫理のルールは存在しえない。だからこそ、時々の報道の「失敗」についてはその都度の「検証」も必要だ。そしてその検証作業は、ジャーナリズムの倫理に関する包括的な専門知識が必要であるとともに、取材・報道現場の記者活動に対するリスペクトがなくてはならない。こうした中で得られた知見は、経験として報道界全体で共有し、蓄積・継承されてこそ、日本らしい報道倫理の向上が期待できる。残念ながら直近の個別事案の検証活動ではそうした思いは軽視されていると思わざるを得ないし、それを制度化する手だ

2015

てもない。それどころか、政治家からは報道機関への制裁の口実に検証作業を利用しようという思惑が続いている。これはジャーナリズムにとって不幸な事態であり、変える必要がある。

［参照：13年5月／15年1月／16年4月］

審議法案の違憲性　*6.13*

開催中の第一八九回国会では、これまでに百を超える法案が提出されている。そして今国会の特徴が、一括法案と呼ばれる、いくつかの法案をまとめて一つにして提出する形態が目立つことだ。二つ以上の法律を羅列する場合のほか、一般に法案名が「……等に関する（等の一部を改正する）法律案」となっている。これは、同様の議論を省略することができるなど、審議時間の短縮につながるとして重宝されている手法ではあるが、今国会の閣法（内閣が閣議決定を経て提出する法案）の場合、半分近くがこの種の法案である。

現政権のメディア戦略には、巧みなネーミングによるイメージ戦略と、個別社対応による大手メディア向け情報コントロール、官邸フェイスブックによる発信といった積極的なネット対応が挙げられる。具体的には、「積極的平和主義」「平和安全法」など、違憲との指摘が強い集団的自衛権行使の閣議決定や法案に、あえて絶対的な善である〈平和〉の文字を組み込むことや、タイミングを見計らった社別の単独首相インタビューがあたる。

そしてこうした「攻め」と裏腹に、法改正に関して正面からの議論を避けたり説明責任を尽くしていないとの批判が続いている。国会での長舌な首相答弁や質問者に対する野次もその表れの一つともいえようが、初代の国家安全保障担当首相補佐官である磯崎陽輔自民党議員も、安保法制に関するやり取りが続いたツイッターを、一時「ブロック」（書き込み拒否）してネット上では話題になった。

その並びで批判の対象になっているものとして、法案名称による本質隠しがある。安保法制の一つである「自衛隊法等の一部改正」の中に、ＰＫＯ法の抜本的な変更が入っているし、周辺事態対処法は名称も改め装い新たに生まれ変わらせる中身だ。そして同じことは他の法案についても言うことができる。

【個人情報保護法改正】

一つは、「個人情報の保護に関する法律及び行政手続における特定の個人を識別するための番号の利用等に関する法律の一部を改正する法律案」で、ビッグデータと呼ばれる個人情報の利活用を促進するためと、金融・医療分野での共通番号（マイナンバー）の利用を可能にするものである。すでに衆議院は通過し、参議院審議中に、年金情報流出事件が発生したため、ほとぼりがさめるのを待っている状態だ。

改正は、経済界の強い意向に沿ったものになっているが、実質的にプライバシー保護の切り下げにつながる可能性が高い。かつては、個人情報の相互利用をするための最低限の使用者ルールとして形式的な保護法制が存在した。それを、自己情報コントロール権の思想を踏まえた制度に変えたにもかかわらず、わずか十年余りでその発展過程を水泡に帰しかねない危うさを孕《はら》んでいるからだ。
マイナンバーも、運用前から早速に対象範囲の拡大が図られ、民間のデータベースに広範に接続されることになる。しかも、使われている本人が、必ずしもそれを把握しきれないことも予想されるほか、いったん漏洩《ろうえい》した場合には、個人として十分な対抗策を持ち得ない状況にある。なぜなら、個人情報を保有する政府や企業に保護義務を負わせるものの、個々の市民が主体的に自らのプライバシーを主張するような仕組みになっていないからである。

【盗聴法抜本改正】

そしてもう一つが、五月下旬から実質審議が始まった「刑事訴訟法等の一部を改正する法律案」で、この中には盗聴法（通信傍受法）の抜本改正が含まれている。日本は憲法で「通信の秘密」を謳《うた》い、明示的に盗聴を禁止する珍しい国である。そのため同法の成立時には、憲法に抵触しないような工夫と歯止めが作られた。それが、盗聴してよい通話の捜査対象犯罪を四類型に限定する、民間人（一般には電話会社社職員）を立ち会わせる、盗聴結果を国会に報告するなどというものだ。これら厳しい要件によって、盗聴件数は年間二十件程度に抑えられてきたといえようが、こうした「使いづらさ」を解消するために、要件を一気に拡大することで、事実上、傍受対象を無制約に広げることになる。
たとえば、拡大対象には定義が曖昧だとして問題視されている子どもポルノも入ることになり、不特定多数への提供ということから出版編集者や漫画家、さらには印刷・運搬・販売関係者も広く対象となる可能性がある。そうなると、改正は当初の法の趣旨を変更するばかりか、憲法体系に反するものになってしまうだろう。しかも、捜査の必要性という観点で対象を拡大する今回の法改正は、近い将来、共謀罪が新設されれば、その対象犯罪は数百種類と想定されていることから、まさにほぼすべての犯罪が対象となる。テロ捜査に必要と言われれば、対象に含めることに強い異論は出されないだろう。その結果、一般市民活動はほぼすべて傍受対象となり、まさに米国で問題となったテロ予防目的での日常的な監視活動を可能とする、「行政盗聴」が実現することになる。

最後にもう一つ、法案作りが進んでいる放送アーカイブ構想について触れておきたい。放送番組についても、国立国会図書館がきちんと収集・保管・公開していこうというものだが、三月四日に開催された参議院自民党・政策審議会では、沖縄選出の島尻安伊子議員がこう発言したと伝えられている。「選挙では、私の地元のメディアは片寄っていた。あのとき、どうであったかをサーベイするのは大事なことだ」。

すなわち、放送局に対しプレッシャーをかける材料を、国が収集するという仕組みを作るということになる。しかもその調査は、国家機関である図書館の専門職員が担うことになる。こうしたメディア観、表現の自由の認識を持った議員で構成される国会で、前述のような表現の自由関連の法案が審議されていることを知っておく必要がある。

［参照：12年6月／13年6月／15年10月／16年6月］

特定秘密　国会初報告　*7.11*

ほぼ半年前、特定秘密保護法が施行され、六月二十二日に初めての報告書（特定秘密の指定及びその解除並びに適性評価の実施の状況に関する報告）が閣議決定され、国会に報告された。同法十九条の法定義務に基づくものであるが、Ａ４判でわずか十ページほどのものである（別表を含めても二十ページに満たない）。二〇一四年中の実施状況報告のため、対象期間は一カ月足らずであり、そのため指定解除や廃棄についての報告がなかったほか、適性評価の実施や内部通報の実績についても、記載はゼロであった。ちなみに書かれていることの中心は、三百八十二件の特定秘密の指定が行われたということである。

ではこの報告書で何が分かったのかといえば、予想通りとはいえ「何も分からない」ことが分かった、というのが皮肉ではあるが真相だ。あるいは、「国会報告だけでは過剰な秘密指定の歯止めにもならない」ということだ。

【過半が警察情報】

とはいうものの、問題点があらためて浮き彫りになったということはいえる。最も件数が多かったのは防衛省で全体の約六五％を占めた。ただし、そのほぼすべては旧防衛秘密で、法の規定により自動的に特定秘密に横滑りしたものであり、新たな指定は一件であった。そうすると、事実上の最多は内閣官房の四十九件となる。そしてこれはすべて内閣情報調査室（内調）にかかわる情報であり、この組織の実態は「警備・公安警察」であることから、警察庁の十八件、公安調査庁の十件を加えると、実に七十七件にのぼり、新規指定件数の過半が警察関連情報であることが分かる。

さらにいえば、法制定前の国会答弁の段階から、秘密保護の対象のほとんどは、衛星で収集した情報や暗号情報と言っていたことと符合するが、全体の三分の一にあたる百十三件がこの種の情報である。そしてこうした情報収集衛星の情報（衛星画像関係情報）は、中心となる内調（内閣官房）から、経済産業省、海上保安庁、公安調査庁、外務省、警察庁と、各省庁に提供され、重複される形で秘密指定されている。

これらの数字は、そもそも今回の法整備にあたって中心的役割を担ったのが内調であることを思い起こすと合点がいく。なぜなら、一九八〇年代半ばに国会上程までしながら廃案となった「スパイ防止法」の苦い過去を持つ警察組織にとって、この分野の情報を「合法的」に絶対秘として市民の目から隠す法制度を持つことは、まさに〈悲願〉であったからである。こうして、警備・公安警察の諜報《ちょうほう》活動の実態を隠蔽する仕組みとして特定秘密保護法が機能し始めたことを、如実に物語っているといえる。いまでさえ、その活動の多くがベールに隠されている内調の活動は、諜報活動そのものであって、警察組織内の公安活動と相俟《あいま》って、いわば市民監視の中身が特定秘密として未来永劫《えいごう》隠される可能性が高まったということになる（なお、報告書では内調の情報は「外交関連」に分類されているが、中身は情報収集衛星や外国政府との諜報活動協力情報であって、テロ・

スパイ関連に分類してもおかしくない内容であるといえる）。

これは特定秘密法の大きな特徴を表すものであるといえるだろう。なぜなら、同法の対象は、防衛（安全保障）、外交、テロリズム防止、スパイ（特定有害）活動防止の四分野であり、後者二つは紛れもなく警察組織が所管する対象であるということになる。しかも先に述べたことから推察されるように、防衛分野の秘密は、すでに以前の自衛隊法によって防衛秘密として保護されていたものであって、新しく秘密保護法を作る意味合いはなかったことが、数字から明らかになったわけだ。

【「解釈」で闇の中へ】

また今回の報告であらためて明らかになったことは、秘密指定件数は分かっても、「特定秘密文書」が直接は見えてこないという点である。報告書では、法的義務はないもののいわば行政サービスとして、文書件数についても発表を行っている（法が定めているのは「情報」としての特定秘密を指定することであって、行政文書の指定ではない）。そしてここにちょっとしたカラクリがあって、情報としての「特定秘密を含む」とする言葉の裏で、「解釈」によって必要以上の文書が「特定秘密が記録された行政文書」として分類され、闇の中に消えていくという構図である。この恣意《しい》性こそがチェックの対象であるべきだが、設置されている「監視機関」にそうした能力と指向があるかは覚束《おぼつか》ない。

また、先に示したように、今回発表の秘密情報の多くは衛星画像情報であったが、秘密文書の中身については、具体的にどのような内容の文書が多いのかは分からない。なぜなら、情報分類上の件数としては一件でも、文書は千件かも知れず、必ずしも情報と文書の件数は比例していない可能性があるからだ。したがって、「秘密のほとんどは衛星」という政府説明は、一面で事実ではあるが、内実をカモフラージュしている可能性を否定できない。むしろ、そこに紛れているものにこそ、政府が本当に隠したい文書（情報）があるとみるべきであろう。

すでに運用が始まっているという現実を前に、最低限、監視機関が真っ当に機能することを、私たちが監視するしかないのだが、やはり根本は法の基本構造の危うさや問題性である。さらに言えば、必要性の希薄さだ。通信傍受法改正といった、秘密保護法をより効果的に運用するための法整備が着実に進む状況は、ますます市民監視を含む公安国家の色彩を強くするもので、そうした社会制度が本当に必要なのか問い続けていく必要がある。

［参照：11年9月／13年9月／13年11・12月／14年8月／14年11月］

世論調査の意味　8.08

「内閣支持率が危険水域に近づく」「安保法案で反対上回る」――最近の紙面によく出てくるフレーズだ。これらは報道機関各社が実施する「世論調査」の数字を指している。よく似たものに、市場調査があるが、最初から会社イメージの向上、商品の販売という最終ゴールが明確といった点で異なる。なぜなら、世論調査は客観性をもった統計的社会調査でなくてはならないからだ。

では実際に、結論を予想することなく、純粋に真っ白の紙の上に地図を描く作業になっているか。

【三つの方法】

現在、新聞社や放送局が実施する世論調査の方法には大きく三つある。一つは、無作為に抽出した人を実際に家まで訪問して、回答票を渡し、あとで回収するという方法だ。調査項目が多い場合など、回答にある程度の時間を要する調査は、この方法を採ることが一般的だ。夜間や休日に訪問するなどの工夫はするものの限界はあり、性別や年齢で回答者数を充足させていった場合、どうしても勤め人や学生を捕捉することは困難な状況にある。あるいは、特に都市部ではオートロックマンションが増え、門前払いされることが少なくないとされる。多大なコストと時間をかける調査法にもかかわらず、その対象に偏りが出ることが否めないということだ。

二つ目は、よく緊急調査といった名目で行われる電話調査だ。今回の安保関連調査も、多くはこの方法が採用されている。それはまさに、「いま」の世情を知るためには、すぐ実施してすぐ結果を得る必要があるからだ。こちらも無作為で抽出した電話番号に順番に電話をし、人口比等によって最初に決められた階層分布になるまでかけ続けるという、根気がいる調査である。ここでも、携帯電話が生活ツールとして一般化する状況と、固定電話にのみ電話をするという手法とのギャップが問題になっている。固定電話を自宅に有している人が限定的で、社会層からしても偏っているのではないか、ということだ。しかも回答者が本人かどうか確認する術はない、という問題も残る。

そして三つ目は、固定モニターによる調査だ。もちろん、一定数ごとに変えていくことが一般的だが、安定的確実に調査の実施ができる一方、モニター数や階層の限界から、社会全体の反映になっているかどうかは、見極めが必要だ。このように、「民意の反映」の手段としての世論調査には、その調査方法の段階において、回答層に偏りが生じる可能性があることを知っておく必要がある。
そして、これ以上に大きな変動要因が、質問設定によって回答が変わってくることだ。具体的には、質問項目の立て方と、質問の仕方の問題だ。

【誘導質問】

一番単純な質問は、賛否を二択で聞く方法だが、実際は、「どちらかといえば」という中間層や、「わからない」という回答項目を作ることが少なくない。しかし実際はそれがいわば逃げ道となって、明確な回答傾向がつかめないこともある。逆の見方をすれば、日本人の傾向として、はっきり主張しない、あるいは中庸を好むという性向があるといわれており、こうした中間層や回答保留層が多いことこそが、明確な傾向といえるかもしれない。

そうしたなかで、ある事項への賛否を聞く際に、中間回答を一つ入れると、そこへの回答が増えるということが一般に想定されている。そこで質問の際に、「賛成」「どちらかといえば賛成」「反対」と、「賛成」「反対」では、同じ人に質問したとしても、前者の方が「合わせて賛成」数が増えるという結果が生じやすいのである。集団的自衛権の行使容認を問う際にもこの手法が一部で採用されており、賛成を増やすためではないか、との穿《うが》った見方がなされた。

もう一つは、質問方法に「誘導」があるかどうかだ。通常、唐突に質問をしても、回答者が何のことかわからず、回答ができないということが起きやすいため、簡単な「説明」を行うことが一般的だ。たとえば、いまからお聞きする法案は、こういった内容のものです、といったことだ。しかし実際はその際に、回答を誘導しかねない説明が加わることが少なくない。たとえば、「現在、中国からの脅威が高まり軍備増強が必要との専門家の指摘がありますが」と「多くの憲法学者から違憲との指摘がなされていますが」という前振りがあった場合、どちらの場合にどのような回答が増えるかは、容易に想像がつくだろう。今回の安保法案質問でも、この手法が利用されている。

【縦と横の比較】

それでもこうした世論調査には大きな意味がある。それは、それぞれのイシューに市民がどのように考えているかを考える有力な指標であることには違いないからだ。とりわけ小選挙区制度導入以来、選挙が民意の「反映」より「集約」となり、かならずしも議会の議席数が世論と一致するとは限らない状況が続いているからだ。さらには、継続的な調査を歴史軸で縦比較することで、経年変化を知る有力な手がかりにもなる。その意味では、社の「思想」が調査法にあらわれやすい、他社調査との横比較は、世論動向よりもむしろその社の考え方を知るには良い材料だといえよう。

一方で、世論調査の使い方として、出てきた数字をもって政権批判にストレートに利用することには注意が必要だ。近いところでは民主党政権時代には、「世論調査民主主義」と揶揄《やゆ》されたように、世論調査結果をもって政権に信任がないと断じ、さらにそれがマイナスイメージを増幅させるといった循環を生んだとされているからだ。本来は客観的なデータのはずが、感情に訴える道具になると、真っ当な政策評価を片隅に追いやってしまう可能性がある。むしろもう一歩踏み込み、県内の世論調査でも、安倍政権支持が一定数あるにもかかわらず辺野古新基地建設反対が圧倒的であるといった、数字に表れる県民の「強い意志」をどう読み取るかが大切だ。

このように、世論調査はそれを使う側とともに、読む側のリテラシーが試されている。

［参照：10年9月］

少年法と事件報道　*9.12*

六月の公職選挙法の改正で選挙権年齢が十八歳以上に引き下げられた。その際、民法や少年法にも「必要な法制上の措置」を求めたため、少年法の適用年齢を現行の二十歳未満から引き下げることを前提に検討が進んでいる。自民党内では、十八歳に引き下げたうえで、十八～十九歳には特例で現行のような保護策を設ける案も検討されていると伝えられる。一方で、凶悪な少年事件への対応という名目で、刑事処分が可能になる年齢を十六歳以上から二歳引き下げるなどの、厳罰化の流れもある。

そうしたなかで、少年法の保護対象自体を十八歳未満にすることが、報道との関係でどのような影響を与えることになるか。


【推知報道の禁止】

少年法六十一条は推知報道の禁止を定めており、具体的には加害少年の氏名・年齢・顔写真・

学校名・住所など、本人の特定に結びつく情報を報道することを禁じている。ただし、これに違反した場合の罰則はなく、事実上の慣例的な「例外」のほか、時に報道機関が確信的に実名・顔写真報道を行うことで、社会的な話題になることも少なくない。

最近では、二月の神奈川県多摩川河川敷のリンチ殺人事件で、主犯格とされる少年を週刊新潮が実名報道したほか、インターネット上では晒《さら》しと称されるプライバシー暴きが横行している。しかも社会的な反応は、こうした実名公表に必ずしも否定的ではない状況だ。

歴史をさかのぼると、一九二二年制定の旧少年法は、適用年齢の上限が十八歳未満だった。四八年に現行法が定められ、その後の改正を経て現在では、二十歳以上が大人として「刑事処分」の対象となり、公開法廷で裁判が行われるのに対し、十四歳以上二十歳未満はすべての事件を家裁に送致するが、教育的配慮や更生機会の確保などから「保護処分」の対象で、裁判ではなく非公開の審判が行われる。なお、十四歳未満は児童相談所に通告され、刑事責任を問われることはない。

ただし十六歳以上で故意に人を死なせた場合は、原則として逆送（検察に送致）され、大人と同じ刑事手続きを踏むことになっている。今回、適用年齢が引き下げられると、十八～十九歳は大人と同じ扱いを受けることとなり、公開裁判で裁かれ、刑務所に収監される。事件件数として十八～十九歳が半数近いため、少年事件の扱いが実質的に大きく変わることになるといえる。

このように、従来より、加害者が少年であることを理由に成人とは異なる手続きで保護してきたわけであるが、被害者からみれば応報として刑罰を科すことを求める声が強く、また社会もそれを容認する空気が強まっている。そしてこれが、推知報道の変更を求める声を後押ししているといえるだろう。

【実名報道させない権利】

旧少年法にも現行と同様の報道禁止規定があり、しかも禁錮《きんこ》刑という重い罰則がついていた（七十四条）。それが戦後、憲法の表現の自由規定が法による例外（法律による留保）を認めなかったため、削除された経緯がある。いわば、治安維持法等の言論規制立法がなくなったのと同じ理屈である。それでも、表現の自由の例外的禁止規定であることには違いなく、規定撤廃論があることも事実だ。

一方で報道界は五八年に、法務省との話し合いの結果として例外基準を発表している。逃走中で累犯が予想される場合などを挙げ、法を破ることを明文化して示している珍しい事例といえるだろう。

さらに近年では、死刑の確定・執行時には公権力の権力行使を監視するという名目で、実名報道に切り替えることをルール化する新聞・放送局も多い。そうしたなかで、少年が逆送されたような事案は実名報道が当然、という空気があるということだ。

ではいったい、推知報道の禁止をめぐる論点にはどのようなものがあるのか。まず「少年の名誉権」という観点からみよう。事件報道一般の場合は、刑法の名誉毀損《きそん》罪の免責要件として真実性や公益・公共性が挙げられていて、逮捕段階での実名報道が許容されている。にもかかわらず、少年事件では少年法に基づく非公表性が優先されるわけだが、少年にはなぜ一律に免責法理が適用されないのかということだ。

もう一つは「少年のプライバシー権」で、刑事裁判・少年審判の公共性と少年の私事性が衝突した場合、少年事件ではなぜ私事性が絶対的に優先されるのかという点だ。さらには「少年の成長発達権」が主張される場合があり、子どもの権利条約や憲法規定から導き出されるとする成長発達権（学習権）が、表現の自由とぶつかる場合に前者を優先させようというものだ。そしてこれらから、実名報道されないことの権利性を有するのかが議論されてきた。

一方で、マスメディアの報道には、少年事件以外にも「報じない」事例が少なくない。皇室関連や自衛隊では報道協定によって報道を控えることを行政機関との間で約束することがあるし、もっと身近なところでは誘拐事件の場合は警察との間で取材・報道の一切を一時的に控えることがなされる。

そのほか、性的犯罪被害者や被疑者が精神障害者の疑いがある場合も原則匿名だ。いわば、刑事責任能力、生命の安全・生活の安定、更生・社会復帰、公安・社会秩序（捜査上の便宜）、国家的利益など、広範な目的のもと匿名報道はなされている現実がある。

【例外一般化の危険】

そうしたなかで少年事件に関しては、①社会の正当な関心事であり、表現内容・方法が不当なものでない場合、②明らかに社会的利益の擁護が強く優先されるなどの特段の事情が存する場合、③十八歳以上の少年で、外形的に成人犯罪と実質的な相違がみられないと合理的に判断される場合、④すでに広く実名等が流布されており、推知情報を秘匿《ひとく》する実質的な価値が失われた場合、⑤被害者に関する報道と著しい情報の相違があり、その不均衡が社会的に是認できない場合などにおいて、「例外」的に実名が許されるのではないかとの主張がなされてきている。

　これらの基準がルール化されると、その例外が一般化する可能性がある。そして今回の少年法の適用年齢引き下げが、その一般化の流れを加速させる危険性が拭《ぬぐ》えない。少年審判の部分的な情報開示など、少年事件の厚いベールをあげるなどの工夫によって、誤った「少年は過剰に守られている感」を拭う努力も必要だろう。しかし、罰則の復活などの表現規制の強化につながらないためにも、少年が未熟な存在であるという基本を忘れることなく、報道界が矜持《きょうじ》を示し続けることが大切だ。

［参照：09年10月］

マイナンバー法　*10.16*

　十月五日、マイナンバー法（行政手続における特定の個人を識別するための番号の利用等に関する法律）が約二年半の準備期間を経て施行された。すでに第一段階の通知カードの発送も始まり、各世帯に届き始めるころだ。十億円を超えるテレビや雑誌・新聞の行政告知広告のほか、ウェブサイトや電車中吊りなど積極的な政府ＰＲが進んでいる。また各報道機関でも、制度の概要とともに、偽電話詐欺などへの注意も繰り返し流れている。しかしこの制度、当初の目的からは大きく外れ、しかもその変更過程も決定理由も公開性を欠いたままだ。そして何より、プライバシー侵害の可能性は施行前の改正等によって、より高まっている現実がある。

【利用対象拡大】

民主党政権時代に具体的な構想がされた「社会保障・税番号制度」であるが、少なくとも当初は所得・税納付・社会保険加入状況や、社会保障その他の受給状況などが、横断的に把握できることで「行政における事務コストの削減」や「給付の公平性の実現」が可能になるとされていた。そしてもう一つの売りが、「自己情報コントロール権」の実効性を高めるために、自分の番号がいつどこで誰に利用されているかを知ることができるというシステムの導入だった。

こうして当初は、社会保障・税に限定した利用を前提に議論され、導入に際しての説明がなされていた制度が、いまやほぼ無限定に利用対象が拡大されてきている。すでに災害分野、裁判手続き、刑事事件捜査での利用が法定化され、今後、ありとあらゆる行政機関が有する個人情報をマイナンバーに紐付けすることが、事実上予定されている。

さらに多くの自治体で、固有のさまざまな手続き（たとえば、図書館利用カードへの転用、自治体施設の貸し出し等の申請・利用管理など）に利用することが表明されているし、政府もそれを強く推奨している。さらに最近では、ＮＨＫ受信料にまでマイナンバーを利活用しようとしている。要するにテレビを見るためには、マイナンバーが必要になるという意味で、普及のための究極の事実上義務化といえるだろう。

しかもこうした民間利用は、すでに預貯金などの銀行手続きに必須になるとされるほか、米国や韓国の類似の先行例から推測するに、宿泊予約など生活のありとあらゆる場面にマイナンバーが求められる時代が想定されている。先の消費税軽減税率の還付に利用するアイデアでは、買物するごとにスーパーやコンビニで、マイナンバーを通知する制度が構想されている。これは明らかに当初予定していたものとは似ても似つかない、巨大な住民行動監視システムといわざるを得ない代物で、だからこそ刑事捜査への利用が決まったわけだ。マイナンバー法という名称だけからは全く想像もできない、全くの別システムが駆動するということになる。

【保護法を逸脱】

不透明性はコストについても当てはまる。政府はいまだコンピュータ等の制度構築にいくらかかるか明らかにできない状況である。当初の発表では、初期投資だけでも数千億円、しかも運用経費にもセキュリティー費用等に千億円単位の経費が必要とされている。さらに、実務を行う自治体がかけている経費もばかにできない。例えば人口八十八万人の東京都世田谷区の場合で、導入にあたっての直接経費だけで十億円近い予算建てがなされている。このうちの何割かは国家予算で賄うものであるが、いずれにせよ住民の税金投入であることに変わりない。

しかもプライバシーの観点からすると、甚大な個人情報漏洩《ろうえい》の危険性が格段に増加するわけで、しかもそのほとんどは個人レベルでの損失に結びつく。さらには、漏洩によってもたらされた損害（たとえば成りすまし詐欺等の損失）は、国や自治体が補償することは予定されていない。マイナンバー自身が個人情報そのものではないし、この制度が直ちに個人情報の一元化を図るものではないにしろ、一つの番号の利活用を行政と民間が一体となって無限定に進めていくことにより、将来的に個々人にとって大きな脅威になることは、多くの専門家がすでに繰り返し指摘しているところであって、否定しえない事実であるといえよう。

しかもこうした一連の利用拡大は、個人情報保護法の原則から大きく逸脱するものである。政府もマイナンバー法の上位法と位置づけている個人情報保護法の原則は、個人情報の収集にあたっては利用目的を明確にし、本人の許諾をとることとなっているし、その利用にあたってはその目的外利用や提供を禁止している。しかし現在予定されている利活用の拡大は、個人情報の取り扱いについて、本人の想定をはるかに超える形態になりうる。そしてそれは、法原則に明白に反する。

社会として、あるいは立法機関である国会ですら、そして実際に運用する全国千五百の地方自治体も、どのような社会利用まで合意しているのかわからない、曖昧な状態にあるのがいまのマイナンバー制度といえるだろう。こうした透明性に欠け、公正性もなくどこに責任主体があるかも不明なかたちで走り始めた制度は、もはや法制度として破綻している。しかも失敗すれば、その損失額もけた違いに大きく、また個々人のプライバシーにかかわる事態であって、失敗は個々人の生活の破綻に直結する。

今からでも、いったん利用の開始は停止し、真摯《しんし》で公開された議論によって、その制度の理念・目的、全体構造、詳細なコストとリスクをすべて明らかにすべきである。それら問題点を放置して、スムーズな利用開始に協力する各報道機関も同罪といえるだろう。

［参照：11年1月／11年8月／15年6月］

ＢＰＯ調査報告書　*11.14*

七日の新聞各紙は、放送倫理・番組向上機構（ＢＰＯ）が発表した意見書を大きく取り上げた。ＮＨＫの番組に対し、政権が違法だと口出しするのは問題だと指摘したからだ。案の定、すぐさま放送行政担当大臣、官房長官、自民党幹事長が批判した上、首相も十日の国会でＢＰＯの法解釈は誤りと反論するに至っている。

【表現の自由擁護が目的】

ＮＨＫと民放（民放の集まりである日本民間放送連盟と民放各社）で運営する放送界の自主規制機関がＢＰＯで、その中の一つの組織である放送倫理検証委員会が公表した、いわゆる調査報告書が今回の意見書だ。

委員会は全部で三つあり、ほかには放送人権委員会と青少年委員会が活動している。前者は、放送によって人権等を侵害された人が、個別放送局との間で話し合いがつかなかった場合に訴える、司法外救済をめざす苦情処理機関である。当初はＢＲＣと呼ばれ、これが現在のＢＰＯの前身にあたる。

その後、民放番組の捏造が大きな社会的問題となり、放送倫理の向上が喫緊《きっきん》の課題となったことから、検証委員会が設置され、個別あるいは放送界共通の放送倫理上の問題について、調査・報告を実施してきた歴史がある。しかしこれら一連の流れは、純粋に放送界の自浄作用の現れではなく、政治との軋轢《あつれき》の中で進んできた側面があることも忘れてはならない。

一九九七年の放送人権委員会設置は、八〇年代後半からの厳しいメディア批判の延長線上にあり、とりわけ報道被害者という言葉が生まれた九〇年代の社会情勢を受けたものだ。自民党がテレビのモニタリングを開始し、政治家への執拗な取材や汚職等の厳しい追及に対し名誉・プライバシー侵害として訴える環境整備を行おうとして、個人情報保護法案や人権擁護法案を準備したのも同時期で、気に食わない取材・報道を法によって抑え込もうとした。そうした圧力を受け放送界は、「法規制の防波堤」として自主規制機関の活動が始まったのである。

そして同じように、検証委員会の設置の段階でも、組織全体の法制化圧力がある中、二〇〇三年にBPOに衣替えし、さらに〇七年に機構強化として新しい委員会を設置することによって、独立性を担保した経緯がある。

もちろんこうした政治との綱引きは、どの国でも同じように存在する。この種の自主規制機関がある国はほぼ共通して、政府から取材・報道の法規制や法定の監視機関導入が示される中で、報道の自由を守るために設置あるいは改組されてきた歴史を持つからである。それゆえに、これらの組織の最大目的は「表現の自由の擁護」であり、そのために「放送倫理の向上」を図ったり、「侵された人権の個別救済」をするのである。従って、今回の政権与党に対する物言いは、機能として至極当然といえる。

【放送局に行政指導】

その上で、判断の規範となる放送法の解釈である。同法の目的は、「放送による表現の自由を確保すること」である。そして「放送が健全な民主主義の発展に資するよう」求めている。その具体化として、放送番組の編集の自由を保障するとともに、番組制作にあたっては「放送に携わる者の職責」として①事実報道、②公序良俗、③政治的公平さ、④多角的論点の提示――を実現することを示しているのである。

政府は、この四条件に合致しているかどうかは政府が判断し、反している場合は違法行為を放送局が行っているのだから注意等を行うのは当然だとしている。しかし、法解釈から明らかなように、国との関係で法を守る義務があるのではなく、強いて言えば視聴者との関係において放送局が守るべき事項を約束しているものといえる。

実際、政府も立法時から長く法的拘束性を否定し、精神的規定であると自ら説明してきた。しかし一九九三年にその解釈を一方的に変更し、その後は一貫して学説上の多数説を無視し、番組編集準則等違反を理由として、放送局の所轄官庁である総務省から放送局へ行政指導といわれる事実上の業務改善命令が出され続けている。独立行政委員会が放送行政を所管する先進国が大多数の中で、日本は行政官庁が許認可権を完全に掌握している稀《まれ》な国である。そうした中での「指導」がいかに強いプレッシャーを与えるものであるかは言うに俟《ま》たない。

【自民党の圧力】

さらに加えて自民党も、議員がメディアへの圧力を肯定する発言を繰り返したり、一四年の衆院選の前に在京各局に公平中立を求める文書を出すなど、強硬な態度が目立つ。その時の根拠も放送法違反で、政府見解と同じだ。今回も、党が事情聴取を行うことは何ら問題がないとし、BPOにも改革をちらつかせるなどの動きを見せている。

そうした背景には、先の歴史的経緯のほか、くしくも初期の委員会が扱った大きな事案が、戦時性暴力すなわち慰安婦をめぐるNHKの番組であったことを思い起こす。そこでの主要テーマは「放送と政治の距離の重要性」であり、政治的圧力があったことを強く示唆する内容となっており、その政治家こそが現首相であることを知っておかねばなるまい（全ての委員会決定はBPOウェブサイトで読める）。

今回の意見書は、現在の言論状況、放送に対する政治介入への警鐘であり意義深いものである。しかし、この問題は今に始まったことではなく、BPO設立当初からの指摘がさらに深刻化・常態化したものであるという点で、より一層、社会全体で状況認識を共有化するとともに放送人も強い覚悟が求められている。

意見書が政府への批判とともに、「放送に携わる者自身が干渉や圧力に対する毅然とした姿勢と矜持《きょうじ》を堅持できなければ、放送の自由も自律も侵食され、やがては失われる……そのことを常に意識して行動すべきである」と記していることを忘れてはいけない。

放送法意見広告　*12.12*

［参照：13年5月／15年4月／15年12月］

十一月十五日と十四日、それぞれ読売新聞と産経新聞に掲載された、ほぼ同様の全面カラーの意見広告が一部で話題になっている。「放送法遵守を求める視聴者の会」がＴＢＳ「ＮＥＷＳ23」キャスターの岸井《きしい》成格《しげただ》・毎日新聞特別編集委員を、放送法違反を理由に名指しで批判する内容だ。併せて、総務省により強力な番組監督を求めてもいる。

分かりやすく言えば、安倍政権批判をする偏向番組は違法な番組で許されないし、政府はきちんと取り締まるべき、ということになる。この「偏向報道」批判は、沖縄二紙に対する「琉球新報・沖縄タイムスを糺《ただ》す県民・国民の会」と極めて似通った考え方を持つものでもある。

【放送法修正の経緯】

視聴者の会の主張は、広告、ホームページおよびその後の記者会見からみると、「放送法第四条を遵守し、公正公平な報道を放送局に求めるもの」ということになる。そして独自の調査法によって、ＮＨＫ・民放各局の番組が、安保法制の扱いについて反対ばかりを取り上げ政治的公平さに欠けており、明確な放送法違反であるとしている。しかしここには大きな誤りがある。

第一に、「公正公平」とは何か、である。現在の放送法四条に定められている「政治的公平」

規律は、放送法制定時の法案ではNHKの番組を規律する四十五条として用意されており、しかも主として選挙報道を念頭に置いていたものであることが分かる。さらに言えば、現行法で同じ条文の中にある「事実報道」や「多角的論点の提示」の規定は、一つ前の四十四条三項として定められていた内容である。

これに対して修正が施され、四十五条にあった政治的公平の項が四十四条と合わさり、現在の放送番組準則と呼ばれる四条と同様の規定となるとともに、適用対象を一般放送事業者（民放）に対しても準用することが決まった経緯がある（五十三条）。

これからすると、この解釈には二つの可能性があると考えられる。一つは、条文の出自を重く見て、選挙報道の場合などにおいて「数量公平」を求めるという考え方である。もう一つは、一般原則化した経緯を重く見て、多角的論点の提示との結び付きの中で「質的公正」を大切にするということになる。

【米で八七年に規定廃止】

海外との比較で考えるならば、前者は米国連邦通信法の「イコールタイム条項」と呼ばれる選挙時における平等原則で、候補者に対し厳格に平等な放送時間を与えなければならないとするルールである。ただし字句通りに適用することは現実にそぐわないとして、ニュースやドキュメンタリー番組は適用外になった経緯がある。

これに似た制度として一九四九年に米国の放送監督機関FCCが策定した「フェアネス・ドク

トリン（公正原則）」がある。これも、量的公平性を求めるものというより、公共的に重要な争点の放送には適正な時間を充てることと、一方の見解が放送された場合には、もう一方の立場に反論の機会を与えることが定められていた制度だ。その意味で、単純な量的公平原則ではないことが分かるだろう。

その後、次々に押し寄せる反論機会の提供に放送局が手を焼き、しかも反論放送をしなかった場合にＦＣＣの強制調査権が認められたことから、これは行政の介入であり表現の自由を定めた憲法に反するとして、八七年に当該規定が廃止された経緯がある。

こうしたことからも明らかな通り、一般的なのは質的公正さを求める考え方で、これはまさに「公共」放送の考え方とも通じる。すなわち、多様性の確保であり、多角的論点の提示と相俟《あいま》っての質的公正を求めるものである。

さらに言えば、賛否を常に同等に扱うことは結果的に現状維持につながる可能性がある。むしろ社会的弱者の声を意識的に吸い上げることで、社会の問題点を明確化する考え方でもある。なお、数量公平を一つの番組内で貫徹すべき等の主張も意見広告内でなされている。それが現実的に困難であるという物理的な問題以前に、それが放送の自由の手足を縛るものであって、法の趣旨からしても許されない。

【「検閲、監督しない」】

そして第二は、政府と放送の距離についてである。先に挙げた放送法案の提出時に政府は明確に以下のように宣言している。「放送番組につきましては、第一条に、放送による表現の自由を根本原則として掲げまして、政府は放送番組に対する検閲、監督は一切行わないのでございます」。ここから監督官庁である総務省が個別番組について「指導」を行える余地はない。あくまでも放送局の自律によってなされるべきものであって、その際のいわば目標値が番組編集準則であるということになる。

念のために言い添えるならば、法の目的条項の中には「放送の不偏不党、真実及び自律を保障することによって、放送による表現の自由を確保する」とあるが、この保障する主体は政府＝公権力であって、放送局に不偏不党の立場が求められているのではないことも、あらためて確認することが大切だ。今般の政府ならびに意見広告主は、この点で主体と客体を意図的にひっくり返し、放送局に守るべき法的義務があるとした上で、その取り締まり権限が政府にあるかの誤った解釈を広めようとしている。

ここで挙げた以外にも、公共放送に強く期待されているものとしてローカリティーがある。地方色豊かな番組を作る力がローカル局に維持されることが大切である。こうした公共性論議がなされずに、政府の管理下に放送を置くことで「健全な」番組を実現しようとする考え方は、「公共（パブリック）」に最もなじまないものであることを、今回の議論を機に確認しておきたい（注：放送の自由については山田健太『放送法と権力』田畑書店）。

［参照：13年7月／15年4月／15年11月］

2016
年

【2016年】問われる沖縄・試される日本

法務省がヘイト掲載のプロバイダに削除要請（1）
東京医科歯科大学が取材時の誓約書提出を廃止（2）
自衛隊情報保全隊による住民監視で司法判断（2/2）
高市早苗総務相が国会で電波停止に言及（2/8）
政治的公平の解釈で政府統一見解を発表（2/12）
電通発表の日本の広告費で4年連続前年比増（2/23）
報道ステーション、ＮＥＷＳ23、クローズアップ現代のキャスターがそろって交代（3）
鹿児島で反核Ｔシャツ着用で講師打ち切り（3）
在沖海軍兵が女性に暴行（3）
東京都現代美術館で作品自粛要請（3/5〜）
北海道新幹線、部分開業（3/26）
海老名市駅前でのマネキンフラッシュモブに禁止命令（3/28）
ベータマックス方式ビデオテープの出荷終了（3）
東日本大震災で開局した臨時災害ＦＭの多くが閉局（3）
愛媛県ほかで高校生の校外政治活動参加を事前届け出制に（4/1）宮城では取材を受けることは不適切と通知
調査報道パナマ文書（4）
延期されていた国連表現の自由特別調査官デビット・ケイ来日（4）
ＴＢＳがスポンサー圧力呼びかけに批判コメント（4/6）
熊本地震（4/14）取材をめぐりトラブル発生
衆院補選期間中に安倍首相がバラエティに登場予定だったが中止（4/17）後日放送
報道の自由度ランキングで日本は過去最低の72位（4/20）10年の11位以降下降
沖縄で元米海兵隊員強姦殺人事件（4/28）
登別市図書館で憲法イベントのチラシ撤去（5/2）
ＮＨＫ会長「公式発表をベースに」発言（5/9）
「笑点」放送50周年（5/22）
刑事手続法改正で部分可視化実現（5/24）
盗聴法改正成立（5/24）
ヘイトスピーチ対策法成立（5/24）
原子番号113番、ニホニウム（Ｎｈ）と命名（6/9）
富山市議が取材記者に暴行し取材メモを奪取（6/10）
フジロック・フェスティバルの出演に政治色入れる

なのツイッター（6/17）
英国、国民投票で「ＥＵ離脱」（6/23）
選挙期間中の自民党ＣＭ、民放で内容一部差替え
（6/25〜）
自民党、教員の政治的中立性を調査（6/25〜）
横浜事件で国の損害賠償認めず（6/30）
スマホ向け放送ＮＯＴＴＶサービス終了（6/30）
在沖海軍兵が飲酒運転で重傷負わす（6）
大阪市ヘイトスピーチ対処条例施行（7/1）
リオ五輪壮行会で元首相が「国歌を歌え」発言（7/3）
元米海兵隊員殺人強姦事件巡り県民大会（7/19）
ポケモンＧＯ　日本で配信開始（7/22）
高江ヘリパット工事強行再開（7/22）取材妨害相次ぐ
相模原障碍者施設殺傷事件（7/26）
参院選で改憲勢力3分の2確保（7）
国内でのＶＨＳデッキ生産完全終了（7）
８Ｋ試験放送開始（8/1）18年から実用放送の予定
祝日「山の日」施行（8/11）
リオ五輪（8）
ＳＭＡＰ解散発表（8/14）

新聞の軽減税率適用　*1.09*

憲法改正の是非を決する年が来た。大災害等に対応するための緊急事態条項の追加のみが予定されているといわれているが、それが「お試し改憲」と称されるように、すぐ後ろに九条ほか主要条文の抜本的変更という「本丸」が控えていることは疑いようがない。すでに公表されている自民党改憲案からすると、「戦後」七十年維持してきた平等・平和・人権の基本理念を大きく変えるものになる。

そしてその始まりは今月の宜野湾《ぎのわん》市長選挙だ。なぜなら今日において、中央政府が意図的に見えないふりをしているのが沖縄と福島の県民にほかならず、基地と原発が問うているのは、先に挙げた憲法理念そのものだからだ。そしてこれは、そのまま憲法と直結する。こうした状況の中で、ジャーナリズムのありようがより一層大切になるだろう。その意味で、年末に大枠が決まったとされる消費税軽減税率について、与党合意で宅配の新聞が対象とされたことについて、いま一度きちんと整理しておく必要がある。

てこない。

【なぜ新聞だけなのか】

第一に、その目的が明確かどうかである。なぜいま新聞だけに軽減税率を適用するのかが見えてこない。

もし、欧米とりわけ英国の基本思想にある通り、「知識への課税」は行わないのであれば、ゼロ税率にすべきであるし、消費税導入時から適用していなくてはならない。税率が高くなったから軽減をするという道理ではないからだ。もちろん、英国で定期発行物に印紙税をかけた王政への反対が起源であることから、歴史的に見ていわゆる新聞が中心であることは認められる。しかしその後の理論的発展をたどるなら、広く知識・文化一般に対する免税措置が取られるのが道理であって、宅配新聞（週二回以上の発行で定期購読される新聞）だけを認め、スタンドで売られる新聞をはじめ、電子版が総じて入らない理由は見当たらない。

また、書籍・雑誌に適用するかどうかについては、結論が先送りされた。さらに言えば、放送視聴料、演劇などの芸術一般に対しても、検討した痕跡すらないのは、最初からこうした発想がゼロであったことのあかしであろう。

では「米《こめ》論議」ではどうだろうか。いわば水や米と同様の生活必需品だから少しでも負担を少なくすべし、との理屈である。まさに食料品における逆進性緩和のための軽減税率適用を、知識・文化商品まで拡大するかどうかということになる。これについて言えば、日本の場合は選挙期間中の新聞に掲載される選挙広告にみられるように、全国に広く行き渡っている商品特性を前提とした社会制度が存在する。あるいはアクセス平等性を担保するための再販売価格維持（再販）制度も堅持している。

すなわち、日本の場合は誰もが入手可能なマスメディア環境を維持・形成してきたわけで、そうした制度上の保障の一環として、あるいはそれをよりサポートするものとして同じ対象品目を軽減対象にすることは道理が通りやすい。具体的には、一般日刊紙、地上波等の放送、雑誌・書籍、音楽用レコード盤・テープ・ＣＤである。にもかかわらず、この点においても今回は対象品目をその一部に限定しており、こうした理屈が立ちづらい状況にある。

【「文化」の維持は？】

そのほかに、より間接的あるいは抽象的になるが「文化」の維持という考え方もありうる。今回は出版界がこうした論理立てで適用要求していたわけであるが、価格が上昇すれば当該商品を購入する人が減り、それは書店の経営を直撃し、ただでさえ急激な減少傾向を示す地方の書店に壊滅的な悪影響を与えるだろうというものだ。同様に、出版社も売り上げが落ちれば（しかも高額本にその影響が及びやすいとすれば）、特に専門書・学術書出版社は大きな痛手を被《こうむ》る可能性があるというものだ。もちろん、新聞についても購読停止の引き金になることが、過去の消費税導入・引き上げ時の経験から明らかであり、強い危機感があるのは同じだ。

しかし、こうした文化論議がどこまであったかはうかがい知れないところだ。わずかに、出版に対しいわゆる有害図書を排除するという話が出ていることからすると、「文化」的なるものについての、ある種の思いはあるのかもしれない。しかしここでも、少なくとも新聞のみに「文化」を認めるということにはなりえないだろう。

【擬似検閲制度誕生も】

第二には、ひも付きになることの危険性である。これには二つの意味があり、第一は、直前に触れた対象品目の線引き問題である。「良い本は認めるが悪い本は認めない」という発想は、コンテンツに踏み込んだ表現物の峻別《しゅんべつ》であり、重大な一線を踏み越えることになる。法制度上明示されたり、その内容審査を政府機関もしくは政府が関与する外郭団体が行うことになる可能性を否定できない。すでにインターネットでは「共同規制」という考え方のもと、警察庁が深く関与したコンテンツ規制を実施している。同じことをリアル社会にも広げることの善しあしは、慎重の上にも慎重を期す必要がある。単純に考えれば、すでに教科書検定で実施されている行政による疑似検閲が、制度上誕生することになるからだ。

そしてもう一つは、政治とジャーナリズムの距離の問題である。なぜ新聞だけが認められるのかについて、巷間《こうかん》では政権との貸し借り論があふれている。実際にそのようなことはないと信じたいが、そうした疑いを持たれること自体、ジャーナリズムとしては失格である。それは即、信頼の喪失につながるからだ。こうした疑念を持たれないためにも、なぜ軽減税率の対象になったのかを、メディア自身が「調査報道」によって明らかにし、きちんと理屈を立てる必要があるだろう。

［参照：09年3月／13年4月／14年7月］

政府言論とメディア　2.13

政府の政策は、国民が十分理解して実行されることが望ましい。そのため政府は広報活動等を行う。しかしその活動は、圧倒的な資金力と影響力に下支えされ、かつ政治的であることを十分認識する必要がある。

【役割の自己否定】

一連の安保法制に関し、首相自ら特定のテレビ局にのみ、しかも複数回にわたり出演するなどの手法は、幅広く理解を求めるという本来の趣旨には合致しがたい行為だ。また、国会審議で資料の提出を拒んだり、開示された関連文書が黒塗りになったりという実態も、政府の都合の良い情報に基づき議論することを国民に強いるものといわざるを得まい。

こうした態度は、安保法制に限らず、今般の「政府言論」の大きな特徴ともいえる。その最たるものは教科書検定である。政府方針に沿った内容であることを求め、結果として従来の歴史解釈の変更を迫ることとなっている。また、放送局や新聞社に対して、とりわけ基地、原発、そして安保法制に関し政府批判を許さないという、これまでにない強い態度を示し続けている。こうした空気感は、美術館や公民館といった公共施設でも、市民の表現活動の抑制という形で顕著に表れ始めている。

政府言論が無制限に認められると、社会の言論空間が政府の言い分に事実上占有される危険性が高まる。だからこそ、プロパガンダに陥らぬよう、時の為政者は自制的に振る舞わねばならない。単に言い過ぎないだけではなく、異論や反対意見を封じ込める「言わせない」行為や、特定の表現行為を優遇することも許されないのだ。

マスメディアはこうした官邸や行政の言論活動の場にもなっている。政府発の圧倒的な情報量に対し、ジャーナリズムは、異論や相対的な少数意見を拾うことで多様な言論公共空間を形成することが役割である。しかし現実には、政府の広報活動を後押しするような態度が少なからずみられる。

さらには、一般市民の貴重な表現活動であり憲法上の権利である請願権の実効的手段でもある国会や米軍基地前で行われているデモや集会について、その価値を否定するかのような記事や番組内の発言も続いている。こうしたマスメディアの姿勢は、自らの社会的役割の否定につながりかねない。

【淡々とした裁判報道】

辺野古新基地建設に関し、国との行政協議に期待が持てない状況の中で沖縄は、国連、米国に直接働きかけるほか、司法の場で県の正当性を主張することを通じて国民全体への理解を求め続けている。政府を変えるのは「世論」であるとの思いからであろう。

法廷では、政府と沖縄県の裁判が同時に三つ展開されている。仲井《なかい》真《ま》弘多《ひろかず》前知事の埋め立て承認を翁《お》長《なが》雄志《たけし》知事が取り消したことに対し、国（防衛省）は行政不服審査法に基づき、取り消し処分の取り消しと、取り消しの効力停止を国交大臣に申請した。そして国交大臣が取り消しの効力を取り消した上で、地方自治法に基づく代執行を求める裁判を起こした。一方、県は効力取り消しに対して抗告訴訟を起こした。また県は、国交大臣による承認取り消しの効力停止を不服として国地方係争処理委員会に申請したが、同委員会が門前払いをしたため、これについても県は裁判を起こしたのである。

　こうした流れは、扱いの軽重はあるにせよ、在京各紙も多くの地方紙も、一定のニュースバリューを持って伝えている。しかしここで特徴的なのは、基地建設に対していつもの賛否が分かれる論調ではなく、総じて、既定の事実として法廷闘争の成り行きを「記者発表通り」に淡々と伝えている点である。

　例えば、国が行政不服審査法を使ったことについて、争いの一方の当事者である省庁が審査請求をして別の省庁が問題なしとするということは法の趣旨に逸脱しないのか、といったチェックがジャーナリズム全体としては決定的に少ないということだ。国が、埋め立て事業者としての「一私人」の立場と、代執行裁判で見せる「ザ・政府」の立場を都合よく使い分けているといった点に関しての指摘も同様である。突発的な事件ではなく十分に時間があったにもかかわらず、各紙に「準備不足」はなかったか。さらに言えば、国が実行する法手続きは基本的に正しいという呪縛にとらわれているのではないか、と思わざるを得ない。刑事裁判において、検察の主張が正しいことを前提に被告を有罪視する紙面作りと共通するのではないか。

また、今後の見通しとして、新基地容認の立場の新聞各紙は本体工事に着手、という国の発表をそのまま報じ、既成事実が進んでいる印象を醸し出している。このような国が希望する「最短」スケジュールに沿った報道は、本来の地方自治の本旨にもとる、国と県の力関係がバランスを欠く状況を映し出している。

【当たり前の報道を】

国と県が争った場合に、訴訟も含め圧倒的に国が有利であることは周知の事実であるとしても、マスメディアにはこうした異議申し立てに耳を傾ける姿勢が求められているが、その扱いは現実には大きくない。国益のためには身勝手な異議申し立ては認めるべきではないとの空気がメディア内部にありはしないか。安保法制や原発再稼働、米軍基地問題は、各紙の主張に注目が行きがちであるが、そもそもの基本姿勢が権威頼りや前例踏襲ではその主張は色あせてしまうだろう。

総務大臣が「法に基づき電波停止はあり得る」と言ったり、首相が「私にも言論の自由がある」と繰り返せば、それを伝えることは大切だ。しかし「事実」を伝えることにこだわるあまり、その背景や問題の所在が十分に伝え切れていないように思われる。そのように見受けられる結果として、権威ある者の声がメディアを通じ社会の中では広く流れ、それが社会の大勢として認識されがちだ。だからこそ、二歩も三歩もさらに視点を下げ、社会の仕組みを背景も含めて、よりわかりやすく、きちんと繰り返し伝え続けるという「当たり前」のことが、ジャーナリズム活動により一層求められている。

［参照：12年1月／14年11月／15年2月］

緊急事態条項　*3.12*

安倍晋三首相の踏み込んだ改憲発言が続く。戦力の不保持と交戦権の否定を定めた憲法九条二項を変える必要性に触れ（二月三日衆院予算委員会）、その後のラジオ番組では自衛隊の存在を明記すべきと改正に言及した。さらに集団的自衛権を全面容認する考えも明言（三月一日同委）、現時点では二〇一八年二月までの在任中での実現にも意欲を示している（三月二日参院予算委員会）。

【首長罷免も可能に】

集団的自衛権を認めたことにより能動的な軍事行動が可能となったことから、法構成上は現行憲法七十三条で定められている外交権にプラスして、「軍事権」を内閣の行為として認めることが必要との議論がある。あるいは、自民党憲法改正草案で示されているような緊急事態条項を加えることによって、議会を経ないで事実上の立法が可能となり、その中で軍事権を行使するという考え方もある。そうなると、政権がいう「この道しかない」行きつく先は、まさに有事（戦争）と隣り合わせの社会ということになる。

その時、現在の平時でさえもぐらぐら揺れている言論の自由はどうなるのか、いまのうちに「最悪」を想定しておくことは必要だ。実際にそうした状況は、トルコでもハンガリーでも、いま起きていることだからだ。

さらに言えば、戦時中に日本は天皇勅令という形で議会を通さない法が次々作られ、人権が制約されていった。同じことはドイツにおいても起こり、一九三三年の非常事態宣言の発令がその後のヒトラー政権を生んだわけである。緊急事態宣言とはそういう効果をもたらすということだ。

こうした緊急事態条項がある国にはフランスが挙げられ、二〇一五年のパリ同時多発テロの直後、特別法に基づき宣言が発令され私権が制限された。一方、ない国の代表は米国だが、代わりに大統領令による立法行為が行政権に認められており、〇一年の九・一一テロの際には、大統領令によってイラクにアブグレイブ刑務所を設置したり、予防拘禁が実施された経緯がある。

自民党が予定している権能からすると、宣言さえすれば自治体の長を辞めさせることも可能で、いまの沖縄の状況を考えると架空の話としてはおけないリアル感がある。

【紛争取材は既に規制】

緊急事態においてまず政府が行うことは、「移動の自由」に対する制限である。一般に戒厳令という名で外出禁止措置などがとられる。有事になれば一般市民の移動は当然のごとく制約を受けるわけだが、こうした状況は福島第一原発事故において経験済みだ（災害対策基本法や原子力災害対策特別措置法に基づく警戒区域への立ち入り禁止措置で罰則も付いている）。

そしてこの移動の自由の剥奪は、報道機関にとって「取材の自由」の大きな制約になる。原発事故直後、大手メディアを中心に二十キロ圏内はおろか福島県からも退避するなどの実態があったわけで、こうした国基準に従う自主的撤退は、緊急事態法制の下で強制性を伴う行政命令によって徹底されることになる。

その延長線上で、パスポートやビザの発給との関係で「渡航の自由」が問題になる。既に外務省は、シリアやトルコへの記者の入国を事実上厳しく制限してきている。また、渡航を公言したフリージャーナリストのパスポートを返納させることで、物理的に出国ができない行政処分を講じている。係争中の法廷では、この返納命令がどこまで強制力があるのかが争われているが、緊急事態になればこうした議論はすべて飛んでしまう。記者が自由意思で国外で取材活動を行う自由は、紛争取材という分野で既に制約を受け始めているということだ。

そして最も現実的な大きな問題が、法で定められた公共機関としての制度上の義務だ。自然災害から始まり原発事故といった人災や、新型インフルエンザそして有事（これまでは武力攻撃事態）対応など、様々な法で報道機関とりわけテレビ局は指定公共機関に定められている。安全保障法制に伴う法整備が遅れているが、早晩この分野の強化もなされるであろう。

【問われるメディア】

この制度で当該局は、機材や人員の政府への提供が事実上義務付けられている。原発事故時の東電への政府対応をみると、放送局の報道フロアに官邸が直接乗り込み、陣頭指揮を執るという可能性すら否定できない。そうなれば当たり前ではあるが、放送の自由は完全になくなる。しかも取材上知り得た情報は、政府に提供することも求められている。そして、現行の制度を規定する各種法律には強制性はないが、緊急事態では義務付けられることになる。

さらに言えば、イラク特措法の段階でさえ、自衛隊取材に関し防衛庁（現防衛省）との間で、報道機関は「不報協定」を結ばざるをえなかった（形の上では「イラク人道復興支援特措法に基づく自衛隊部隊の派遣に関する当面の取材について（お願い）」との要請の受け入れ）。そこでは、自衛隊員の安全を損なう取材・報道はしないことが求められ、防衛庁の判断でその後の取材を一切拒否できるとする内容だ。この意味するところは、政府の意に反する取材・報道は認めないということである。これが安全保障法制のもとで恒常化することが想定されており、緊急事態となった場合は政府の指示に従うことが定められている関係上、かつての「大本営発表」体制に逆戻りすることにならざるを得ない。

さらに特定秘密保護法が、これらの上に重しとして覆いかぶさる。同時に、放送法解釈にみられるように、行政は社会の秩序を守るために、報道内容についても自分たちが一定程度コントロールすることが必要であるというスタンスを、一層強化してきている現実がある。

いわゆる緊急事態対応において、最初に犠牲になるのは言論・表現の自由であることが多い。その歴史的教訓をどう生かせるか、メディア自身が問われている。

［参照：12年4月／12年5月］

内部的自由はあるのか　4.09

放送の自由をめぐる議論が続いている。政府による個別番組内容への介入という側面にのみ目が向けられがちであるが、放送現場における自由と自律が守られているかの問題だ。そしてその主体は、日々ニュースを追い、番組を作っている個々のジャーナリストにほかならない。彼／彼女にとって、どれだけ「自由」に仕事ができているかが試されているということだ。

あるいは、よい番組を作りたい、という思いが、どこまできちんと実現しているかということでもある。その時の価値判断の拠りどころは、スタッフ間で共有する「倫理」にほかならない。

【一線の肉声は？】

一義的には放送の自由の脅威は外部の敵、とりわけ公権力からの言論活動への攻撃に違いない。しかしそれと同時に重要なのは、放送局内における「内部的な自由」が確立しているかどうかであって、そもそも現場に「言論の自由」がない中で、ジャーナリズム活動そのものが成立しうるかどうか覚束《おぼつか》ない。実際、今日において、政府の言いがかりに対し、放送局側が十分に抵抗しきれていないではないか、という声が聞こえてくる。とりわけ、一線のジャーナリストの肉声がほとんど表に出てこないのが、今日的特徴だ。

その声が出せない理由は往々にして、そんな目立ったことをしたら、あとで何を言われるかわからない、といった類いのものではないかと想像される。外部プロダクションの制作スタッフにしてみれば、いつ契約を打ち切られるかわからないのに、そんなリスキーなことはできるはずはない、との答えが返ってきそうである。あるいはそもそも、会社の許可なしに外部に発言することは認められていない、という者も少なくないだろう。意思表明をしづらいのは、そもそも闘う際に拠《よ》って立つ行動規範が明確でない、といったことがあるのかもしれない。

日本では、こうした状況が当たり前で、誰も不思議には思わないわけだ。しかし、現場で働く個々人が自由に発言できないことは、本当に普通のことなのだろうか。あるいは、そうしたことに窮屈さを感じない者が、ジャーナリストとして放送の自由の大切さを語り、自由を守ろうと言うことができるのだろうか。別の言い方をすれば、会社から「政府の圧力に抵抗しましょう」と指示されなければ、問題だと口に出すこともできないような環境で、本当に豊かで面白い番組が作れるのかということにつながる。

【「独立」「良心条項」】

このことは、日本のメディア界においては実は古くて新しい問題であって、放送だけではなく新聞ほか大手のマスメディア共通の課題である。終身雇用が一般的で、いわば社員としての「企業ジャーナリスト」という色合いが強くなりがちであるからだ。あるいは全体としての産業衰退や経営効率化の流れの中で、企業一体となって儲けに腐心することに、企業内の利害が一致しているということかもしれない。そこには個々人のジャーナリストとしての倫理に基づいて行動するというよりは、会社が定めるルールに則《のっと》り粛々と働く、という姿が垣間見えることになる。しかし、だからこそ日本では、企業内ジャーナリストとしての精神的自由の確立がより重要になると言えるだろう。

もちろん、海外においてもこれらが十全に実現しているかと言えば、そうでない場合も少なからずある。それでも歴史的経緯の中で、新聞や放送の働き手が、現状に対する危機感の中で、よりジャーナリストらしく振る舞うための闘いの中で作り上げてきたものが存在する。

例えばドイツでは戦後、すべての社会的勢力からの「独立」が宣言され、「良心条項」や「情報公開原則」を職業人の権利として定めた編集（者）綱領が作られた。ここでいう公開とは、番組・記事の改変や中止・削除があった場合は、決定者はその理由を説明する義務があるし、当事者はそれを求める開示請求権があるという意味だ。また、ここでいう良心とはまさに、専門的職業人としての職責（職能的責任）であるともいえ、これは日本の放送法が求める「放送人の職責」にも通じるものである。そしてこうした職能的な連帯の中から、企業内ジャーナリストの表現の自由を制度的に保障する制度が確立していった、とされている。同様の思想と実践は、フランスにおいても続いている。

もちろん日本でも、この種の考え方が全くないわけでもない。明文化されているものとしては、毎日新聞社の「編集綱領」、新聞労連の「新聞人の良心宣言」、民放連の「日本民間放送連盟　報道指針」があるが、どれもいわば宣言としての性格にとどまっているのが実態だ。

【雇用者でなく】

記者もディレクターも撮影スタッフも、企業人であることは否定しえない。しかし同時に、あるいはそれ以前に、プロの職業人でありジャーナリストであるという意識をどこまで高めていけるか、その中で日本独特の「編集権」と折り合いを付けながら、内部的自由を実現していくかが問われている。実はこの編集権概念こそが、不自由な言論活動を形作っている主要因であり、内部的自由が存在しないことと裏表の関係にある。しかし、だからこそ経営者が個々の社員に対し、雇用者としてではなくプロのジャーナリストとして向き合うことを求めたい。

日本の企業ジャーナリストは、会社のルールに縛られ多くの義務を課されているものの、権利と呼べるようなものはほぼ存在しないのが現状だ。個々のジャーナリストが自らの責任で自由に「できること」を増やすことで、外部圧力に屈しない強靭な言論報道活動が生まれるはずだ。同時にそれは、会社の危機管理のためではない、読者・視聴者のための倫理の実践にもつながるだろう。ジャーナリズムの希薄化が言われるからこそ、そしてまた政府圧力が強まる時期に直面しているからこそなおさら、高度な専門職としてのジャーナリストの「内部的自由」の確立が急がれる。

［参照：10年7月／15年1月］

高校生の政治活動規制　*5.14*

選挙権年齢の引き下げに合わせ、愛媛県の県立高校では新年度から校則を改正し、校外の政治活動に参加する生徒に、学校への事前届け出を義務化することになった。そもそも以前から日本では、文部科学省が校内外での政治活動を原則禁止にしてきた経緯がある。そうした意味で、この厳しい制約は、一部では以前から指摘されてきた問題であるといえるわけだ。それではなぜ、これほどまでに教育の場での表現活動に神経質で、かつ制約的なのか。

【もともとは禁止】

今から半世紀近く前の一九六九年、当時の文部省は学生運動の激化の中で、「高等学校における政治的教養と政治運動」と題する通達を出した。そこでは、未成年者が政治的活動をすることを、「教育上望ましくない」として禁止した。その後も一貫してこの方針は維持され、校内での反戦署名が禁止されたり、文化祭で原発を取り上げることも忌避される事態が報告されてきた。

そうした流れがあった中で、文科省は二〇一五年十月に、選挙権年齢引き下げを受けてこの「六九通達」を変更、校外の政治活動について解禁をすることになる。ただし翌一六年一月、事前に学校に対して政治活動に参加することを申告することを求める〈届出制〉については、「教育目的達成の観点から必要かつ合理的な制約を受ける」として容認するとの問答集を出した。これはまさに、基本的な考え方には変更がないことを示したともいえるだろう。

冒頭に紹介した愛媛県の場合、政治活動が公選法違反にあたらないかを担任が注意喚起するとの意図を強調、高校によっては口頭で、日程や満年齢、場所の県内外かしか聞かないとしている。十八歳未満の非有権者の選挙活動は公選法で認められていないため、こうした違法行為を年齢確認によって未然に防止するためとされている。

県内高校の校則に盛り込まれた文案のもとは、〇五年十二月に開催された県研修会で配布した文書とされており、そこでは「生徒心得　３　選挙運動や政治的活動について①校内での選挙運動や政治的活動については、原則禁止する、②校外での政治活動は保護者の許可を得て一週間前までに届け出る」とある。そしてこれらの校則に違反した場合、最悪では退学処分があり得るという。全国的には、同様の規制に踏み切った教育委は、報道によると二十七に上るという。

【制限は当たり前?】

こうした制約は、生徒の思想信条・集会・表現の自由を制約する可能性が大きいと指摘されているわけであるが、日本社会ではそもそも憲法上保障されている権利や自由に対して、「子ども」は制約されても致し方ないと考えてきたといえる。とりわけ、政治的活動や表現行為については、禁止や制限するのが当たり前としてきた感すらある。

こうした考え方は子どもに対してだけではなく、受刑者や公務員についてより明確だ。かつては「特別権力関係」と呼ばれ、公務員の勤務関係や在監関係は、一般国民と違って公権力と特殊な関係にあるので、法律の根拠がなくても憲法で保障されている人権が制限でき、裁判に訴えることもできないとされてきた。例えば、国公立の教員を含む公務員は政治的活動が制限されているし、受刑者が受発信する文書の検閲が認められている。

最近では「原則は一般人と同じ」と原則と例外の関係のねじれがようやく戻りつつあり、例えば監獄法が「被収容者処遇法」と名称変更したことに表れる通り、新聞やテレビなどの「時事の報道に接する機会を与えるように努めなければならない」というレベルまで回復してきてはいる。そして国の包括的支配権は認められず制約には法的根拠が必要で、司法救済も受けられると考えられるようになった。

そうなるとむしろ、私人間の関係であった学校における、学校（あるいは教員）と生徒の関係の方が、より制約的な状況すら生まれている。しかも教育現場においては、教員の政治的活動の制約、検定・採択制度による教科書内容や使用教科書選択の制約、さらには日の丸・君が代に代表されるような教員の思想信条の自由の制約と、そもそも表現の自由に対する制約が二重三重に覆いかぶさっている息苦しい世界であることが分かる。

【「未熟な存在」】

さらには「子ども」に対する表現規制を積極的に認める法体系が存在していることも影響する。少年法による加害少年に対する推知報道（実名・顔写真等の公表）の禁止は、子どもを〈客体〉

とする制限事例だし、映画鑑賞の年齢制限や一部雑誌の区分陳列販売といったレーティングやゾーニングによるアクセス禁止は、子どもを〈主体〉とする制限事例だ。これは、子どもを未熟な存在として、社会全体で守ることが発想の基本になっている。

そしてこうした、そもそも学校や教員自体の表現の自由が制約的であることと、子どもの表現行為が制約的であることから、いかにも高校生（あるいは小中学生も含め）の政治的表現は、学校の庇護の下に行われることが当然であって、それは子どもを守る上で必要不可欠であるという理屈がまかり通ってきたと考えられる。その場合、子どもが行う表現の行為の善しあしは、彼・彼女が判断するのは未熟であって難しいから、代わりに教員がしてあげるということになる。

しかし、こうした発想自体が誤りであって、憲法において大人も子どもも、したがって教員も生徒も、等しく表現の自由は保障されている。その表現行為には当然、政治的な表現も含まれるし、社会・コミュニティーの一構成員として、同等に情報を受け取る自由も、そして意見表明をする権利も有するのである。もちろん、教員が教育的指導として、社会のルールを教えることはあっても、それは表現行為の制約とは似ても似つかないものであることを、明確にわきまえる必要がある。

沖縄県内においては、すでに多くの子どもたちが県民集会等に参加していることから、こうした問題は表面上発生していないように見えがちであるが、発想自体は根底に潜んでいる可能性があるだけに、常に注意が必要だ。

［参照：11年6月／14年1月／14年9月］

盗聴法とヘイト法　*6.11*

六月一日に閉会したばかりの第一九〇回国会で、戦後の表現の自由の考え方を大きく変える可能性がある法律が二つ、ほぼ同時に成立した。刑訴法等改正一括法案の一つであった改正通信傍受法（盗聴法）と、ヘイトスピーチ対策法（本邦外出身者に対する不当な差別的言動の解消に向けた取り組みの推進に関する法律、以下、ヘイト法）だ。

【日本モデル変更か】

日本の表現の自由モデルの特徴として挙げられるのが絶対性である。それは、公益に反する場合などの例外を一切設けていないことと、検閲と盗聴を明示的に禁止していることにある。なぜ先の法律が日本モデルを大きく変えるのかと言えば、ヘイト法は憲法保障の例外規定を作り事前規制を認めることになりかねないし、盗聴法は通信の秘密を侵害することに直結するからだ。

そもそも、国家の基本構造を破壊するような表現行為を社会に対する「暴力」と認定して、当該社会から排除するという考え方はむしろ一般的ですらある。共産主義国家における共産党批判は国家転覆の暴力行為であろうし、イスラム国家における預言者ムハンマドへの侮辱行為も同様に社会から完全に排除される対象だ。同様に、ドイツを代表例にナチズムのような人種差別言動は、民主主義社会を破壊する行為として思想も含めて一切認められない国が少なからず存在する。これらに対し日本は、すべての表現行為はいったん表現の自由の土俵に上げたうえで、事後的に司法によって処罰をする国だ。

今回施行されたヘイト法は、理念法と呼ばれているように、十五年前にできた人権啓発法同様に、国や地方自治体の実効的な対応を求めたにすぎず、罰則を伴う規制を含んでいない。しかしその延長線上では、デモや集会を事前規制し、人種等の差別表現を罰則付きで取り締まろうという考え方につながっている。しかしこれは、特定の表現行為を事前に抑制するものにほかならず、しかもその判断を現場の警察や行政に委ねることになるだろう。

日本では多くの国同様、民主主義社会の維持という同じゴールを目指している。その際の「工夫」のしどころとして、特定表現を憲法の保障の対象から外して社会から排除するという手法ではなく、すべての表現を発表段階ではいったん認めるという選択をしてきた。それは紛れもなく、戦前・戦中の「例外と原則の逆転」によって、言論封殺が日常的に行われる国家体制を作ってしまった反省からである。

したがって、ドイツ型の人種差別思想・表現の全面禁止は日本にとっても社会的選択の一つではあるが、これまで過去の教訓からあえて選択してこなかったということである。

【ここ十年の窒息感】

ただし、それとは別に、目の前のヘイト状況を止めるため、司法が緊急避難的な接近禁止命令を発したり、対象者の集住地区近辺での集会やデモに対しては、流通規制の一形態として一定の制限的措置（コースの変更等）を取ることが始まっている。しかし根本的な解決のためには、国や自治体の在日韓国・朝鮮人に対する公的差別を止めることこそが王道であって、むしろこれらに対しては直ちに法的措置を取るべきだろう。

こうした公権力のありようや政治家の差別言動は放置されたままで、市民的自由にのみ制約的になる社会はバランスに欠ける。しかも今日においてもすでに、日本では警察権限が強くデモの自由が幅広く制限される傾向にある。また過去には、天皇批判色がある映画の上映に際し、公民館等の施設が貸し出しを拒否して問題になっている。大衆表現と呼ばれるデモや集会の自由は、これまでも道路交通法や公安条例等で幅広く、しかも恣意《しい》的な運用を伴って規制されてきた経緯がある。

そうした中でさらに警察を含む行政機関に、表現内容を事前にチェックし、それを理由として許可するか否かを判断する権限を与えることは、現在広がる公民館の政治性を理由とした貸し出し制限を助長する恐れさえあると言えるだろう。もう一つの大衆表現のカテゴリーであるビラやチラシも二〇〇〇年代に入ってから、特定の政治的内容のものを狙い撃ちする形で、配布者が逮捕・有罪になっている事例が続いている。

いわば公共空間における表現活動は近年、極めて息苦しさを増している。例えば美術の世界でも、愛知県美術館に展示された作品に対する警察の撤去指導、東京都現代美術館における作品撤去または改編要請が続いた。図書館における「はだしのゲン」撤去や、東京都内の書店における民主主義フェアの中止事件もまだ記憶に新しいところである。美術や文学と表現の自由の関係は古くて新しい問題ともいえるが、少なくともこれらを含めた表現の自由の窒息感が、「報道圧力」問題ともどもここ十年急速に強まっていることを無視はしえない。

【「同床異夢」】

そうした中でいま、テロの脅威やヘイトスピーチの横行という、極めてわかりやすくなおかつ何らかの社会的対応が必要な事態を前に、いわば当然のように表現の自由の基本原則がなし崩しで変更されるというのは、日本社会の将来に大きな禍根を残すことになる。しかも、いま日本の表現の自由は崖っぷちにあるという危機感が社会の中ではきわめて希薄なだけに、ますます心配だ。

これら目の前の住民の不安を解消したいという気持ちは、法案を提出した政府や与党も、そして法の成立を歓迎する人たちも同じように見える。しかしそのズレはことのほか大きく、実は全く違う方向を目指しているのであって、まさに「同床異夢」と言えはしないか。

これは、元海兵隊員殺人事件の怒りと悲しみを前に、沖縄県内では基地撤去、海兵隊全面撤退、地位協定の抜本改定が民意となりつつある中で、日米政府が打ち出した対応策が、ことごとく問題を矮小化するさまと全く同じ構造を示している。あるいは政府の意図を東京メディアが見抜けない中、沖縄県民あるいは地元メディアがいち早くことの本質をつかんでいるということだ。

［参照：08年5月／13年10月／14年6月／14年9月／15年6月］

選挙報道の自由　*7.09*

七月十日は参議院選挙の投票日。六月二十二日の公示日から七月九日までの十八日間が選挙期間だ。法律上は十七日以上と定められ、通例は最短期間とされてきたが、今回は二十三日が「慰霊の日」と重なるため、一日前倒しにした経緯がある（一方で、「十八歳選挙権」を定めた改正公職選挙法の施行が十九日であったため、公示日はその翌日以降にする都合もあった）。ただし、異例なのは期間だけではない。

【過去モデル崩壊か】

これまで、立候補者の「選挙運動」と政党の「政治活動」が、いわゆる日本の選挙期間中の代表的な表現行為であったといえよう。とりわけ選挙期間中の政党の表現活動枠が拡大して以降、ポスターに加えテレビCMに代表される党首の訴えが、最もわかりやすい選挙公約を知る手段であった。しかし今回は、政党CMを見る機会がほとんどないことに気付く。主要政党の中には、全国向けのCMを一切流していない党も存在する。むしろ、党からのメッセージ伝達の主要な手段は、インターネットに移ったと言ってもよい状況だ。

およそ各党ともに、日常的にもユーチューブ、ニコニコ動画を積極的に活用してきているが、公式サイト上に選挙向けの動画コーナーを設定するのが一般的だ。同時に、フェイスブック、ツイッターなどのSNS発信にも熱心で、当たり前ではあるが大政党ほど見せる工夫も発信量も多く、選挙資金の多寡が如実に情報の質量に比例している。ユーザーがアクセスしている選挙区の候補者を、自動的にポップアップさせるなど技術的な仕掛けを行っている政党もある。

こうしたネット上の選挙戦の状況は、選挙の形態が候補者選挙というよりも政党選挙に移行する中で、立候補者の選挙活動に関し、資金力で優劣がつかないようにと定められた、現行の仕組み自体が破綻しかかっている一面を現している。すなわち現行では、候補者の選挙活動は原則禁止し、どの候補者でも行える範囲で必要最小限の表現活動を認めるという方式を採用し、その不足分は「公設」の選挙公報である政見放送や選挙広告によって補うという制度になっているからだ。しかし、見た目にはお金がかからないから平等性が担保されるとして二〇一三年に解禁されたインターネットの世界でも、当初から指摘されていたように、やはりカネがものを言う世界だったということになる。

ただしこうしたネット発信は危うさを包含する。ネットの自由度の高さ、チェックなしに情報が拡散される特性が、問題を引き起こしかねないからだ。その典型が自民党の二枚の写真といえるだろう。自民党総裁が、広島原爆慰霊碑の前でオバマ米国大統領と握手するシーンと、伊勢志摩サミットの各国首脳と伊勢神宮を歩く姿だ。いずれも指導力をアピールするに絶好のショットといえるだろう。そしてこれらの写真は、テレビCMでも使用が予定されていたが、各局の事前審査が通らず、差し替えられたと言われている。すなわち、マスメディアの自主規制によって流れないものが、インターネットでは自由に発信することが可能であるということだ。

選挙期間中の放送も、通常と同じく原則自由であることは言うまでもない。ただし一般基準として、放送法によって「政治的公平」を守ることを、番組編集における自主自律のルールとして有している。さらに選挙期間中については、公職選挙法によって「選挙の公正」を守ることが定められている。

【政党の扱いに差】

こうした二つの「縛り」の中で、放送局は二つの基本的な考え方に沿って選挙期間中の選挙に関する報道を行っていると考えられる。一つは、選挙の争点や各党の訴えの分析・批判、さらには獲得議席数の予想を含む政局を占うような「選挙情勢に関する報道」は、原則自由であって、少なくとも量的平等性には縛られないということだ。しかし一方で、個別の立候補者や政党を紹介するような「選挙運動を紹介する報道」は、公選法を念頭に置いて、限りなく量的平等性を担保するなどの配慮を重ねた番組作りを行ってきている。

従ってCMで言えば、政党が自由に行うことが許されている「政治活動」と、厳しい制約が課されている立候補者の「選挙運動」を峻別《しゅんべつ》するために、CMには党首および党首に準ずる人以外は登場させないという厳格なルールを適用してきた。また、首相と党首の立場の違いを見極め、「政党」の主張に限定することを求めてきた。これらの慣例は、選挙の公正さを保つためには有効な規制であると考えられるし、その妥当性からすると先の自民党CMを通さなかったのも正当な判断であったと思われる。しかし一方で、インターネットでそれらがなし崩し的に無視される状況があるとすれば、これまでメディアが形成してきた社会的「歯止め」は意味がないものになってしまう。

同様に、もう一つの今回の選挙の特徴が、放送局によって政党の扱いに差があることだ。たとえば公示日におけるＮＨＫの各党首の声の紹介において、自民二十二分、民進十二分、社民四分など、現行の議席数に比例したかのような差が、露出時間にあった。いわば自民党に手厚い報道であったということだ。先の自主ルールに即して言えば、典型的な選挙運動の紹介報道であって、厳格な「イコールタイム原則」を適用すべき事例であろう。もちろんこれまでも「泡沫《ほうまつ》候補扱いの特例」と呼ばれる、合理的な判断によって主要候補者のみを取り上げることとの自主的な判断は、裁判所によっても認められてきたところである。しかしその場合も、取り上げる候補者・政党に関しては一定の平等性を担保してきた経緯がある。

七月七日、ＮＨＫ会長会見においても、「自主的な編集権で対応しており、新聞でも扱いはマチマチ」と回答があったとされる。しかし、新聞でも公正さを意識して、各党・各候補者の紹介には同量のスペースを与えるのが一般的だ。今回は、それをむしろ「弾力運用」したということであって、これがもし「新しい判断」に基づくとすれば視聴者に対するわかりやすい説明が必要だろう。それなしでは、選挙報道における放送局のポジションが下がっている現状の中で、自ら放送の信頼性を失うことになりかねない行為であって、きわめて残念だ。

［参照：10年7月／13年3月］

「取材の自由」軽視　*8.13*

この国では、取材の自由があまりに軽んじられていないか。地元紙の二十四時間態勢の取材が続く米軍北部訓練場のヘリコプター着陸帯（ヘリパッド）建設予定地で、本格工事再開初日の七月二十二日、東村高江《ひがしそんたかえ》の現場で一時的とはいえ取材陣の現場立ち入りが制限された。また、小池百合子東京都知事は、八月五日の事実上第一回の記者会見で、記者からの質問を一人一回に制限し、守らない記者には次回から質問させないと忠告した。

【一段低く】

国連の憲法である自由人権規約では、収集・発表・伝達のすべての過程において、情報流通が保障されて初めて、表現の自由は実現するものだとしている。一方で、日本国憲法では二十一条で極めてシンプルに「集会、結社及び言論、出版その他一切の表現の自由は、これを保障する」と書かれているがために、発表の前段階でもある〈受け求める権利〉が憲法上保障されているかどうかが、法律上長く争われてきた経緯がある。

その中で「知る権利」という考え方が定着した。その具現化としての情報公開法が制定され十五年以上になるが、法で定められているのは政府の説明責任義務《アカウンタビリティ》止まりである。そこでは、市民の積極的権利としての情報開示請求権は認められず、国が保有する公的情報はあくまで「見せてもらう」関係に押しとどめられている。

これを新聞に当てはめると、取材・報道・頒布の自由が何一つ欠けることなくきちんと守られることで、初めて十分なジャーナリズム活動が実現する。しかしながら、「報道の自由」が「表現の自由」に含まれると明確に位置付けられるのに比して、「報道のための取材の自由も、憲法二十一条の精神に照らし、十分尊重に値《あた》いするものといわなければならない」との一九六九年の最高裁判決がいまだ生き続けている。「取材の自由」は、「報道の自由」よりも一段低い保障しか与えられていないということだ。

【「力関係」】

四八年の第一回新聞週間標語で「あらゆる自由は知る権利から」が掲げられたほか、五三年にも「報道の自由が守る『知る権利』」が選ばれている。報道界としては「知る権利」の重要性を認識していたものの、法的な重要性が法律解釈上も社会的にも十分理解されてこなかったということになろう。

その結果、もっぱら公権力との力関係で情報の収集がなされ、強面《こわもて》の取材対象者に対しては有効な対抗策を有しないで今日に至っている。具体的には「取材機会の確保」の問題で、情報収集の「時・所・方法」を取材者側が主体的に設定できるかということだ。そして行政機関は、合理的な拒否事由がない限り「取材応諾義務」があるとの理解が、法解釈も含め社会に定着しなければ、実効的な取材の自由の確保はありえない。記者が希望するタイミングと方法によって、行きたい場所に行け、聞きたいことが聞けることによって初めて十全な報道が可能になるからだ。

それは、発表の自由では当たり前に貫徹されている。好きな時に、好きな場所で、好きなことを、好きな方法で話すことができるのが、「表現の自由」そのものであると理解されているからだ。同じことが、収集活動においては尊重すらされず、むしろ取材を受ける側が望むかたちで「取材に応じてあげる」状態が常態化している。冒頭に挙げた事例に即して言えば、事件が起きている現場への立ち入りを認めず、厳しい質問による事実追及を許さず、結果として「事実」を隠蔽する行為は「知る権利」を侵害する行為ということにならないか。

大きな社会的問題となっている北部訓練場のヘリパッド工事を巡っては、緊張が高まって以来、地元報道機関は常駐して政府・米軍の動向を「ウオッチ」していた。そうした中で警察は、すでに現場にいる場合は居続けることを黙認しつつも、いったん離れたら立ち入りを認めない対応をした。通信手段も限定され（携帯電話が通じない）、物理的に同一人物が取材を継続することは不可能な中にあって、事実上の完全排除ということになる。

加えて政府は、当該県道に関連して県が公開を認めた米軍の演習にかかわる文書についても、非公開を県に指示するなど、一貫して「ありのままの事実」を覆い隠すことに熱心だ。こうした態度は、民主主義社会の根底を揺るがすものであり極めて深刻な事態である。

【偏向批判】

そしてとりわけ沖縄の場合は、こうした「取材の自由」軽視の根底に、沖縄メディアを排除する思想が見え隠れする点が厄介である。

沖縄のメディア地図は特異だ。全国紙（朝日・毎日・読売・産経）が現地印刷されていない一方、地元県紙が二紙並立している。さらに放送でも、受信料支払い率が特に低いなどＮＨＫとの距離感があるとされ、民放では日本テレビ系列が存在しない。そのため、県内では政府の立場に近い編集方針のメディアが圧倒的に少ない。これが、現政権が沖縄メディアにいら立つ要因の一つではないかと想像される。

沖縄メディアへの「偏向」報道批判が一気に顕在化したのはここ五年である。それまでは、取るにたらない戯言《たわごと》として無視されてきたきらいがある。それがネットの力で一気に拡散したうえに、政府と保守系メディアによる沖縄県政および沖縄紙批判が重なることで正当化され、まさに市民権を得る状況にまで拡大・定着してきている現実がある。

それがゆえに、沖縄の「現場」である辺野古や高江の現地で取材陣が不当な制約を受けてもそれが一般化されることなく、報道界全体ではスルーされる状況が続いているように思われる。しかも日本では、報道の自由に対する圧力は大きな問題になるが、本来、同等に大切なはずの取材の自由の保護に対しては、「相手のあることだし多少の制約はやむなし」の雰囲気がある。しかし、こうした事態は、間違いなく報道機関全般の取材の自由を蝕《むしば》み、社会全体の知る権利を弱体化させるものだ。

［参照：10年4月／13年7月］

【初出】
琉球新報
2008年5月1日～2016年8月13日（毎月1回連載）

＊

山田健太（やまだ　けんた）

1959年、京都生まれ。専修大学人文・ジャーナリズム学科教授。専門は言論法、ジャーナリズム研究。日本ペンクラブ常務理事・言論表現委員会委員長、放送批評懇談会、自由人権協会、情報公開クリアリングハウスなどの各理事、世田谷区情報公開・個人情報保護審議会委員を務める。日本新聞協会職員（英国エセックス大学人権法研究所訪問研究員、新聞研究所研究員、日本新聞博物館学芸員）の傍ら、92年より青山学院大学、法政大学、聖心女子大学、慶応義塾大学、東京経済大学、早稲田大学などで憲法、言論法を教え、2006年より専修大学。日本マス・コミュニケーション学会（理事）、日本出版学会（理事）、日本編集者学会（監事）、日本公法学会、国際人権法学会に所属。講談社『僕はパパを殺すことに決めた』調査委員会委員、放送倫理・番組向上機構（BPO）放送人権委員会委員など歴任。

主な著書に『法とジャーナリズム　第3版』（学陽書房）『放送法と権力』（田畑書店）『言論の自由――拡大するメディアと縮むジャーナリズム』（ミネルヴァ書房）『ジャーナリズムの行方』（三省堂）『3・11とメディア――徹底検証　新聞・テレビ・WEBは何をどう伝えたか』（トランスビュー）『現代ジャーナリズム事典』(三省堂、監修)『よくわかるメディア法』（ミネルヴァ書房、共編）『放送制度概論――新・放送法を読みとく』（商事法務、共編）『政治のしくみと議員のしごと』（トランスビュー、共編著）『3.11の記録』（日外アソシエーツ、共編）『ジャーナリスト人名事典』（日外アソシエーツ、編）『新版　マス・コミュニケーション概論』（学陽書房、共編）などがある。毎日新聞、琉球新報で連載中。

見張塔からずっと

政権とメディアの8年

2016年10月31日　第1刷発行
2017年3月3日　第2刷発行

著　者　山田健太

発行人　大槻慎二
発行所　株式会社　田畑書店
〒102-0074　東京都千代田区九段南3-2-2　森ビル5階
tel 03-6272-5718　fax 03-3261-2263
印刷・製本　シナノ書籍印刷株式会社

Printed in Japan
ISBN978-4-8038-0339-6 C0030
定価はカバーに表示してあります
落丁・乱丁本はお取り替えいたします

放送法と権力

山田健太 著

テレビとジャーナリズムが総崩れになる前に――メディア論の第一人者が、放送と権力の来し方行く末を冷静沈着に考察した唯一無二の論考！

定価：2300円＋税

田畑書店